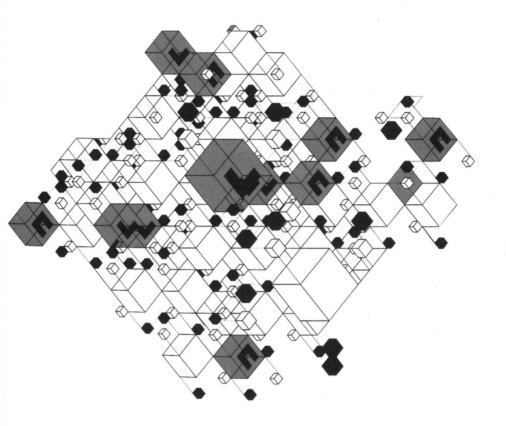

Outsourcing de TI
Impactos, dilemas, discussões e casos reais

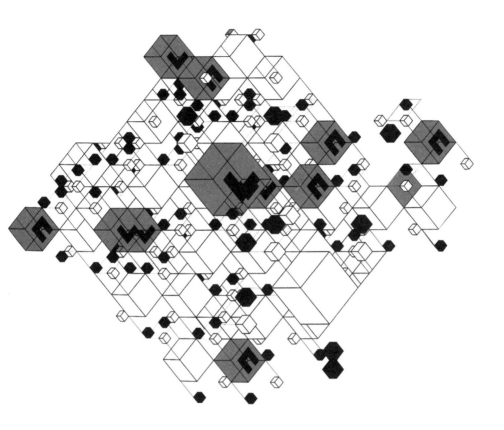

Outsourcing de TI
Impactos, dilemas, discussões e casos reais

organizadores
Alberto Luiz Albertin • Otávio Próspero Sanchez

ISBN — 978-85-225-0683-5
Copyright © 2008 Alberto Luiz Albertin e Otávio Próspero Sanchez

Direitos desta edição reservados à
EDITORA FGV
Rua Jornalista Orlando Dantas, 37
22231-010 — Rio de Janeiro, RJ — Brasil
Tels.: 0800-021-7777 — 21-3799-4427
Fax: 21-3799-4430
e-mail: editora@fgv.br — pedidoseditora@fgv.br
web site: www.fgv.br/editora

Impresso no Brasil / *Printed in Brazil*

Todos os direitos reservados. A reprodução não autorizada desta publicação, no todo ou em parte, constitui violação do copyright (Lei nº 9.610/98).

Os conceitos emitidos neste livro são de inteira responsabilidade dos autores.

1ª edição — 2008
1ª reimpressão — 2010

PREPARAÇÃO DE ORIGINAIS: Claudia Martinelli Gama

EDITORAÇÃO ELETRÔNICA: FA Editoração Eletrônica

REVISÃO: Mauro Pinto de Faria e Tatiana Viana

CAPA: Darlan de Carvalho Carmo

**Ficha catalográfica elaborada pela
Biblioteca Mario Henrique Simonsen / FGV**

Outsourcing de TI: impactos, dilemas, discussões e casos reais /
    Alberto Luiz Albertin, Otávio Próspero Sanchez, organizadores.
    — Rio de Janeiro : Editora FGV. 2008.
    292 p.

    Inclui bibliografia.

    1. Terceirização. 2. Tecnologia da informação. I. Albertin,
Alberto Luiz. II. Sanchez, Otávio Próspero. I. Fundação Getulio
Vargas.

CDD – 658.402

Sumário

Prefácio   7
Fernando de Souza Meirelles

Qual é o melhor momento para o *outsourcing* de TI nas
organizações?   11
Fabio Faria

Seleção entre alternativas de *outsourcing*   27
Otávio Sanchez e Alberto Luiz Albertin

Terceirização como modelo de negócios: os papéis e
responsabilidades da empresa e do fornecedor de serviços   47
Sergio Lozinsky

The burning question in ICT: what and how should we outsource?   61
Paul D. R. Griffiths e Dan Remenyi

Ponto de vista do fornecedor   75
Marco Aurélio Moura Sottovia

Seleção de provedores e contratos   111
Norberto Antonio Torres

Avaliação do sucesso na terceirização da TI: um modelo
baseado na perspectiva da satisfação no relacionamento
cliente-fornecedor   135
Luís Kalb Roses e Norberto Hoppen

Governança de terceirização de TI: uma contribuição teórica   161
Hebbertt de Farias Soares e Nicolau Reinhard

Information technology outsourcing: onto the third wave   175
Rudy Hirschheim e Beena George

Alignment of supply and demand in the information technology
outsourcing market of an emerging economy   203
Jaime Caiceo e Marcos Sepúlveda

Caso de logística   227
Dino Jakubovic

Caso Transportes: *insourcing* x *outsourcing*   243
Lúcia Nunes Pereira

Caso de TI   255
Flavio Pelosi Adorno

Case/JIT: full circle outsourcing   269
Natalia Levina e Valerie Jaiswal

Prefácio

FERNANDO DE SOUZA MEIRELLES[*]

Este livro, organizado pelos professores Alberto Luiz Albertin e Otávio Próspero Sanchez sobre terceirização (*outsourcing*) da tecnologia de informação (TI) nas organizações, reúne capítulos com diferentes visões do tema, apresentadas por importantes autores nacionais e internacionais, que combinam três abordagens relevantes: de executivos de empresas, de consultores e de acadêmicos.

Nas duas últimas décadas, o avanço da tecnologia e as transformações nos modos de produção — terceirizações, parcerias e ênfase em serviços — trouxeram para o centro das atenções a forma de gestão, que pode ser apontada como a maior fonte de vantagem competitiva das empresas.

A área de tecnologia de informação tem-se expandido e evoluído contínua e vigorosamente em razão das mudanças no ambiente e do impacto que produz nas organizações e na sociedade, e também em função da evolução da própria tecnologia.

---

[*] Ex-diretor e professor da Eaesp/FGV. Engenheiro (EEM-IMT), com doutorado (Eaesp/FGV) e pós-graduações (Stanford University, MIT e Texas University) em administração e tecnologia de informação, área na qual atua como consultor e autor de centenas de publicações e pesquisas. Fundador do Centro de Tecnologia de Informação Aplicada (CIA) da Eaesp/FGV. Membro da diretoria ou do conselho de várias associações e organizações.

A administração de recursos de TI como área de conhecimento ainda pode ser considerada muito jovem quando comparada com, por exemplo, ciências exatas que já consolidaram um referencial teórico.

Esse tema ganha importância na agenda das organizações, nos serviços prestados pelas consultorias e tem sido objeto de estudo e de pesquisa nas principais escolas de administração.

A evolução da importância da área de TI pode ser demonstrada pelo desenvolvimento acelerado do uso dessa tecnologia nas empresas. No Brasil, o total anual de gastos e investimentos em TI nas empresas medido como um percentual da receita cresceu, nos últimos 18 anos, a uma invejável taxa média de 8% ao ano, evoluiu de 1,3% em 1988 para 5,5% em 2006/07 e continua crescendo.

E esse inexorável avanço da informatização nas empresas não se faz sem instrumentos de gestão e estruturas de referência.

Tal ciclo, potencialmente virtuoso para as organizações, coloca aos gestores um importante desafio: gerenciar a informatização da organização de forma consistente e coerente, garantindo o alinhamento com a estratégia empresarial e a evolução conjunta dos modelos de organização e gestão. A construção do futuro não é apenas fruto do avanço da tecnologia, mas de seu emprego como agente de transformação dos negócios.

Como se pode observar no texto, é grande o espectro de temas abordados nas ações que as empresas vêm tomando na terceirização da TI.

Em especial, vale enfatizar o papel da terceirização como mecanismo de mudança e seus ciclos no tempo e no processo de informatização das empresas. Existe um melhor momento para a terceirização de TI em uma organização?

A pesquisa do CIA da Eaesp/FGV mostra que, em 2007, praticamente todas as médias e grandes empresas no Brasil (98%) têm alguma parte da sua TI terceirizada. Menos de 20% têm um alto grau de terceirização. O componente mais terceirizado é o desenvolvimento de sistemas, com 87% das empresas pesquisadas.[1]

As lendas e os mitos dos casos conhecidos de sucesso e fracasso nos processos de terceirização se convertem em forças ou em barreiras institu-

---

[1] Hoppen e Meirelles (2005) e Meirelles (2007).

cionais na direção dessa opção. Entre as lições dos casos de insucesso, uma considerada relevante é a dificuldade que empresas que optaram por uma terceirização total enfrentaram devido à ausência de um núcleo mínimo interno de inteligência para as decisões sobre o uso da TI.

Referências bibliográficas

HOPPEN, N.; MEIRELLES, F. S. Sistemas de informação: um panorama da pesquisa científica brasileira entre 1990 e 2003. *Revista de Administração de Empresas*, São Paulo, mar. 2005.

MEIRELLES, F. S. *Pesquisa anual:* administração de recursos de informática. 18. ed. São Paulo: Eaesp/Centro de Tecnologia de Informação Aplicada, 2007.

Qual é o melhor momento para o *outsourcing* de TI nas organizações?

FABIO FARIA*

Outsourcing é uma denominação utilizada e difundida para as atividades terceirizadas, quando as organizações transferem para um prestador de serviços a responsabilidade pela realização de tarefas até então executadas internamente e com recursos próprios. Há muitos anos, atividades consideradas não estratégicas, tais como alimentação, segurança, limpeza, manutenção predial etc., vêm sendo terceirizadas em larga escala em todos os setores de mercado, fazendo com que as operações sejam executadas por profissionais externos às organizações, enquanto estas procuram concentrar esforços nas suas estratégias, estimuladas pela crescente competitividade do mercado que exige cada vez mais foco no negócio principal.

Ao longo do tempo, as atenções das terceirizações começaram a ganhar espaço e relevância no setor de tecnologia da informação (TI), quando surgiram e proliferaram vários modelos e formatos de serviços ofertados, englobando praticamente todas as atividades consideradas prioritárias nas organizações e até então supridas somente pelas áreas internas de TI. Es-

---

* Diretor corporativo de tecnologia da informação na Votorantim, atua há 28 anos na área em empresas nacionais e multinacionais. Formação em administração de empresas, com ênfase em análise de sistemas (Fasp), MBA Executivo Internacional (USP), MBA em *Supply Chain* (PUC) e participação em Programas de Educação Continuada na Eaesp/FGV.

ses serviços voltados à tecnologia da informação tornaram-se conhecidos e ofertados no mercado como *information technology outsourcing* (ITO).

A partir da crescente evolução e amadurecimento dessas práticas de terceirização em atividades de TI, as organizações passaram a adotá-las em larga escala, para poder concentrar ainda mais as atenções no seu negócio principal — o seu *core business* –, deixando a cargo do provedor de *outsourcing* todas as ações e decisões operacionais relacionadas à TI. Trata-se de uma atividade de altíssima especialização e em constante mutação, principalmente em função da diversidade e da rapidez com que ocorrem os avanços tecnológicos. No entanto, para atingir os resultados esperados no *outsourcing* em TI, é preciso que as organizações avaliem criteriosamente os prováveis parceiros e indiquem detalhadamente as suas expectativas, definam com clareza os papéis e responsabilidades, mapeiem todos os custos inerentes às atividades envolvidas no acordo e estabeleçam um excelente nível de comunicação e colaboração com o fornecedor. Este último ponto é extremamente critico pois, nos acordos que envolvem *outsourcing* de TI, é fundamental manter a proximidade e a interação permanente com o parceiro de tecnologia para que este esteja familiarizado com as demandas do negócio e, assim, tenha condições de entender e suportar adequadamente a operação, que exige agilidade e flexibilidade na captura das oportunidades de mercado, bem como rapidez nas respostas às pressões por aumento de produtividade e rentabilidade. Nesse sentido, as grandes corporações adotam o *outsourcing* de TI numa perspectiva mais abrangente, utilizando centros regionais de processamento de dados que operam serviços para vários países, utilizando contratos comuns que padronizam e regem a terceirização em suas matrizes e subsidiárias, reproduzindo fiel e globalmente o modelo de governança de TI, bem como unificam redes de comunicação, sistemas, hardware etc.

Uma das vantagens percebidas nas soluções implantadas pelos provedores de *outsourcing* de TI é o suporte técnico especializado nas operações do ambiente de processamento de dados, principalmente com relação à proteção das informações das bases de dados de seus clientes. Esse aspecto tem sido desenvolvido e aprimorado à medida que as organizações estão cada vez mais receptivas à interação e integração com o mundo exterior, por meio de seus múltiplos sistemas e redes de dados. Também se tem

Qual é o melhor momento para o *outsourcing* de TI nas organizações?

maior robustez e confiabilidade no ambiente operacional, através de soluções técnicas comprovadas, que são geralmente atualizadas em curtos períodos de tempo pelo provedor de serviços para que ele possa operar segura e ininterruptamente, garantindo assim uma alta disponibilidade na execução dos processos de seus clientes, através de equipamentos e sistemas monitorados por técnicos qualificados em regime de 24 horas e sete dias por semana.

A busca permanente pela maior qualidade nas operações faz com que a alternativa em adotar o *outsourcing* em TI seja uma das principais razões para a grande quantidade de acordos fechados nos diversos segmentos de mercado, destacando-se especialmente as práticas voltadas para os serviços de terceirização de infra-estrutura tecnológica. Com essas decisões, as organizações geralmente prevêem como principais benefícios em acordos de *outsourcing* os seguintes resultados:

▼ redução nos custos e investimentos de TI;
▼ aumento na qualidade e na produtividade dos serviços;
▼ profissionais capacitados e atualizados freqüentemente;
▼ melhoria nos níveis de serviços;
▼ permanente atualização da infra-estrutura tecnológica;
▼ suporte técnico especializado e ininterrupto.

É provável que os serviços de *outsourcing* de TI viabilizem reduções de custos operacionais, pois é comum o provedor de uma determinada atividade terceirizada transferir alguns benefícios conquistados ao cliente em função da economia de escala que ele obtém, pois é sua responsabilidade a otimização permanente dos processos sob sua gestão. Um exemplo desse fato é o crescimento acelerado das fábricas de software, que atingiram um alto grau de produtividade a custos competitivos, oferecendo sólidos processos de construção de programas em várias linguagens, com o uso de metodologias internacionalmente padronizadas que medem e acompanham a qualidade dos desenvolvimentos e dos testes requeridos, observando criteriosamente prazos e preços previamente acordados com os clientes. Outro exemplo é a ativação de bens de informática que passa a ser, em muitos casos, uma responsabilidade do provedor de serviços de *outsourcing*, onde os investimentos em ativos de TI se tornam mais previsíveis, planejáveis e mais bem distribuídos ao longo do tempo. Os contratos de *outsourcing* de TI também devem definir os níveis de qualidade e desempenho para os serviços que estão sendo prestados (*Service Level Agreements* — SLA) e, em paralelo, as conseqüências ou penalidades para o provedor quando os SLAs não são cumpridos. Exemplo disso é o tempo máximo acordado entre as partes para a correção de problemas em sistemas e aplicativos conforme criticidade, ou ainda percentuais estabelecidos para mensurar a disponibilidade em que determinados servidores de sistemas e aplicações deverão operar em um espaço de tempo, sem quaisquer tipos de paralisação.

Ao contratar serviços terceirizados especializados em TI, as organizações querem de fato agilidade, flexibilidade, qualidade e inovação na implementação de novos requisitos de negócio, buscando permanentemente uma melhor relação entre custo e benefício em função da produtividade e dos ganhos de escala dos parceiros, além de maior controle de riscos e impactos nas operações. Uma grande preocupação dos executivos, quando a questão é o *outsourcing* de TI, refere-se à transferência do gerenciamento de atividades críticas a terceiros, que pode colocar em risco o controle dos processos e informações considerados competitivos para os negócios. Na transferência da gestão de um ambiente crítico sob a responsabilidade da área interna de TI para um determinado prestador de serviços, estabelece-se um forte alinhamento de todo o cenário em questão, como também um compromisso explícito de colaboração entre o cliente e o provedor de serviços contratado. Nesse caso, existem maneiras de estreitar esse relacionamento, visando garantir o sucesso na gestão do ambiente de TI. Como exemplo, podemos citar a necessidade de um alinhamento detalhado entre as partes sobre o processo de priorização e escalonamento de problemas, em conformidade com a criticidade dos assuntos, garantindo ao cliente o acesso à *expertise* técnica adequada, porém observando-se os limites de tempo acordados para as devidas soluções. À medida que os serviços de *outsourcing* se consolidam nas organizações, é dever dos prestadores de serviços compreenderem precisamente as extensões dos riscos e impactos inerentes ao negócio do cliente, direcionando todos os esforços para que os serviços prestados evoluam contínua e construtivamente na busca de um equilíbrio entre pessoas, processos e negócios.

Qual é o melhor momento para o *outsourcing* de TI nas organizações?

É notório que as terceirizações de TI ocuparão cada vez mais espaço nas organizações, porém, acima de tudo, o sucesso dessa atividade dependerá da qualidade, credibilidade e custos oferecidos nos serviços. Existe uma forte expectativa de que ainda haja uma grande evolução no mercado de *outsourcing* de TI nos próximos anos, onde se prevê que a grande maioria das organizações possa identificar novas formas de viabilizar serviços terceirizados de TI, mesmo que ainda existam algumas resistências por receios diversos, como, por exemplo, de perder o controle sobre a segurança de processos e informações estratégicas. Ao longo dos últimos anos, essa postura está sendo deixada de lado pois, como a área de tecnologia da informação está se tornando muito complexa, fica muito caro para as organizações acompanhar as novas tecnologias e aplicá-las corretamente com segurança. Por isso é cada vez mais comum presenciarmos terceirizações em larga escala, principalmente em atividades como desenvolvimento de sistemas, *helpdesk*, armazenamento de dados, suporte técnico, treinamento, entre outras.

As organizações estão preparadas para o *outsourcing* de TI?

Independentemente de previsões ou tendências de mercado, *a questão principal é saber qual o melhor momento para aderir a um determinado modelo de* outsourcing *de TI*. Muitas organizações utilizam essa alternativa para terceirizar atividades que ainda não possuem os requisitos necessários de controle e gestão, pressupondo que, ao delegá-las a um prestador de serviços, a situação estará resolvida naturalmente. Essa medida é apenas uma rota de fuga para as organizações que ainda possuem serviços e processos de TI não estruturados e até mesmo onerosos.

Antes de adotar alguma modalidade de *outsourcing* que envolva atividades de TI, é recomendável desenvolver e implantar um modelo de governança de TI consistente o suficiente para consolidar o papel estratégico da tecnologia da informação e sua efetiva contribuição na organização, principalmente em total sintonia com a visão e as diretrizes estratégicas corporativas. É imprescindível que a própria área de TI manifeste antecipadamente o desejo de rever suas práticas, com o objetivo de tornar a gestão mais eficaz e mais próxima das necessidades dos negócios. Para isso, estrutura-se um modelo de governança, adequando-o às tendências e demandas estratégicas da organização, revisando papéis, responsabilidades, processos e procedimentos, assim como o portfólio de produtos e serviços de TI, para que haja uma completa aderência aos requisitos de inovação, competitividade e demandas nos mercados em que a organização atua. O modelo de governança adotado deve estar adequado, tanto com foco na própria estrutura de TI como no relacionamento e na prestação de serviços aos usuários da área, atendendo principalmente as seguintes expectativas:

▼ aumento de produtividade e da eficácia operacional;
▼ redução de riscos e custos nas operações;
▼ qualificação, otimização e integração dos processos e informações de negócio;
▼ garantia e disponibilização de informações consistentes, atualizadas e que permitam suportar as decisões.

Para que essa transformação aconteça na área de TI, é preciso um grande esforço de conscientização e revisão de postura de seus profissionais, pois estes devem estar dispostos a rever as suas funções e, principalmente, passar a interagir com os usuários da organização com melhor conhecimento e foco no negócio. Conseqüentemente, as equipes de TI passam a considerar profissionais que possuam perfis e características específicos para atuar nesse novo cenário, e que requerem algumas competências fundamentais, tais como liderança, empreendedorismo, negociação, visão estratégica do negócio, entre outras tantas.

A eficácia na governança de TI será percebida se toda a organização e não apenas a sua alta liderança compreenderem a importância da área na contribuição e na transformação da organização e dos negócios. Uma das formas de estabelecer um padrão de governança que atenda e alinhe os objetivos de TI aos objetivos estratégicos das organizações é a introdução de melhores práticas em tecnologia da informação, como, por exemplo, o Cobit (governança de TI), Itil (gestão de serviços), PMI/PMBOK (gestão de projetos), CMM (gestão de desenvolvimento de software) e BS7799 (gestão da segurança), assim como uma boa compreensão de exigências governamentais como, por exemplo, a Sarbanes-Oxley específica para as empresas com ações negociadas em bolsa nos Estados Unidos.

Segue-se uma breve explanação sobre as principais características de cada uma dessas melhores práticas.

Cobit

O padrão Cobit (*Control Objective for Information and Related Technology*) é mantido por um órgão internacional denominado Information Systems Audit and Control Association (Isaca). Este modelo pressupõe o uso das melhores práticas e indicadores para a gestão de TI, cuja essência é composta por quatro grandes grupos de gerenciamento e controle, chamados domínios:

- ▼ planejamento e organização;
- ▼ aquisição e implementação;
- ▼ entrega e suporte;
- ▼ monitoração.

Esses domínios estão subdivididos em 34 objetos de controle, cujo objetivo é cobrir todos os aspectos de controle e gerenciamento da área de TI. Todos os objetos de controle, por sua vez, contêm 318 atividades detalhadas.

Em cada objeto de controle é possível realizar auditorias, onde se mensura o nível de maturidade em que a empresa/área de TI está posicionada. Os níveis de controle são medidos através de indicadores que variam de 0 a 5.

- ▼ Nível 0 — *Não-existente*: não há gerenciamento do processo.
- ▼ Nível 1 — *Inicial*: o processo é desorganizado.
- ▼ Nível 2 — *Repetitivo*: o processo segue um padrão regular.
- ▼ Nível 3 — *Definido*: o processo é documentado e comunicado.
- ▼ Nível 4 — *Gerenciado*: o processo é gerenciado e monitorado.
- ▼ Nível 5 — *Otimizado*: o processo é acompanhado e automatizado.

Na sua essência, o Cobit é um guia abrangente que propõe uma governança de TI mais estruturada, mitigando riscos para os negócios, através de controles específicos que visam maximizar os benefícios, capitalizar oportunidades e ganhar vantagens competitivas em TI.

Itil

O Itil (*Information Technology Infrastructure Library*) foi desenvolvido na Inglaterra pela Central Computer and Telecommunications Agency (CCTA), órgão do governo inglês, no final da década de 1980, a partir da necessidade de o governo ter processos organizados na área de tecnologia da informação e comunicações. O principal propósito do Itil é sintonizar a gestão da tecnologia com as necessidades de negócios, porém com foco na qualidade dos serviços prestados, assegurando os níveis de serviços acordados para sustentar as operações críticas. O Itil oferece uma abordagem abrangente, sistemática, integrada, profissional e não proprietária para o gerenciamento de serviços de tecnologia da informação e comunicações. O modelo tem como propósito proporcionar vantagens às organizações, conforme referido a seguir:

▼ melhor qualidade de serviços e suporte mais confiável para os negócios;
▼ maior disponibilidade e estabilidade nos serviços em tecnologia da informação e comunicações;
▼ aumento da flexibilidade e adaptabilidade dos serviços;
▼ diminuição dos custos operacionais e aumento da eficiência;
▼ maior satisfação do cliente;
▼ melhorias na segurança, precisão, velocidade e disponibilidade nos serviços.

Basicamente, o modelo Itil de gerenciamento de serviços está segmentado em duas estruturas totalmente relacionadas e integradas: o suporte a serviços (operacionais e do dia-a-dia com os usuários) e a entrega de serviços (táticos e planejamento). A entrega de serviços está diretamente vinculada ao negócio da organização, enquanto o suporte de serviços está ligado ao gerenciamento da infra-estrutura de tecnologia da informação e comunicações.

A entrega de serviços é composta dos seguintes processos:

▼ gerenciamento do nível de serviço;
▼ gerenciamento financeiro para serviços em tecnologia da informação e comunicações;
▼ gerenciamento de capacidade;
▼ gerenciamento da continuidade de serviços em tecnologia da informação e comunicações;
▼ gerenciamento de disponibilidade.

O suporte a serviços é composto dos seguintes processos:

- ▼ gerenciamento de incidentes;
- ▼ gerenciamento de problemas;
- ▼ gerenciamento de configuração;
- ▼ gerenciamento de mudanças;
- ▼ gerenciamento de liberações.

PMI/PMBOK®

Fundado em 1969 e sediado na Filadélfia (Pensilvânia, EUA), o Project Management Institute (PMI®) é a principal entidade de âmbito mundial com a responsabilidade de estabelecer padrões e práticas para o desenvolvimento das competências de gerentes de projetos e seu respectivo processo de certificação. Está distribuído em todo o mundo através de capítulos (*Chapters*) que contribuem para a missão e para os objetivos de organizar as informações das práticas de gerência de projetos que representam o somatório das experiências adquiridas.

O PMI® também marcou presença na rede mundial da internet e publicou *A guide to the project management body of knowledge* (PMBOK® Guide), um guia englobando todas as áreas do conhecimento que regem as regras do gerenciamento de projetos. A metodologia PMI/PMBOK® é, portanto, a descrição de um conjunto de conhecimentos e práticas aplicáveis à maioria dos projetos, abrangendo nove áreas de conhecimento e 39 processos. As áreas de conhecimento são as seguintes: escopo, prazo, custo, qualidade, recursos humanos, comunicação, risco, suprimentos e integração. Os 39 processos do PMI/PMBOK® estão organizados em cinco grupos, cada um contendo um ou mais subprocessos: iniciação (um), planejamento (21), execução (sete), controle (oito) e encerramento (dois).

O Brasil foi o primeiro país a constituir um *Chapter* fora dos Estados Unidos, no início da década de 1980. Apesar do interesse já existente na época e de um crescimento significativo do número de associados, o *Chapter* Brasil foi destituído em 1984. Com a nova diretriz de expansão internacional do PMI® e o avanço do gerenciamento de projetos no Brasil, no final dos anos 1990 houve uma nova iniciativa para o estabelecimento de uma entidade nacional voltada ao tema.

As dimensões continentais do país levaram o PMI® a incentivar a criação de *Chapters* por estado, a fim de manter o ideal de congregação dos profissionais. O primeiro *Chapter* a se estabelecer no Brasil nessa nova fase foi o de São Paulo, em 1998. Hoje, além deste, estão estabelecidos os seguintes *Chapters* brasileiros: Bahia, Brasília (Distrito Federal), Espírito Santo, Fortaleza (Ceará), Goiânia (Goiás), Joinville (Santa Catarina), Manaus (Amazonas), Minas Gerais, Paraná, Recife (Pernambuco), Rio de Janeiro e Rio Grande do Sul. Como exemplo, o PMI/São Paulo conta com o apoio da FGV, FEA-USP, além de diversas empresas privadas (Ericsson, Nortel, Promon, HP, IBM, CPOS, CTBC Telecom etc.).

A Certificação PMP® (*Project Management Professional*) do PMI® é a credencial profissional mais reconhecida e respeitada em termos mundiais em relação ao gerenciamento de projetos. As etapas necessárias para o exame de certificação, que também pode ser realizado no Brasil, seguem basicamente a seguinte regra:

▼ critérios de elegibilidade, comprovando a participação em projetos (4.500 horas);

▼ exame composto de 200 questões, com no mínimo 70% de acertos.

CMM

O CMM (*Capability Maturity Model*) é uma certificação de qualidade que surgiu nos Estados Unidos na década de 1980, devido a uma solicitação do governo para se desenvolver um método que avaliasse a capacitação dos fornecedores de software contratados pela Força Aérea. O modelo foi desenvolvido pelo Software Engineering Institute (SEI), sediado na Carnegie Mellon University, na Pensilvânia.

O propósito do modelo é mensurar a maturidade de uma área de desenvolvimento de software, descrevendo as etapas necessárias para que se produzam consistentemente produtos de qualidade assegurada. O modelo possibilita analisar o quanto o processo implantado em uma organização é capaz de assegurar a qualidade dos produtos gerados.

O CMM apresenta uma estrutura com cinco níveis de maturidade, estabelecendo fundamentos para uma melhoria contínua no processo de desenvolvimento de software. Esses níveis de maturidade definem uma escala para medir e avaliar a maturidade de um processo de desenvolvimento de software na organização, ajudando a priorizar esforços na melhoria e na evolução do processo. Os cinco níveis propostos pelo CMM estão descritos a seguir.

▼ Nível 1 — *Inicial*: o processo de software é caracterizado como *ad hoc* e ocasionalmente pode ser considerado caótico. Poucos processos são definidos e o sucesso depende de esforço individual dos recursos.

▼ Nível 2 — *Repetível*: os processos básicos de gestão de projeto são estabelecidos para acompanhar custo, cronograma e funcionalidade. A disciplina na execução do processo existe para repetir sucessos anteriores em projetos com aplicações similares.

▼ Nível 3 — *Definido*: o processo de desenvolvimento de software para as atividades de gestão e engenharia é documentado, padronizado e integrado em um processo de software padrão para a organização. Todos os projetos utilizam uma versão aprovada do processo de desenvolvimento e manutenção de software.

▼ Nível 4 — *Gerenciado*: medidas detalhadas do processo de desenvolvimento de software e da qualidade do produto são realizadas. O processo e os produtos de software são quantitativamente compreendidos e controlados.

▼ Nível 5 — *Em otimização*: a melhoria contínua do processo é propiciada pelo *feedback* quantitativo do processo e pelas idéias e tecnologias inovadoras.

BS7799

O BS7799 compreende diretrizes para gerenciamento de riscos relativos à segurança de informações e é composto por um conjunto de padrões recomendados, descritos a seguir:

▼ avaliação de riscos;
▼ tratamento de riscos;
▼ tomada de decisões de gerenciamento;
▼ reavaliação de riscos;
▼ monitoramento e exame do perfil de risco.

O BS7799 foi a primeira norma homologada a apresentar soluções para o tratamento da informação de maneira mais ampla. Entretanto, uma família de normas está atualmente em desenvolvimento e adotará numerações que utilizam a série 27000 em seqüência. Incluem normas sobre requisitos de sistemas de gestão da segurança da informação, gestão de riscos, métricas e medidas, assim como diretrizes para implementação.

- ISO 27000: contém vocabulário e definições utilizados nas normas da série ISO 27000. Está em desenvolvimento, com publicação prevista para 2008, devendo absorver a *ISO Guide 73 — Risk Management Vocabulary*.
- ISO 27001: norma que organiza os requisitos para estabelecer, implementar, operar, monitorar, revisar, manter e melhorar o Sistema de Gestão da Segurança da Informação.
- ISO 27002: organiza os controles de segurança da informação, reunindo as melhores práticas mundiais.
- ISO 27003: não oficialmente tratar-se-á de um guia de implementação.
- ISO 27004: voltada para a medição da efetividade da implementação do Sistema de Gestão da Segurança da Informação e dos controles de segurança da informação implementados. Encontra-se em desenvolvimento, com publicação prevista para 2007.
- ISO 27005: novo padrão para gerenciamento de riscos que reunirá diretrizes e orientações para a identificação, avaliação, tratamento e gestão suportada dos riscos sobre os recursos do escopo compreendidos no Sistema de Gestão da Segurança da Informação.
- ISO 27006: documento com o título provisório de *Guidelines for information and communications technology disaster recovery services*, baseado na SS507, padrão de Cingapura para continuidade do negócio e recuperação de desastres. Ainda sem previsão para publicação.

Sarbanes-Oxley

O decreto chamado de Sarbanes-Oxley (freqüentemente abreviado como SOX) foi assinado e transformado em lei em 2002. Sua finalidade é proporcionar mais transparência e confiança aos investidores no processo de confecção de relatórios financeiros de empresas com capital aberto, estabelecendo controles para garantir a confidencialidade e a integridade dos dados financeiros. O decreto se aplica às empresas com ações negociadas em bolsa nos Estados Unidos, mas tem alcance internacional abrangente, pois muitas empresas estrangeiras de grande porte também têm ações negociadas em bolsas de valores dos Estados Unidos.

Embora o SOX não se destine diretamente à TI, as implicações são enormes, uma vez que a maioria dos dados financeiros na organização flui através de sistemas de informações computadorizados. O SOX tem sido um dos grandes condutores em segurança de TI, com grande impacto e visibilidade nos níveis mais altos de uma organização. A Seção 302 do decreto Sarbanes-Oxley exige que o CEO (presidente) e o CFO (responsável pelas finanças) façam declarações periódicas, certificando que estão em vigor controles adequados quanto às informações financeiras na organização. A seguir, um resumo das práticas recomendadas.

▼ Confidencialidade: é uma exigência do SOX que as informações confidenciais não possam ser expostas a entidades não autorizadas e ofereçam suporte ao uso de tecnologias e algoritmos de criptografias aceitáveis, para assegurar que os dados sejam divulgados somente a indivíduos autorizados.

▼ Integridade: o software necessita oferecer suporte à evidência de que os dados não foram modificados.

▼ Disponibilidade: uma das exigências do SOX é a disponibilidade dos dados financeiros a indivíduos autorizados.

▼ Controles de acesso: os software precisam oferecer suporte a acesso baseados em função e a revogação de contas.

▼ Auditoria e registro: recursos cruciais dos controles de TI são a auditoria e o registro de eventos nos sistemas que processam dados confidenciais.

▼ Gerenciamento de alterações: é uma parte fundamental do Sarbanes-Oxley, pois o decreto exige especificamente que as empresas notifiquem sobre quaisquer alterações materiais no processo que rege o fluxo de dados financeiros.

As organizações estão incorporando as melhores práticas na governança de TI antes de aderir ao *outsourcing* de TI?

Antes de optar por determinados serviços de *outsourcing* de TI nas organizações, é recomendável estabelecer e internalizar algumas das práticas de governança citadas anteriormente, em comum acordo com as áreas e departamentos corporativos, porém comunicando de maneira eficaz um portfólio de serviços e de suporte que alinhe a estrutura de trabalho de tecnologia da informação às expectativas das áreas de negócios.

A implantação de um modelo de governança de TI sustentável presume uma estratégia consistente e um plano de trabalho detalhado, com etapas muito bem definidas, que organizem e priorizem as atividades de acordo com as demandas estratégicas das organizações. Entretanto, para que esse modelo de governança tenha a adesão e a credibilidade da própria área de TI e dos usuários corporativos, é fundamental manter constantemente a atenção e o foco em alguns aspectos importantes:

▼ soluções tecnológicas que assegurem a máxima aderência às demandas dos negócios com geração efetiva de valor;
▼ foco em simplificação, flexibilidade e inovação nos processos de negócio;
▼ dados e informações atualizados e confiáveis para suporte às decisões;
▼ gestão eficaz de projetos, garantindo a identificação das necessidades e o efetivo acompanhamento das atividades e dos custos;
▼ papéis e responsabilidades claros para a organização de TI e para as áreas de negócios envolvidas nos principais projetos e soluções tecnológicas;
▼ nível de serviço formalizado junto aos usuários corporativos, com indicadores previamente estabelecidos;
▼ usuários treinados, certificados e reciclados para o uso eficiente dos recursos de TI, bem como documentação e suporte adequado;
▼ alta padronização e maximização dos recursos, soluções e serviços de TI;
▼ disponibilidade de contingências para infra-estrutura tecnológica e sistemas, assim como plano de continuidade de negócios para os processos críticos;
▼ desenvolvimento e qualificação do pessoal de TI nos processos de negócio;
▼ constante avaliação do desempenho de TI e do nível de satisfação dos usuários.

Observando-se todos esses aspectos, é muito provável que haja um melhor conhecimento e domínio de todos os processos e procedimentos inerentes à gestão de TI, além de uma base de indicadores de desempenho específicos e confiáveis que poderão ser utilizados como parâmetros para a negociação, contratação e futuro monitoramento dos níveis de acordo de serviços que venham a ser prestados por meio de contratos de *outsourcing*.

Considerações finais

A tendência em adotar contratos de serviços de *outsourcing* de TI tem aumentado globalmente como uma das alternativas de esforço das organizações em se manterem mais competitivas nos mercados em que atuam, porém, ao longo de sua vigência, notam-se diferentes resultados que podem variar desde efetivos casos de sucesso até verdadeiros fracassos. Mesmo assim, o advento do *outsourcing* de TI é hoje uma das práticas de gestão mais empregada nos diferentes segmentos de mercado e todas as evidências indicam que ganhará muito mais adesões nos próximos anos, principalmente devido a fatores como, por exemplo, a crescente demanda por bons profissionais de TI nas organizações, ou ainda a crescente pressão exercida sobre as áreas corporativas de TI em função de maior produtividade, agilidade, qualidade e menor custo. É importante destacar que o *outsourcing* de TI é um negócio muito fundamentado em pessoas, e o sucesso ou não de um determinado acordo depende de como as pessoas assimilam o fato de trabalhar em conjunto e em prol de um objetivo comum, considerando-se ainda variáveis como motivação, postura, comprometimento e responsabilidade, entre outras.

É preciso ter plena consciência de que o *outsourcing* não deve ser uma solução única e definitiva para todos os desafios enfrentados frequentemente pelas áreas corporativas de TI, mas, se aplicado devidamente, poderá viabilizar possibilidades de se atingirem resultados excepcionais, em geral traduzidos em redução de custos ou melhoria da capacidade de gestão da organização. Por outro lado, se aplicado sem qualquer critério, poderá comprometer os níveis de serviços correntemente praticados na organização, assim como causar aumentos significativos nos custos e ainda gerar maior complexidade em toda a gestão de TI.

Havendo a adesão a algum tipo de serviço de *outsourcing* de TI, este deve estar alinhado e consistente com a estratégia de negócios da organização, deixando-se claramente mapeadas e destacadas as limitações do acordo, de maneira a garantir as principais expectativas daquilo que é passível de ser realizado. As condições que direcionam as mudanças nos diferentes mercados influenciam diretamente os objetivos de negócio das organizações e, como conseqüência, deve-se prever nos acordos de *outsourcing* a possibilidade de revisões periódicas no escopo e nos níveis de serviços acordados. Por isso, manter os principais executivos e acionistas envolvidos no relacionamento com os provedores de serviços de *outsourcing* faz com que as equipes trabalhem permanentemente sintonizadas naquelas atividades que realmente importam para as organizações.

Não existe um processo totalmente preciso para contratar serviços de *outsourcing* de TI com visão de médio e longo prazo, pois adaptações são necessárias ao longo do tempo, em função da dinâmica dos negócios, dos aspectos políticos e da própria evolução da tecnologia. Um ponto essencial na gestão de TI é o processo de identificação e seleção de serviços que a organização deve de fato manter como atividade interna, enquanto serviços passíveis de terceirizações devem ser avaliados criteriosamente, pois sempre existe a expectativa de que poderão ser executados de uma melhor forma por provedores reconhecidamente capacitados.

Conforme as organizações evoluem, as suas operações se tornam mais complexas, surgindo o *outsourcing* de TI como uma opção natural na busca por melhor eficácia na gestão, onde as partes procuram uma abordagem equilibrada para trabalhar com foco solidário nos objetivos de negócio. Praticar a relação ganha-ganha entre cliente e provedor de serviços de *outsourcing* de TI poderá gerar um grande número de oportunidades de melhoria e inovação nos processos corporativos, propiciando um ambiente colaborativo para se colocarem em prática as estratégias que direcionem a organização rumo a um crescimento perene e sustentável.

Seleção entre alternativas de *outsourcing*

Otávio Sanchez*

Alberto Luiz Albertin**

Devido à complexidade das inter-relações que o provedor de *outsourcing* terá com a empresa contratante, usualmente múltiplos aspectos devem ser simultaneamente considerados quando da seleção de fornecedores. A seleção entre várias alternativas de fornecedores freqüentemente envolve a necessidade de se avaliarem as diversas dimensões implicadas no processo de *outsourcing* por meio de equipes interdisciplinares. Por exemplo, um fornecedor pode ter alta capacidade técnica para prover os serviços necessários, mas sua equipe pode ser culturalmente muito diferente da equipe da empresa contratante, o que tende a dificultar a resolução de eventuais dificuldades futuras. Em outra circunstância, uma empresa provedora pode apresentar os melhores preços, mas ser resistente às mudanças futuras que a dinâmica de negócios pode impor. Assim,

---

* Doutor e mestre pela Eaesp/FGV. Engenheiro de produção pela FEI. Professor titular e coordenador do Programa de Mestrado em Administração da Universidade Metodista de São Paulo e professor da Eaesp/FGV. Experiência na área de administração e consultoria em empresas e governo, nos temas: estratégia de negócios, análise de investimentos, modelos de decisão, inovação, tecnologia e sistemas de informação. Interesses em pesquisa incluem investimentos em TI e *outsourcing*.

** Professor titular, pesquisador e consultor da Eaesp/FGV. Doutor e mestre pela FEA-USP. Coordenador do Centro de Tecnologia de Informação Aplicada (CIA), do Programa de Excelência em Negócios na Era Digital (NED) e dos Programas de Pós-Graduação da Eaesp/FGV. Atua na área de tecnologia de informação, negócios na era digital, comércio eletrônico e uso de tecnologia de informação para o desempenho empresarial.

aspectos como flexibilidade e convergência dos valores organizacionais podem ser tão ou mais importantes que a capacidade técnica de prestar os serviços requeridos.

Além disso, freqüentemente, nem todos os aspectos podem ser avaliados por apenas um decisor, o que adiciona a dificuldade de se ponderarem diferentes opiniões, individuais ou em grupos, sobre variados assuntos simultaneamente, para se produzir uma decisão única ao longo da organização. Também podemos considerar a dificuldade adicional que a percepção de risco da decisão impõe aos decisores. Como a percepção de risco é, em última análise, pessoal e subjetiva, vários decisores podem ter dificuldade em atingir um consenso apenas porque suas percepções de risco são diferentes entre si.

Uma dificuldade adicional de se avaliarem várias alternativas, quando lidamos com múltiplos decisores, é a de que os diferentes aspectos podem assumir diferentes pesos na decisão final, devido às diferenças individuais de priorização entre os vários quesitos de avaliação. Assim, um decisor pode sobrevalorizar determinada característica de um provedor enquanto outro decisor pode ser pouco sensível a esse aspecto. Por exemplo, um decisor pode entender que a confiança comunicada pela marca do provedor é extremamente importante porque sinaliza que esse provedor tem muito a perder em termos de reputação se a prestação de serviço não for bem-sucedida, enquanto outro decisor poderá basear sua opção, por exemplo, na economia prometida em curto prazo.

Essas diferenças de percepção podem levar à centralização da tomada de decisões que inicialmente seriam colegiadas, tendo em vista os impactos distribuídos ao longo da organização. Isso ocorre porque os conflitos que surgem entre os decisores tendem a escalar a estrutura organizacional em busca de arbitragem sobre os critérios que são, em sua maioria, intrinsecamente pessoais e subjetivos. Quando decisões começam na forma colegiada e migram para a centralização, tende a ocorrer a situação em que os decisores se sentem frustrados pelo processo de decisão, o que reduz o comprometimento com a decisão tomada, aumentando seriamente o risco da decisão.

Felizmente, para fazer frente a esse tipo de dificuldade que envolve vários decisores que opinam sobre vários aspectos parciais do problema, cada qual com seus próprios critérios, existem métodos de apoio para dar suporte ao processo de tomada de decisão. Essa relativamente nova área da *management science*, a da modelagem de decisões baseadas em critérios múltiplos, está em franco desenvolvimento na academia. É, entretanto, relativamente recente a aplicação dessas técnicas para dar suporte à tomada de decisões em *outsourcing*. Quando utilizada, entretanto, a técnica permite uma grande transparência do processo e maior participação e comprometimento do grupo envolvido. Os resultados tendem a ser mais bem assimilados pela equipe, que passa a compreender de maneira mais completa o processo de tomada de decisão, tornando os critérios mais transparentes, o que facilita a gestão do processo de *outsourcing* como um todo.

Motivações e desafios para o *outsourcing*

A decisão pelo *outsourcing* envolve vários aspectos. Como toda decisão complexa, há uma tendência de os decisores tomarem decisões incompletas. Isso ocorre porque não são capazes de ponderar, por falta de capacidade de análise, os múltiplos aspectos que simultaneamente influenciam a decisão.

Outsourcing é tipicamente uma decisão que envolve múltiplos atributos de análise e múltiplos decisores. Quando verificamos a lista de atributos que são considerados em decisões de *outsourcing*, vemos que múltiplos decisores tendem a enfatizar diferentes aspectos da decisão de *outsourcing*. Os aspectos envolvidos incluem, por exemplo, redução de custos, aquisição de capacidade, melhoria de controle da atividade, liberação de recursos para investimento em atividades centrais etc. Muitos dos atributos a serem atendidos podem, inclusive, ser conflitantes entre si (Willcocks, 2000; Yang e Huang, 2000).

Do ponto de vista econômico, as organizações decidem terceirizar suas atividades quando o custo de transação interno for superior ao de conduzir suas atividades externamente (Coase, 1937; Williamson, 1975). Entretanto, ultimamente têm sido observadas decisões de *outsourcing* que não se baseiam unicamente em aspectos como o custo de transação, mas envolvem o desenvolvimento de estratégias de negócio em uma parceria com o provedor que pode resultar em inovações de negócio que não seriam possíveis de outra maneira (Means e Faulkner, 2000; Kakabadse e Kakabadse, 2002).

Embora a maior parte dos contratos de *outsourcing* ainda venha sendo fechada tendo em vista a possibilidade de que a redução de custos seja o principal aspecto a ser atendido, novas perspectivas de um relacionamento mais estratégico com o provedor têm sido cada vez mais consideradas (Insinga e Werle, 2000; Linder, Cole e Jacobson, 2001). Nessas condições, o resultado depende cada vez mais do relacionamento mais estreito com o provedor, onde a parceria possa estabelecer-se de forma a permitir o compartilhamento de benefícios e custos. Passa-se a considerar a possibilidade de contratos mais gerais, onde haja um compartilhamento de riscos e benefícios mais igualitário, e onde os critérios de mensuração gradualmente deixam de medir os aspectos operacionais do processo para, cada vez mais, enfatizar os resultados de negócio.

Conforme a perspectiva de contratação de terceiros envolva aspectos crescentemente estratégicos, os resultados tendem a ser cada vez mais difíceis de serem avaliados. Isso ocorre porque o resultado final levará a empresa contratante a uma posição na qual ela nunca esteve antes. Processos serão conduzidos de forma inovadora e, por isso, valores precisam ser reaprendidos. Nem tudo será previsível e uma avaliação prévia do contrato tende a ser ainda mais difícil. Nessas condições, a subjetividade da decisão aumenta e os decisores vão ter uma percepção de risco aumentada, pois não conseguem avaliar adequadamente os resultados futuros nem as situações em que estarão ao se engajar na parceria com o provedor.

A interfuncionalidade dos processos envolvidos na parceria estratégica entre a empresa contratante e o provedor leva a uma maior dificuldade da formalização dos processos envolvidos. Quando os processos terceirizados não são estanques, mas permeiam a organização em uma parceria estratégica, ocorre a tendência de que vários processos sejam completados ao longo de várias estruturas funcionais e não fiquem restritos a um departamento ou área. Nessa circunstância, usualmente os processos tornam-se dependentes da estrutura organizacional não formal para que possam ser completados. Assim, a cultura organizacional representa um papel muito importante nas parcerias estratégicas porque é facilitadora ou inibidora dos relacionamentos interfuncionais requeridos para completar os processos.

Dessa maneira, à medida que as organizações estejam cada vez mais procurando usar o *outsourcing* para criar configurações habilitadoras de novas estratégias, aspectos mais subjetivos passam a interferir mais fortemente no potencial de sucesso da parceria. Isso faz com que haja custos ocultos não facilmente revelados da configuração de parceria estratégica do *outsourcing*.

Dificuldades na avaliação de alternativas

Normalmente, a decisão sobre *outsourcing* envolve a análise de várias alternativas diferentes entre si. Também é comum não ocorrer a dominância de nenhuma alternativa, isto é, não existe alternativa que seja melhor em todos os aspectos a serem avaliados.

O que ocorre na grande maioria dos casos é que as alternativas revezam entre si as preferências dos avaliadores. A questão é, então, o que fazer para computar as alternativas e como classificá-las de forma que possa ser produzido um consenso no julgamento sobre qual a melhor alternativa.

As falhas de percepção dos decisores aumentam as dificuldades do julgamento das alternativas. Isso ocorre, em geral, pela assimetria de informações, situação em que o decisor não tem todos os detalhes necessários para produzir um julgamento completo e perfeito sobre o que precisa ser decidido. Quando isso acontece, fatores de subjetividade adicionais podem passar a fazer parte do julgamento do decisor, na medida em que faltam informações que permitam o julgamento adequado. A assimetria de informações pode ocorrer por várias razões, como o desconhecimento sobre detalhes técnicos do que vai ser fornecido, incapacidade de avaliar informações do provedor etc.

Outra dificuldade para a tomada de decisão sobre as alternativas de *outsourcing* envolve a questão da percepção do risco. Os gestores são, via de regra, muito mais avessos a risco do que seria de se esperar, tendo em vista as decisões que tomam. Ao computarem os fatores de decisão, os gestores incluem aspectos pessoais na decisão de negócio, como, por exemplo, as conseqüências que um mau resultado da decisão pode ter sobre sua carreira. Ao considerarem os aspectos pessoais acrescidos aos aspectos já envolvidos na decisão, os gestores adicionam maiores prêmios ou penalidades à matriz de resultados das decisões.

Por exemplo, um gestor pode considerar que uma decisão pode produzir resultados negativos para a organização e que a possibilidade de isso ocorrer é muito baixa. Em contrapartida, a possibilidade de resultados positivos é muito grande. Aparentemente, por esse enunciado, o gestor poderia decidir efetuar a contratação dos serviços, pois o valor esperado da alternativa é positivo. Entretanto, sua percepção pessoal sobre a matriz de recompensas pode alterar essa decisão, influenciando-a fortemente. Se, por exemplo, comprovando-se uma decisão bem-sucedida, esse resultado não for percebido como um mérito seu, ao passo que, em caso de insucesso, este for percebido como sua responsabilidade, o gestor pode desenvolver, devido à sua aversão ao risco, uma propensão a decidir não fazer o acordo.

Assim, aspectos pessoais, como dificuldade de avaliação e percepção de risco, podem interferir excessivamente na maneira com a decisão é tomada. Por essa razão, em particular quando o assunto adquire um elevado grau de complexidade, as decisões centralizadas podem comprometer demasiadamente os resultados. Esse é, a nosso ver, o caso do *outsourcing*, onde a complexidade da decisão impede que os gestores possam, de forma individual, analisar todos os aspectos envolvidos.

Além disso, em *outsourcing*, o impacto da decisão sobre o negócio é bastante elevado, fazendo com que a matriz de pagamento pessoal do decisor interfira na percepção de risco das alternativas, eliminando alternativas de risco aceitável, mas que são percebidas como de alto risco pessoal para o gestor. Entretanto, se alternativas forem descartadas por serem percebidas como de maior risco que o real, a tendência é de que o retorno da decisão seja inferior ao ótimo, já que alternativas de menor risco usualmente produzem menor retorno. Nesse caso, o clássico balanceamento risco-retorno fica impedido de produzir seus melhores resultados, em prejuízo da organização, que poderia desejar que todas as alternativas viáveis fossem consideradas, na correta proporção de seu risco para o negócio.

Complexidade da decisão colegiada

Pelo exposto, concluímos que a decisão colegiada é a mais adequada para as situações em que a complexidade dos elementos dificulta a correta percepção individual das melhores alternativas e onde as alternativas influenciam a percepção de risco dos decisores.

Outro aspecto muito importante da decisão colegiada diz respeito ao comprometimento resultante desse tipo de decisão, em comparação com a decisão centralizada. Sobretudo nas situações em que o futuro não é totalmente previsível, o resultado da implementação pode ser altamente dependente do envolvimento pessoal dos gestores ao longo do processo. Assim, o comprometimento da estrutura organizacional resultante de uma decisão tomada de forma colegiada tende a ser um facilitador da solução dos problemas que surgirão durante o processo de implementação.

Em contrapartida às vantagens mencionadas, a decisão colegiada envolve múltiplas percepções que dificultam a tomada de decisão. Em geral, a maior dificuldade refere-se à produção do consenso ou à aceitação dos critérios de decisão previamente à tomada de decisão. O desafio é uniformizar o entendimento das alternativas e do processo de decisão ao longo da equipe de decisores, assim como produzir a aceitação dos critérios de classificação das alternativas.

Felizmente, para conduzir esse entendimento, existem os métodos hierárquicos, altamente recomendáveis para esse tipo de situação. Entre eles, iremos deter-nos no método *Analytic Hierarchy Process* (AHP), aplicado à circunstância da decisão entre alternativas para um *outsourcing*.

Método para seleção entre alternativas

O *Analytic Hierarchy Process* (AHP) foi desenvolvido por Thomas Saaty e vem sendo cada vez mais aplicado a situações onde os processos de decisão são complexos (Saaty, 1977). Por ser um modelo hierárquico, a estruturação da decisão se dá por meio de uma árvore ou hierarquia da decisão, antes que o processo de escolha das alternativas seja encaminhado. Isso faz com que os decisores tenham de compreender e concordar com os procedimentos de decisão antes que as alternativas sejam avaliadas, o que facilita o consenso por reduzir os atritos de julgamento na fase inicial.

O AHP usa a abordagem de média ponderada de pesos para os atributos da decisão. Essas ponderações de atributos são feitas de forma considerada mais consistente que a simples atribuição de valores para cada alternativa porque as comparações são feitas aos pares. Em seguida, é criado um conjunto semelhante de comparações para determinar a importância relativa de cada critério. O procedimento completo consiste nas etapas descritas a seguir.

Definição dos stakeholders *da decisão*

A criação da representação hierárquica da decisão deve ser feita de maneira a envolver os vários interessados ou participantes da decisão de *outsourcing*, também conhecidos por *stakeholders* da decisão. Nessa etapa, os decisores são selecionados em função de sua habilidade em decidir sobre específicos aspectos que estão envolvidos na decisão de *outsourcing*. Por exemplo, se a decisão envolve aspectos financeiros como redução de custos, certamente alguns decisores com habilidade em avaliações desse tipo devem ser incluídos.

Uma prática corrente consiste em se criar um mapa de decisão onde se busca identificar os decisores e seus perfis básicos na decisão. Podem-se classificar os decisores sob o ponto de vista de seu papel na decisão, como, por exemplo, papel decisor, papel aconselhador, ou ainda decisores com poder de veto. Esse mapeamento prévio é de grande importância, pois os participantes criam expectativas sobre a sua influência na decisão final, que pode não corresponder, na exata proporção, à realidade do processo decisório.

Outro aspecto é identificar que decisores ou grupos podem tomar decisões sobre quais tipos de atributos. Por exemplo, podem existir equipes técnicas cujas responsabilidades envolvem a delimitação da capacidade técnica do provedor e a definição dos atributos de decisão, ou equipes de negócio que decidem sobre a flexibilidade do provedor no atendimento ou compreensão das necessidades de negócio.

Nessa fase, a lista de decisores deve ser criada e devem-se estabelecer quais pesos na decisão cada decisor terá. Por exemplo, a decisão pode ser democrática, com um voto atribuído a cada decisor da lista, ou pode ser ponderada de acordo com aspectos organizacionais ou culturais. É importante que esses pesos sejam conhecidos pela equipe que está produzindo a decisão para que as expectativas quanto aos papéis na decisão sejam conhecidos antecipadamente, o que tende a melhorar o comprometimento com a decisão final.

Criação de uma representação hierárquica dos atributos de decisão

Em um primeiro momento, o objetivo é a criação de uma lista de decisores e definição de seus papéis. Nessa etapa, ainda não estão claros todos os atributos que serão utilizados na decisão do *outsourcing*, mas se pode ter uma idéia bem definida da natureza desses atributos. Um exemplo disso é definir previamente que os aspectos gerais envolvidos na decisão são aspectos técnicos, financeiros, estratégicos, culturais e de flexibilidade. Essa lista de aspectos é bastante geral, mas permite definir quais os perfis básicos dos decisores devem ser inicialmente envolvidos.

Em seguida, procede-se à criação da hierarquia de atributos de decisão que será a base do método. Nesse momento, usualmente procura-se listar todos os possíveis atributos a serem considerados na decisão. Não se recomenda que, *a priori*, a hierarquia seja criada concomitantemente à atribuição de valores relativos para os atributos. Ao contrário, os atributos devem ser listados independentemente de sua importância relativa para que todos os aspectos possam ser considerados. Posteriormente, o próprio método AHP se encarregará de excluir os atributos que tenham pouca importância, de acordo com a opinião dos decisores. Nessa fase, costuma-se aplicar a técnica de *brainstorming* para a geração de uma lista abrangente de atributos a serem considerados.

É considerada uma boa prática construir a hierarquia da decisão por meio de agrupamentos de atributos em conjuntos de tamanho entre 5 e 9 (7 ± 2) elementos. O número 7 é considerado o ideal na literatura clássica sobre o volume de informação com o qual os decisores podem lidar adequadamente (Miller, 1956). Assim, hierarquias representativas da decisão devem ser organizadas de maneira que tenham o tamanho ideal para a facilitação do processo de decisão, ainda em especial quando se trata de decisões colegiadas.

Desenvolvimento das ponderações para cada critério

Essa fase é cumprida por meio do procedimento de criação de uma matriz de critérios que permite a comparação entre pares de critérios. Cada decisor envolvido no aspecto que se quer avaliar deve atribuir conceitos de comparação entre os pares, dando notas que melhor descrevam essas preferências, conforme a tabela 1.

Tabela 1

Estrutura de comparações de preferências entre pares

Nota relativa	Descrição
1	Preferência idêntica
3	Preferência moderada
5	Preferência forte
7	Preferência muito forte
9	Preferência extremamente forte

Suponhamos que, em certo nível da hierarquia da decisão, n sejam os atributos envolvidos. Assim, o conjunto de atributos de mesmo nível na hierarquia será dado por $x_1, x_2 \dots x_n$. Os julgamentos quantificados aos pares serão representados por uma matriz $A_{(n \times n)}$, onde:

$$A = (a_{ij}) \qquad (\text{para } i, j = 1,2, \dots, n) \qquad (1)$$

Por exemplo, suponhamos que estejamos avaliando três critérios: "aspectos estratégicos", "aspectos táticos" e "aspectos operacionais". Teremos, como resultado dessas comparações aos pares, uma matriz $A_{(3:3)}$, onde:

▼ se $a_{ij} = k$, então $a_{ji} = 1/k$; $a \neq 0$;
▼ se x_i é julgado como de preferência idêntica em relação x_j, então $a_{ij} = 1$ e $a_{ji} = 1/1$.

Assim, a matriz exemplificada teria a seguinte forma geral:

$$A = \begin{pmatrix} 1 & a_{12} & \cdots & a_{1n} \\ 1/a_{12} & 1 & \cdots & a_{2n} \\ & & \cdots & \\ 1/a_{1n} & 1/a_{12n} & \cdots & 1 \end{pmatrix} \qquad (2)$$

A forma específica da matriz do nosso exemplo, supondo que as relações de preferências entre os três atributos fossem "aspectos estratégicos" ≻ "aspectos táticos" ≻ ≻ "aspectos operacionais" (onde ≻ significa "preferível a" e ≻ ≻ significa "muito preferível a"), ficaria, então, como apresentado na tabela 2.

Tabela 2

	Aspectos estratégicos	Aspectos táticos	Aspectos operacionais
Aspectos estratégicos	1	3	9
Aspectos táticos	1/3	1	7
Aspectos operacionais	1/9	1/7	1

Cada matriz resultante da comparação de atributos deve ser analisada com base em sua normalização para que seja possível a padronização subseqüente das alternativas. Para isso, assume-se W como o somatório dos pesos individuais. Matematicamente, temos:

$$W_j = \sum_{i=1}^{n} a_{ij} \quad (j = 1, 2, ..., n) \tag{3}$$

Em nosso exemplo, na fase de normalização, teríamos os dados mostrados na tabela 3.

Tabela 3

	Aspectos estratégicos	Aspectos táticos	Aspectos operacionais
Aspectos estratégicos	1	3	9
Aspectos táticos	1/3	1	7
Aspectos operacionais	1/9	1/7	1
W	1,44	4,14	17,0

A seguir, calcula-se o valor normalizado, dado por:

$$A = \begin{pmatrix} w_1 / W_1 & w_1 / W_1 & \cdots & w_1 / W_1 \\ w_2 / W_1 & w_2 / W_2 & \cdots & w_2 / W_1 \\ & & \cdots & \\ w_n / W_1 & w_n / W_2 & \cdots & w_2 / W_n \end{pmatrix} \qquad (4)$$

Isso resultaria, em nosso exemplo, numa matriz normalizada conforme abaixo, onde se pode também calcular o peso relativo de cada atributo, dado por:

$$P_i = \frac{1}{n} \sum_{j=1}^{n} a_{ij} \quad (i = 1,2, ..., n) \qquad (5)$$

Tabela 4

	Aspectos estratégicos	Aspectos táticos	Aspectos operacionais	Peso relativo do atributo
Aspectos estratégicos	1 / 1,44 = 0,692	3 / 4,14 = 0,724	9 / 17 = 0,529	$P_1 = \dfrac{0,692+0,724+0,529}{3} = 0,649$
Aspectos táticos	0,33 / 1,44 = 0,231	1 / 4,14 = 0,241	7 / 17 = 0,412	$P_2 = \dfrac{0,231+0,241+0,412}{3} = 0,295$
Aspectos operacionais	0,11 / 1,44 = 0,077	0,14 / 4,14 = 0,034	1 / 17 = 0,059	$P_3 = \dfrac{0,077+0,034+0,059}{3} = 0,057$

Tendo encontrado os pesos relativos dos atributos em um mesmo nível na hierarquia da decisão, pode-se, então, efetuar o mesmo procedimento para cada nível da hierarquia, de maneira a encontrar os diversos pesos componentes da decisão como um todo.

Cada matriz resultante da comparação de atributos deve ser analisada para se verificar a consistência das comparações entre pares e a classificação correspondente. Isso decorre do fato de o decisor estabelecer suas avaliações aos pares, sem ter uma visão do conjunto, de modo que inconsistências podem surgir, em especial quando a dimensão da matriz de comparação aumenta. O processo sugere que uma razão de inconsistência deva ser calculada e que seu resultado deve ser menor que 0,1. Se o resultado for superior a esse valor, deveria provocar uma revisão por parte do decisor, conforme sugestão de Saaty.

Para se avaliar, a cada matriz de comparação, se a consistência dos julgamentos é aceitável ou se deve ser reavaliada, deve-se calcular:

$$\text{Índice de Consistência } (CI) = (\lambda - n) / (n - 1) \qquad (6)$$

onde:

λ = a média da medida de consistência de todas as alternativas sob julgamento na matriz

n = número de alternativas

$$\text{Razão de Consistência } (CR) = CI / RI \qquad (7)$$

onde:

RI = índice obtido com preenchimento randômico para consistência

A razão de consistência (CR) será, então:

$$CR = \frac{(\lambda - n) / (n - 1)}{RI} \qquad (8)$$

O índice razão de inconsistência (RI) foi simulado por Saaty para matrizes até 9:9, enquanto Forman as estimou até 15:15. Na prática, entretanto, devemos manter o número máximo próximo de 7, para facilitar a ponderação durante o processo de decisão, conforme mencionamos anteriormente. Os valores para RI são apresentados na Tabela 5.

Tabela 5

Estrutura de comparações de preferências entre pares

n	RI
2	0,00
3	0,58
4	0,90
5	1,12
6	1,24
7	1,32
8	1,41
9	1,45
10	1,51

O cálculo da medida de inconsistência (λ) é dado pela notação matemática abaixo:

$$A = \begin{pmatrix} w_1 / W_1 & w_1 / W_2 & \cdots & w_1 / W_n \\ w_2 / W_1 & w_2 / W_2 & \cdots & w_2 / W_n \\ \vdots & \vdots & \cdots & \vdots \\ w_n / W_1 & w_n / W_2 & \cdots & w_2 / W_n \end{pmatrix} \begin{pmatrix} P_1 \\ P_2 \\ \vdots \\ P_n \end{pmatrix} \tag{9}$$

que, em nosso exemplo, apresenta os resultados expostos na tabela 6.

Tabela 6

	Medida de inconsistência – λ
Aspectos estratégicos	3,150
Aspectos táticos	3,082
Aspectos operacionais	3,012

resultando uma razão de consistência de:

$$CR = \frac{(\lambda - n)/(n-1)}{RI} = \frac{(3,081 - 3)/(3 - 1)}{0,58} = 0,070$$

Como o valor de CR resultou 0,070 < 0,1, temos a consistência das comparações efetuadas nesse exemplo. Caso contrário, a recomendação seria a de proceder à reavaliação das comparações na matriz.

Documentação do processo de decisão

A agregação final dos resultados do processo de hierarquização da decisão pode ser representada por meio de um diagrama, conforme ilustrado na figura 1.

Seleção entre alternativas de outsourcing

Figura 1
Exemplo de hierarquia de decisão de outsourcing

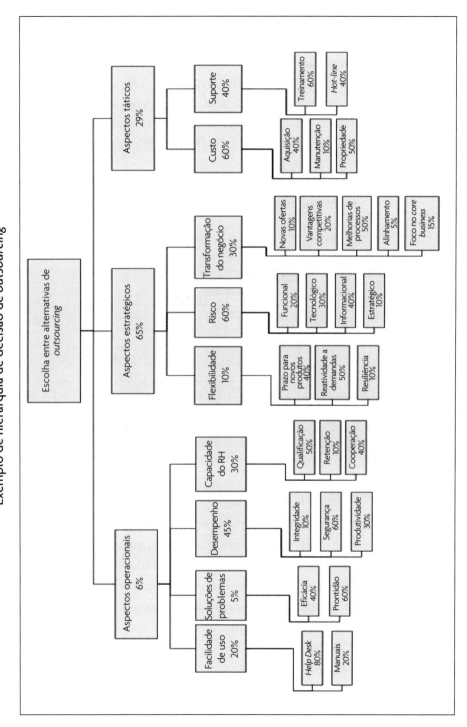

42 — Outsourcing de TI

A automação dos procedimentos descritos pode parecer complexa ou trabalhosa, mas não o é. Há várias ferramentas de software que podem ser utilizadas, destacando-se o Expert Choice (<www.expertchoice.com>), ou até mesmo o Excel, que permite fazer os cálculos em planilha. No quadro 1, é fornecida a formulação necessária para que uma matriz de 4:4 seja calculada. Matrizes de outras dimensões podem ser facilmente implementadas, essencialmente alterando-se os parâmetros n e RI, na célula I15.

Quadro 1

Programação de AHP para matriz 4:4 em Excel

	A	B	C	D	E	F	G	H	I
1	Alternativa	A	B	C	D				
2	A	1,00							
3	B		1,00						
4	C			1,00					
5	D				1,00				
6	Soma	Soma (B2:B5)	Soma (C2:C5)	Soma (D2:D5)	Soma (E2:E5)				
7									
8			Normalização				Peso do atributo		Medida de consistência
9	Alternativa	A	B	C	D				
10	A	B2/B$6	C2/C$6	D2/D$6	E2/E$6		Média (B10:E10)		Matriz. Mult. (B2: E2;$G$10:$G$13)/G10
11	B	B3/B$6	C3/C$6	D3/D$6	E3/B$6		Média (B11:E11)		Matriz. Mult. (B3: E3;$G$10:$G$13)/G10
12	C	B4/B$6	C4/C$6	D4/D$6	E4/E$6		Média (B12:E12)		Matriz. Mult. (B4: E4;$G$10:$G$13)/G10
13	D	B5/B$6	C5/C$6	D5/D$6	E5/E$6		Média (B13:E13)		Matriz. Mult. (B5: E5;$G$10:$G$13)/G10
14									
15							Razão de consistência		(Média (I10:I13)−4)/(3*0,9)

Desenvolvimento das ponderações para cada alternativa, em cada critério

Um procedimento semelhante ao anteriormente descrito deve ser aplicado para a classificação das alternativas, que são avaliadas entre si, aos pares, a cada um dos critérios de julgamento considerados relevantes. Pelo mesmo processo, chega-se a uma classificação das alternativas, por atributo, de maneira a resultar em coeficientes individualizados para cada atributo, por alternativa. Essa classificação também deve ser analisada quanto à consistência das comparações.

A seguir, as ponderações atribuídas pelos decisores são compiladas de acordo com o peso que sua opinião deve ter segundo o mapeamento de *stakeholders* anteriormente realizado. Ao final dessa etapa, chega-se a uma classificação dos atributos da decisão como um todo. Os atributos que tenham sido considerados pouco relevantes terão seus coeficientes reduzidos automaticamente pela aplicação do método, enquanto os atributos mais relevantes resultarão em coeficientes numericamente mais significativos.

Agregação dos resultados finais e verificação da sensibilidade da decisão

As melhores alternativas serão reveladas pela ponderação entre os coeficientes entre os atributos e as notas atribuídas às alternativas. Entretanto, as alternativas serão classificadas tendo como base os critérios de atribuição de notas comparativas típicos do método AHP. Pode ocorrer que pequenas alterações de coeficientes afetem drasticamente a ordenação das alternativas, significando que a decisão é muito sensível aos pesos atribuídos aos atributos ou alternativas no processo de comparação aos pares. Nesse caso, recomenda-se que as comparações que levaram a esses resultados sejam revistas, de maneira a se garantir que os pesos atribuídos sejam considerados precisos. Caso contrário, a ordenação de alternativas pode tornar-se questionável, pois bastariam pequenas alterações nos coeficientes de comparação entre os pares para que a seqüência das melhores alternativas se alterasse.

Conclusões

Um dos maiores benefícios do uso de um método para a seleção de alternativas de *outsourcing* consiste na documentação do processo. À medida que os decisores têm dificuldades em lidar com a complexidade de uma decisão que envolve múltiplas áreas da organização, sua percepção de risco em relação a essa decisão aumenta. Uma tendência natural é a de procurar consultar especialistas em diversas áreas e usuários que possam vir a ser afetados pela decisão de *outsourcing*. Entretanto, organizar o processo de decisão colegiada não é uma tarefa simples, se não houver o suporte de um método para isso.

Depois de ocorrida a decisão, entretanto, aspectos desse processo podem permanecer pouco claros a uma auditoria futura. São comuns questionamentos posteriores, principalmente quando nem todos os resultados estão sendo atingidos. Nesse momento, a formalização do processo de decisão e sua objetivação são de extrema valia. O processo de decisão pode ser revisto, discutido e auditado. A impessoalidade do processo que descrevemos neste capítulo ajuda as organizações a documentarem seus procedimentos e critérios, bem como torna o processo de decisão mais transparente.

O aprendizado que o método descrito proporciona ajuda os executivos a aperfeiçoarem suas decisões em *outsourcing*. A decisão de *outsourcing*, diferentemente do que possa parecer em um primeiro momento, não se esgota com a contratação do provedor. Pelo contrário, à medida que se avança no sentido de buscar parcerias mais estratégicas, e não apenas uma imediata redução de custo por meio da contratação de serviços predefinidos de provedores, a revisão do processo de decisão tende a se tornar mais importante.

Um aspecto de grande relevância consiste no compartilhamento da decisão que passa a ser possível pela documentação clara e prévia do processo de decisão. Os executivos podem, então, identificar os aspectos envolvidos na decisão, objetivando suas ponderações.

De outra forma, sem a utilização de um método que documente e apóie o processo de tomada de decisão, a percepção de risco dos executivos envolvidos no processo aumenta porque não se estabelecem claramente quais decisões devem ser tomadas, quais os critérios a serem enfatizados e quais as conseqüências da opinião individual no processo.

Referências bibliográficas

COASE, R. H. The nature of the firm. *Economics*, v. 4, n. 16, p. 386-405, 1937.

INSINGA, R. C.; WERLE, M. J. Linking outsourcing to business strategy. *Academy of Management Executive*, v. 14, n. 4, p. 58-70, 2000.

KAKABADSE, A.; KAKABADSE, N. Trends in outsourcing: contrasting USA and Europe. *European Management Journal*, v. 20, n. 2, p. 189-198, 2002.

LINDER, J. C.; COLE, M. I.; JACOBSON, A. L. How to achieve business transformation through outsourcing. *Accenture Outlook*, special ed., p. 1-20, 2001.

MEANS, G. E.; FAULKNER, M. Strategic innovation in the new economy. *The Journal of Business Strategy*, v. 21, n. 3, p. 25-29, 2000.

MILLER, G. A. The magical number seven, plus or minus two: some limits on our capacity for processing information. *The Psychological Review*, v. 63, p. 81-97, 1956.

SAATY, T. L. A scaling method for priorities in hierarchical structures. *Journal of Mathematical Psychology*, v. 15, n. 3, p. 234-281, 1977.

WILLCOCKS, L. P.; LACITY, M. C. Survey of IT outsourcing experiences in US and UK organizations. *Journal of Global Information Management*, v. 8, n. 2, 2000.

WILLIAMSON, O. E. *Market and hierarchies:* analysis and antitrust implications, a study in the economics of internal organization. New York: Free Press, 1975.

YANG, C.; HUANG, J.-B. A decision model for IS outsourcing. *International Journal of Information Management*, v. 20, n. 3, p. 225-239, 2000.

Terceirização como modelo de negócios: os papéis e responsabilidades da empresa e do fornecedor de serviços

Sergio Lozinsky*

Quando uma organização empresarial decide terceirizar qualquer parte do seu negócio, imediatamente surgem questões e dúvidas sobre como selecionar o terceiro, quais cláusulas não poderão deixar de constar do contrato de prestação de serviços, como estimar os custos de maneira correta, como a curva de custos deverá evoluir ao longo do tempo, que tipo de valor agregado esperar do terceiro — a curto e longo prazos —, que riscos operacionais e estratégicos estarão envolvidos nessa contratação (claros ou ocultos), se o pessoal interno será transferido para o fornecedor ou se profissionais do fornecedor é que passarão a prestar os serviços (e esses profissionais, ainda serão recrutados, serão "quarteirizados", ou já estão nos quadros atuais?), o que fazer se o contrato for rompido por alguma razão impensável nesse momento, como comparar os custos dos serviços ao longo do contrato com a realidade de mercado que estará valendo a cada ano... Enfim, como saber se será realmente bom para o negócio?

---

* Colaborador freqüente de várias publicações voltadas para o mercado empresarial e autor do livro *Software: tecnologia do negócio* (Editora Imago), atua em estratégia corporativa e estratégia de tecnologia, desenvolvendo projetos que promovem a transformação dos negócios em busca de modelos mais competitivos.

A questão dos papéis e responsabilidades a serem distribuídos e gerenciados ao longo dos contratos de terceirização apresenta um estreito relacionamento com a definição estratégica do uso de terceiros no negócio. Esses papéis e responsabilidades irão variar bastante, dependendo de que objetivos prioritários foram estabelecidos pela empresa compradora dos serviços ao determinar a reestruturação de seu modelo de negócios, e da participação de outras organizações e/ou profissionais externos em seus processos de negócios ou em sua cadeia de valor.

De uma forma geral, poderíamos resumir a questão estratégica da terceirização em três categorias que implicam cenários diferentes do papel dos terceiros. Entender o papel dos terceiros em cada um desses cenários ajuda, também, a desenvolver uma expectativa mais correta — ou mais realista — do que esperar da qualidade dos serviços terceirizados, do comprometimento e mesmo da evolução dos trabalhos dos fornecedores de serviços.

Categorias de terceirização

Uma primeira categoria — talvez a mais intuitiva e que tenha dado origem ao próprio negócio de terceirização — é a da redução de custos.

Esse objetivo — redução de custos — também está presente nas demais categorias de terceirização, mas não como a meta principal em si a ser atingida, e sim como uma maneira de viabilizar os investimentos e projetos que envolvem os terceiros no modelo de negócios.

A terceirização visando reduzir custos implica uma análise dos processos de negócio de uma empresa, verificando, em geral, o que é considerado *commodity* (pouco valor agregado às operações da empresa, mas, ainda assim, mandatório, crítico operacionalmente, ou legalmente não eliminável). Figuram nessa categoria serviços já tradicionais como segurança e alimentação, mas também aspectos mais complexos, como processos transacionais da folha de pagamento, gerenciamento da infra-estrutura de TI, serviços de *helpdesk* para microinformática ou para atendimento de usuários de sistemas aplicativos, e mesmo serviços de compras.

Esses exemplos não visam indicar que esses tipos de serviços são "sempre" *commodities*. Dependendo do negócio da empresa contratante, em alguns casos eles estarão classificados em uma das demais categorias de terceirização.

Se um processo agrega pouco ou nenhum valor ao negócio, é preciso reduzir seus custos ao máximo — ainda que admitindo algum nível de risco administrável — para "sobrar" maior potencial de investimento para o que realmente interessa.

A segunda categoria de terceirização é a que está relacionada à rápida expansão do negócio, e onde os terceiros participam fornecendo infra-estrutura e pessoal para dar conta de processos críticos associados ao negócio principal da empresa. Aí se encontram serviços de instalação e assistência técnica e centros de atendimento a clientes, por exemplo.

Nesse caso, os terceiros são como especialistas no negócio da empresa contratante, e percebidos pelos clientes ou usuários como parte integrante da oferta de produtos e serviços que adquirem/usam dessa empresa.

Com essa breve descrição, já é possível perceber que as características dos terceiros que suportam o crescimento de um negócio não são as mesmas daqueles que têm como missão principal reduzir custos operacionais.

Nessa segunda categoria, bons exemplos incluem as empresas de telefonia e de TV a cabo, e as seguradoras que oferecem serviços complementares de consertos e reparos.

A terceira categoria, a mais sofisticada e complexa, é aquela em que o terceiro chega a assumir o papel de "sócio" (*business partner*) da empresa contratante: o serviço ou produto que o terceiro oferece se insere e é parte integrante do próprio modelo de negócios que a organização desenhou para conquistar mercado e aumentar a lucratividade.

O terceiro, nesse caso, não é necessariamente especialista nos produtos ou serviços da empresa contratante, mas sim possui soluções e tecnologia diferenciadas em certos processos ou produtos próprios que permitem aumentar a competitividade do negócio da empresa contratante que usa essas soluções e tecnologias de ponta.

Nessa terceira categoria, em termos de papéis e responsabilidades, já estamos bem afastados dos atributos que caracterizam a primeira categoria — a da redução de custos.

Terceirização como ferramenta de redução de custos

Negociações "duras" para obter menores custos de serviços com certeza farão parte das discussões e eventuais concorrências em qualquer uma das categorias. Mas tendo em mente a redução dos custos operacionais como o objetivo estratégico, essas negociações assumem proporções mais detalhadas e, por isso mesmo, mais complexas.

Por exemplo, o fornecedor dos serviços poderá demonstrar que seus custos poderiam ser significativamente reduzidos se os processos que executar forem absolutamente padronizados, e não houver flexibilidade para "acomodar" situações especiais (que requereriam pessoas mais experientes e mais caras, ou mais gente, ou treinamentos adicionais, ou sistemas mais sofisticados). Caberá à empresa, então, aceitar e definir procedimentos que podem apresentar um grau de qualidade inferior ao que os usuários estavam acostumados, seja pelo tempo necessário para ser atendido, seja pelo fato de que o resultado poderá ser considerado "incompleto" pelo usuário — que terá de buscar a finalização adequada por conta própria —, seja pela forma de interação entre prestador de serviços e usuário — a cada chamado, é preciso contar toda a história de novo, por exemplo —, o que pode deixar este último insatisfeito.

Outro aspecto que entra nesse tipo de negociação é o "nível" dos profissionais terceirizados envolvidos. Experiências de mercado apontam insatisfação com serviços de reservas de viagens, por exemplo. Tendo como objetivo principal descontos expressivos em hotéis e companhias aéreas, fica em segundo plano — ou mesmo abandonado — o planejamento da viagem em si. Os atendentes podem ser pessoas despreparadas e inexperientes — que, em um país como o Brasil, talvez nunca tenham tido oportunidade de viajar: basicamente, lêem o que a tela do sistema lhes mostra e efetuam as reservas a partir desses dados.

Os viajantes mais precavidos — sabedores que, em última análise, são os únicos que irão ter problemas com essa forma de fazer as coisas — acabam pesquisando o melhor roteiro por conta própria, gastam tempo verificando como encaixar esse roteiro nas "políticas" da empresa, e passam o material "pronto" para o prestador de serviços efetuar o seu trabalho. Ou seja, usam o seu precioso tempo no trabalho ou em casa para fazer o serviço que, segundo sua perspectiva, seria de outro, pago para isso.

Esses comentários e experiências negativas não devem levar à conclusão de que usar terceiros para reduzir custos é um "erro". Ao contrário. A questão é definir muito bem o cenário em que essa solução vai se desenvolver, para obter a melhor relação "custos-benefícios-insatisfação" possível.

Em situações de forte redução de custos — e futuras negociações para reduzir ainda mais os custos do contrato —, há algumas coisas que o terceiro não irá querer ou não poderá garantir: retenção de pessoal (o mais provável é que haja uma troca constante de profissionais no quadro do prestador do serviço); quando muito, um treinamento básico antes de alocar o profissional (o mais provável é que a pessoa aprenda "fazendo", com a ajuda de alguém que já está lá há mais tempo); pouco (ou nenhum) investimento em novos processos ou novas tecnologias na prestação do serviço, pelo menos sob a vigência do contrato em curso.

Se esse terceiro absorveu parte dos profissionais da empresa contratante (para efeito de reter conhecimento crítico), é provável que essas pessoas procurem recolocar-se no mercado se entenderem que sua carreira está comprometida nesse novo modelo de empresa, ou mesmo que haja um plano de "troca" desses profissionais por outros menos experientes e mais baratos.

Nessa categoria de terceirização, a empresa contratante precisa reter seu papel de gestora de todos os processos, verificando com freqüência se a solução adotada continua mantendo a relação "custos-benefícios-insatisfação" adequada, além de administrar muito bem o contrato de terceirização em termos de atendimento às cláusulas e aos níveis de serviços acordados.

O terceiro encaixa-se no "fluxo de processos" em pontos específicos, como se fosse um programa ou sistema que recebe uma informação e devolve um resultado correto, ou pelo menos aceitável.

É recomendável que a empresa contratante — dentro do seu processo de gestão de contratos — mantenha um relacionamento com o "gerente da sua conta" no prestador de serviços, e o mantenha informado sobre pontos positivos e negativos observados na execução das tarefas, requerendo respostas formais para algumas questões (muito úteis quando houver necessidade de renegociar o contrato ou promover outra concorrência).

Ao terceiro cabe ganhar escala nos serviços que presta como "redutor de custos", pois do contrário sua própria estratégia de preços ficará comprometida. Além disso, espera-se que o terceiro investigue formas de melhorar o serviço — mudando processos ou aplicando novas tecnologias —, ainda que isso seja feito para o seu negócio como um todo, e não para um contrato em particular.

O terceiro também deveria ter um programa de educação e motivação de seus profissionais, incentivando-os a encontrar um ponto de equilíbrio entre o procedimento padronizado, por exemplo, e a expectativa do cliente.

Terceirização como ferramenta de expansão do negócio

Nesse segundo caso, os papéis e responsabilidades esperados do terceiro são bem mais ousados: na maioria das vezes, o terceiro estará representando a empresa contratante perante o cliente e, portanto, afetando diretamente a imagem e os valores preconizados pela empresa.

Organizações que precisam expandir-se rapidamente, ou que sabem/esperam que, uma vez lançado o seu produto ou serviço, a demanda será grande, precisam estabelecer contratos com terceiros que estejam preparados para "assumir" a execução de certas tarefas com baixa supervisão e, mais comumente, com grande autonomia.

Exemplos de nosso cotidiano são os das empresas de telefonia e de TV a cabo, cuja assistência técnica é tipicamente terceirizada. O centro de atendimento a clientes a que nos dirigimos quando temos um problema ou solicitação provavelmente também é terceirizado. Ou seja, nós, usuários, selecionamos uma marca ou uma tecnologia para usufruir de um serviço crítico, e verificamos que outras empresas, algumas bem pequenas, ou mesmo pessoal autônomo, é que têm a responsabilidade de garantir que tudo corra bem.

Isso não será problema se esses terceiros surpreenderem positivamente na sua forma de interação e no resultado de seus serviços. Nesse caso, a imagem da empresa contratante se beneficiará significativamente da estratégia adotada e verá sua demanda aumentar.

Como mencionado antes, esses terceiros, nesse caso, são os especialistas nos produtos e na tecnologia oferecidos pela empresa contratante. Provavelmente, a maior parte do conhecimento técnico estará fora da empresa, e o grau de dependência dos terceiros é alto.

É fundamental, portanto, por razões de volume (em geral grande) e de segurança na continuidade das ofertas, que a empresa forme um *pool* de

Terceirização como modelo de negócios

terceiros — intercambiáveis, complementares e com uma certa "folga" de recursos para fazer frente a emergências, em caso de necessidade.

O processo de contratação do terceiro nesse caso, mais do que uma concorrência e negociação, implica também uma "certificação" da capacidade de prestar o serviço, dominar a tecnologia envolvida e representar adequadamente a empresa (postura, valores, empatia etc).

Comprovações de capacidade técnica, testes-piloto de atendimento, referências, currículos dos profissionais (eventualmente, algumas entrevistas) são itens que devem ser considerados na seleção dos terceiros.

É preciso, também, desenvolver algum planejamento de capacidade a ser demandada pelo mercado e verificar quantos terceiros (se poucos com vários profissionais, ou muitos com poucos profissionais) serão necessários. Se a área geográfica de cobertura for grande, o processo é ainda mais complexo, pois pode não haver mão-de-obra qualificada em determinadas regiões.

Oferecer treinamento preparatório para os terceiros pode ser uma necessidade mandatória (e eventualmente também terceirizada). Além disso, será preciso manter toda a "rede" atualizada em relação à evolução das ofertas e em relação aos problemas que vêm sendo registrados, para agir de forma preventiva.

Pensar em algum tipo de *e-learning*, site de relacionamento com os terceiros, pesquisas independentes de satisfação junto aos clientes com *feedback* para os avaliados, premiação por alcançar níveis de satisfação ou de produtividade desejados, são exemplos de aspectos que deveriam ser considerados pelas empresas que adotam essa estratégia de expansão para o seu negócio.

Há que cuidar, também, do "ecossistema" que a empresa contratante criou a partir desse modelo de negócios: se as vendas crescem, não adianta um terceiro simplesmente "roubar" recursos de outro — nesse caso, o mercado talvez fique mal atendido e os custos de mão-de-obra cresçam em função dessa procura de pessoal. É preciso monitorar se os terceiros estão recebendo informações adequadas sobre a perspectiva do mercado e preparando-se para aproveitar eventuais expansões, ou atentos a possíveis contrações que podem trazer prejuízos financeiros.

Se há expansão, a empresa contratante pode viabilizar economias de escala na contratação e treinamento de novos profissionais, por exemplo.

Também pode estimular a aquisição dos terceiros com baixa performance por outros que parecem ser os verdadeiros canais de sustentação da expansão do negócio.

Os terceiros, por sua vez, precisam trabalhar com a perspectiva de expandir sua participação nesse "ecossistema" — ou seja, ganhar mercado por competência, capacidade ou oportunismo —, como também avaliar a possibilidade de aproveitar a experiência para oferecer serviços similares a outras empresas (na medida em que isso seja contratualmente aprovado), concorrentes ou não da empresa contratante. Esse aumento de escala trará benefícios, se esse crescimento for bem administrado, como em qualquer negócio.

O terceiro também precisa avaliar a possibilidade de introduzir suas próprias soluções de comunicação com o contratante, e de avaliação de seus serviços junto aos clientes, para alcançar um posicionamento privilegiado no "ecossistema" e na percepção da empresa contratante.

Assim como no caso da categoria de redução de custos, o terceiro precisa pensar em revisar seus processos e a tecnologia aplicada ao seu negócio, tanto do ponto de vista do negócio como um todo (visando ganhos de escala), quanto de cada contrato em particular.

Uma conclusão importante é que a empresa contratante dos serviços de terceirização precisará administrar muito mais do que um conjunto de contratos: ela precisará introduzir processos e mecanismos que permitam acompanhar e avaliar a performance desses terceiros no mercado e manter, em seus quadros, profissionais que possam gerenciar o "ecossistema" e os canais de relacionamento com os clientes.

Outra questão está associada à natural transformação dos processos e da organização da empresa contratante, que pode ter significativas implicações para o "ecossistema": introdução de novos procedimentos, novos requisitos de conhecimentos técnicos por parte dos terceiros, novos custos operacionais. A empresa que cria e administra um "ecossistema" precisa ter plena consciência e visão de como suas decisões podem afetar o funcionamento e mesmo a saúde financeira desse "ecossistema".

A empresa contratante precisa desenvolver, também, um trabalho de marketing junto ao "ecossistema", buscando criar um sentimento de "orgulho" em fazer parte de um grupo vencedor, motivar a auto-superação e promover profissionais que se destaquem na execução de seus serviços.

De maneira bem pragmática, é preciso "cooptar" os terceiros e zelar por sua felicidade. Em troca, cobrar qualidade, produtividade e responsabilidade no trato da marca e da imagem da empresa junto ao mercado.

As constantes alternâncias entre *insourcing* (incorporar o serviço de terceiros ao negócio) e *outsourcing* que se observam constantemente no mercado demonstram como essa administração do "ecossistema" passa por altos e baixos, provocando reações estratégicas que podem comprometer tremendamente o futuro do negócio.

A empresa contratante precisa avaliar que perfil profissional deveria ser alocado para cuidar desse "ecossistema": será que basta colocar quem conhece a tecnologia e os serviços oferecidos? É o lugar certo para oferecer a um talento que está despontando no negócio? Não seria melhor contratar alguém de mercado com experiência comprovada? Que departamentos da empresa deveriam estar envolvidos direta ou indiretamente na administração desse "ecossistema"? É prudente convidar clientes a formarem uma espécie de "grupo de usuários" que colabore na melhoria dos serviços e na avaliação dos terceiros?

E que tal montar um "ecossistema" misto, em parte terceirizado, em parte internalizado, para efeito de aprendizagem, comparação (inclusive de custos) e *backup* se alguma coisa não correr bem...? Essa seria uma forma de criar uma estrutura de acompanhamento dos trabalhos dos terceiros que proporcione um melhor retorno sobre os investimentos, eventualmente amortizando parte dos custos de gerenciamento.

Terceirização como ferramenta de transformação do negócio

Nessa terceira categoria, o termo "terceirização" perde um pouco o sentido original: continua havendo uma delegação de processos e responsabilidades para outras organizações, mas a motivação principal está em aproveitar o *know-how*, a tecnologia, a eficiência, a escala, os contatos, ou uma combinação desses itens como base para a transformação do modelo de negócios da empresa, buscando maior competitividade no mercado através da participação (em geral significativa) desse(s) terceiro(s) diretamente na arquitetura de negócios definida.

Como nos casos anteriores, serão assinados contratos complexos, com dezenas de cláusulas com recompensas e penalidades, ou que resguardem informações confidenciais, ou que até limitem a esfera de atuação dos envolvidos em outras cadeias de valor. No entanto, os resultados efetivos dos terceiros terão um caráter maior de "compartilhamento" de ganhos e perdas como "sócios" do modelo de negócios. Pode-se pensar até em alguns investimentos cruzados entre as partes, para incrementar ainda mais o interesse em trabalhar de forma compartilhada.

A terceirização como transformação do modelo de negócios exige um planejamento estratégico mais sofisticado, envolvendo o desenvolvimento de visões e cenários sobre o futuro do segmento de mercado em que se está inserido, identificando claramente as tendências, impactos e possíveis soluções em cada componente crítico da cadeia de valor.

É justamente a constatação de que o negócio "vai mudar" (e partes dele vão mudar completamente) que vai fundamentar a busca por outras organizações que possam agilizar (ou que representem) essa mudança, gerando o maior benefício possível.

É preciso pensar como determinadas tecnologias ou processos podem introduzir ou cancelar vantagens competitivas. Avaliar que *business partners* precisam ser "capturados" o mais breve possível (porque são os melhores) para que não estabeleçam acordos com empresas concorrentes. Isso poderia dificultar, ou mesmo inviabilizar, a mudança no modelo de negócios.

Ao definir-se pela terceirização como um transformador do modelo de negócios, a empresa precisa determinar o que vai considerar — dali para a frente — o "seu" negócio. Comumente chamada de *core business* (o núcleo do negócio), essa definição é fundamental e tem conseqüências importantíssimas. Estabelece-se um foco de negócios mais estreito, ou tremendamente mais estreito, como no caso das empresas que se dedicam somente a construir uma marca e coordenar os trabalhos de pesquisa e desenvolvimento de novos produtos ou serviços, delegando todo o resto a terceiros.

O terceiro, nesse caso, percebe que seu negócio cresce e se torna mais lucrativo à medida que sua organização se habilita a "ocupar" espaços nas cadeias de valor de seus potenciais "sócios". Mais do que isso, esse terceiro pode pensar em "dominar" o mercado de um determinado processo em uma ou mais indústrias (uma parte da logística, o armazenamento de

Terceirização como modelo de negócios

determinados tipos de itens, a produção especializada de um componente crítico, gestão de informações de clientes e potenciais clientes), buscando posicionar-se não como uma mera opção de terceirização, mas sim como um verdadeiro concorrente em seu segmento de negócios: ele passa a ser uma alternativa vantajosa sobre a opção "interna" ou sobre os "meros" terceiros.

O desafio de transformar o papel de terceiro em algo maior — a oportunidade de explorar ou inventar um mercado — também está por trás de vários processos de consolidação de atividades de terceirização. Além do ganho de escala — que seria um objetivo natural nesses casos —, há uma expansão do *know-how* e da sofisticação da solução oferecida, à medida que talentos e líderes desses terceiros são reunidos sob uma única organização.

A terceirização como transformação do modelo de negócios busca atender o conceito de empresa "flexível", tão propagado como uma questão fundamental para a sobrevivência do negócio. As demais categorias de terceirização também colaboram para a maior flexibilidade do negócio, porque permitem uma expansão e contração do tamanho da cadeia de valor em função das flutuações das demandas de mercado. Empresa flexível é aquela que se adapta mais rapidamente do que as demais quando há uma mudança — para melhor ou para pior — no horizonte.

Empresa flexível também é aquela que está habilitada a replicar um modelo de negócios de sucesso para outros mercados ou geografias em prazos curtos e custos baixos, maximizando as oportunidades e o retorno sobre os investimentos. A utilização de *business partners* com *know-how* e contatos é uma "melhor prática" nesse tipo de expansão.

Uma quarta categoria de terceirização

É possível pensar em uma variação adicional do uso de terceiros que combina alguns atributos das três categorias já apresentadas: é o caso de empresas que definem que determinadas atividades — ainda que não possam ser classificadas como *commodities* — serão executadas por terceiros porque não interessa à empresa desenvolver conhecimentos sobre aquele tema.

Um exemplo típico aparece na área de tecnologia da informação. A decisão pela implementação de aplicativos de mercado (ERPs, CRMs, *DataWarehouses, Business Intelligence* etc) em geral é seguida pela aquisição de serviços para suportar, manter e administrar a evolução dessas aplicações — da infra-estrutura à introdução de novas funcionalidades ou versões. Além disso, a gestão da infra-estrutura tecnológica em si (servidores, redes, micros etc.) é hoje um elemento da arquitetura do negócio que dificilmente permanece sob a gestão da empresa.

Atualmente, os bancos — ainda que assegurem para si parte da definição dos novos sistemas — contratam anualmente milhões de horas de programação terceirizada para desenvolver, testar e implementar essas novas soluções. Isso viabiliza a existência de empresas do tipo "fábrica de software", com milhares de funcionários.

Nessa quarta categoria de terceirização há um certo custo administrativo adicional, representado pelas pessoas que contratam e controlam esses terceiros. Nesse custo — e dificilmente calculado ou contabilizado —, há também uma certa ineficiência embutida, causada pelo excesso de autonomia que alguns desses terceiros detêm (em função de serem os únicos que conhecem o assunto) e em função de um determinado grau de interdependência que se estabelece entre contratante e contratados, em busca do atingimento das metas estabelecidas pela alta administração da empresa.

Não se trata exatamente de redução de custos, pois em vários casos os custos são altos e não totalmente previsíveis, ou há pouca flexibilidade para negociar; o foco também não é a expansão do negócio através do uso desses terceiros; e os terceiros não são vistos como "parceiros" ou sócios — costumam ser tratados como fornecedores com quem é preciso manter um olho sempre aberto.

Trata-se de uma opção por abrir mão de partes do negócio não exatamente para aumentar a eficiência (embora esta vá ser buscada, sem dúvida), mas sim para não precisar gastar um tempo considerado precioso com essas atividades. A concentração da busca da excelência em outras atividades do negócio (que podem até usar um dos demais modelos apresentados) é vista como o objetivo a ser perseguido, porque isso compensará com sobras qualquer ineficiência dessas atividades secundárias.

Consciência dos papéis e responsabilidades

Percebendo tantas possibilidades e implicações associadas à participação de terceiros no negócio da empresa, é importante que os profissionais que estiverem a cargo dessas definições avaliem a questão de forma mais ampla. Isso permitirá responder mais completamente, e com mais precisão, às diversas perguntas listadas no primeiro parágrafo deste capítulo sobre se, afinal, a terceirização será ou não um bom negócio para a empresa.

Entendendo melhor a distribuição de papéis e responsabilidades que cada categoria de terceirização impõe, é possível planejar uma série de atividades que "conspirem" para o sucesso do modelo de negócios adotado. Também fica mais fácil determinar os indicadores que precisam ser gerados e monitorados para acompanhar a performance dos terceiros e do modelo em si.

Essa avaliação de papéis e responsabilidades precisa ser discutida com os terceiros envolvidos: verificar se sua percepção é convergente ou não, e procurar entender quão preparados esses terceiros estão para ocupar a posição apontada pelo modelo de negócios. A própria empresa precisa preparar-se — em termos técnicos e culturais — para gerir o novo modelo de forma adequada.

Os líderes de negócios precisam lembrar, também, que passam a ser responsáveis moralmente por um conjunto adicional de profissionais (os terceiros). Esses profissionais não têm vínculo legal com a empresa contratante dos serviços terceirizados, mas sua carreira e seu futuro estão ligados a essa empresa.

Os terceiros, principalmente aqueles que por competência e visão acabam tornando-se grandes organizações de serviços, devem aplicar ao seu negócio as mesmas práticas estratégicas e organizacionais que seus clientes devem estar desenvolvendo. Esses terceiros devem combater a idéia de que seus funcionários ou subcontratados são apenas "recursos" que precisam estar alocados para justificar sua existência.

É preciso que contratante e terceiros percebam que caminhamos para modelos de cadeia de valor que dependem cada vez mais da boa performance (ou da excelente performance) de cada participante. Programas regulares de revisão da estratégia do negócio, planejamento da aplicação de novas tecnologias, treinamento do pessoal, avaliação do processo de relacionamento com os clientes, avaliação da eficácia no uso de ativos, apuração do clima organizacional, e várias outras questões para medir e manter a saúde do negócio são necessários para continuar na disputa por um espaço lucrativo no dinâmico mercado em que todos trabalhamos.

The burning question in ICT: what and how should we outsource?

PAUL D. R. GRIFFITHS*
DAN REMENYI**

Introduction

Some people say that outsourcing is "old wine" served in new bottles. This implies that outsourcing is an old practice which has been recycled with a new name. And of course in a sense this is true. Even before the industrial revolution invented the modern idea of a factory, small one-person or one-family cottage industries produced a large percentage of the goods in this pre-industrial era. The word outsourcing had not been invented then, but the practice of employing people at arms length to produce goods was very similar to the modern version of outsourcing. Indeed, outsourcing is little more than the practice of employing outsiders instead of having all the work done by your own regularly employed staff. Consequently, the pejorative aphorism of "serving old wine in new bottles".

---

* Doutor em administração de empresas pela Brunel University (UK), mestre em engenharia pela Sheffield University (UK), pós-graduado em consultoria gerencial pelo Henley Management College (UK) e pesquisador na University of Minnesota (USA). Sua área de interesse profissional, como sócio do The Birchman Group, é auxiliar as organizações para alinhar suas estratégias e tecnologia.
** Professor visitante na School of Systems and Data Studies no Trinity College Dublin e membro associado do Henley Management College (UK). A área de interesse acadêmico é sistemas de informações com ênfase na avaliação de investimento de tecnologia de informação e comunicação.

Now most companies have always outsourced the bulk of their non-essential activities. But the current practice took on a new dimension in the 1980s when organisations began to seek new ways to improve their competitive advantage, and one of the main sectors which came under review to be outsourced is information and communications technology (ICT). This function had long been a worry for many businesses and outsourcing appeared to be a way of disposing of this troublesome function.

The outsourcing proposition

But what makes the new vintage of outsourcing — that of the last 25 years — different from the old? The difference is explained through transaction cost economics and refers to the impact of the diffusion of ICT on organisational structures. Deep ICT enabled restructuring of companies through business process standardisation, simplification and refocusing under the umbrella of process reengineering or supply chain synchronisation programmes, has led to shrinking costs of transactions, which in turn harnesses changes in the "make versus buy" equation and the redefinition of organisational boundaries (Williamson and Masten, 1999; Means and Schneider, 2000).

The ICT market is a sophisticated one in which there is a sharp awareness of the concept of value for money. Also ICT managers have known for some time that the life time cost of ICT investment may be many times the cost of acquiring and commissioning the technology in the first place (Remenyi et al., 2007). It was therefore not appropriate for outsourcing vendors to sell their services purely on the grounds of lowering the cost.

The main thrust of the argument in favour of outsourcing was said to be the delivery of strategic advantage though the supply of world class expertise which the purchasing organisations seldom had. Furthermore, outsourcing was said to minimise the many risks involved in ICT projects. Cost, a measurable consideration, was pushed to the background of the arguments, while strategy, a much more ethereal concept, was pushed to the fore. Of course, costs could not be completely taken out of the value equation, but considerable effort was made to minimise it in the value proposition.

The business and management literature, both academic and professional, is full of examples of organisations that have outsourced very large parts of their ICT. International household names such as Xerox, Kodak, American Express, BP, Continental Bank (Huber, 1993), to mention only five, have signed 10 year outsourcing contracts some of which have been worth more than $1 milliard. Some of these contracts have been perceived as highly successful, but there have also been outsourcing contracts which have been regarded as complete failures.

It is reassuring that ICT, the great enabler of outsourcing, has itself been outsourced, at least to some degree, from many organisations. This chapter will look more objectively at ICT outsourcing and the problems which an organisation might encounter as it tries to take advantage of this way of exploiting ICT opportunities. It does so in an original way in that it departs from the downside of ICT outsourcing and constructs a series of guidelines to avoid the pitfalls.

The downside

There are many organisations that have fallen to the spell of ICT outsourcing providers and entered long term (i.e., five to 10 years) wall-to-wall outsourcing contracts with single providers in exchange for promises of ICT cost reductions or, more realistically, cost containment. The problem with this is the loss of flexibility for the organisation outsourcing its ICT services and, more importantly, the inability to capture and exploit future technological developments.

The problems stem from that the outsourcer is primarily driven to maximise its own profit out of the relationship, and the outsourcer's business model is built on the premise of standard services that allow it to develop economies of scale across clients. Thus, an outsourcer has stronger incentives to make incremental improvements with the present technology, which gives it lesser degrees of uncertainty, than to make radical changes that are not appropriately contemplated in its outsourcing contract. Besides, its business model prioritises moving to a new technology once it is confident that it can switch its entire client base to the new technology. The tendency is therefore to drag its feet on technological changes.

The obvious solution is to include technological renewal clauses in the outsourcing agreement. But, how can you possibly build in the clauses to manage technological change in a ten year contract, when it is almost impossible to predict technological developments in even a short two year horizon?

Many of these long term problem-contracts originate more as the result of the outsourcing organisation's frustration at not being able to manage its ICT efficiently, than from a strategic move. This approach to ICT outsourcing is a sure recipe for failure.

Another downside of outsourcing processes is that they can create serious political disruptions in the organisation outsourcing its ICT services. Outsourcing processes are usually linked to downsizing and are therefore resisted by those liable to be affected, and therefore need to be facilitated by a change management programme.

To be fair to outsourcers, some of the difficulties in outsourcing arrangements arise from asymmetrical demands on outsourcers compared to in-house services. Our experience is that users are often far more demanding on ICT outsourcing service providers than they would be on in-house ICT services. This derives in outsourcers needing to include additional layers of supervisory and quality assurance staff, with an evident impact on the cost of their services.

Finally, a downside to outsourcing are the difficulties and expense of switching suppliers or bringing the ICT service back in-house in the event that the relationship should fail. As a general rule, the larger the contract in terms of scope of services, and the longer in terms of duration, the higher the exit cost of the outsourcing arrangement.

Securing the benefits

From the previous sections it emerges that there are important business opportunities in outsourcing, but also significant risks for both the outsourcing organisation and the outsourcer. The question is not whether we should outsource. The key questions are: *Which* ICT services should we outsource? *How* should we outsource those services? *What* changes need to be made to our ICT organisation in the outsourcing scenario? And, finally, to *whom* should we outsource? The rest of this chapter will deal with the first three questions; the question of to whom is beyond its scope.

Which ICT services should we outsource?

During our professional careers we have seen many organisations oversimplify the answer to this question by entering into a debate on which ICT services are strategic, and which are commodities, and defining that the strategic services are kept in-house and the commodities are outsourced.

There is little doubt that the strategic versus commodity ICT services is an interesting debate, and one that needs to be addressed by any organisation considering the outsourcing option. It is also true that the outcome of this debate will be different for every organisation if taken to the required level of granularity. But it is misleading to think that this debate will respond to the *which* question.

In analysing the organisation's ICT systems, quite a few of these will be defined as strategic (Griffiths, 2007; Griffiths and Remenyi, 2003). But just because an ICT system is defined as strategic does not mean that all its components need to be kept in-house. In many cases the critical aspect is having access to the information, not operating the platform on which that information is processed and stored. For example, we have recently advised a ski resort that had serious problems with its clients database that was impairing the results of its mailing campaigns. Mailing campaigns are possibly the most strategic process in this organisation. The diagnosis was that the organisation did not have the adequate skills for managing a database of tens of thousands of clients, so it was recommended and implemented that management of the database and execution of the mailing campaigns should be outsourced. The marketing department of the ski resort retained direct involvement in defining the campaigns, in designing the actual mailing, in deciding to whom those e-mail messages should be sent; but responsibility for keeping the database "clean" and for the actual sending of the e-mails was delegated to an ICT services firm with particular expertise in customer relationship management (CRM) solutions. Interestingly, the outsourcing contract that resulted does not even specify which CRM application will be used — that is a matter for the outsourcer to decide. The service level agreement only specifies an expected result in terms of maximum "bounced" e-mails.

Conversely, there are commodity ICT services that can be business-critical. For example, a telecommunications system at a bank we advise that keeps 750 branch offices on-line. This system cannot have any downtime during banking hours. However, this service can be outsourced in full because there are many providers in the market that offer these services, and they all have better expertise than the bank in managing this sort of infrastructure.

A different case is a geological data analysis system in a well drilling company we studied. Although there are other solutions in the market that its competitors use, this particular solution was developed in-house and the firm believes it gives it an edge over its competition. So the company decided it would keep this application and its operation fully in-house.

A final example is that of a payroll system in a utility we have been working for recently. The system was considered non-strategic and there were several vendors in the market who offered outsourcing the whole payroll system. In this case it was decided to outsource in a business process outsourcing (BPO) format.

So the decision on *which* ICT systems to outsource is a complex one. It requires reflecting on which ICT systems are strategic and which are not. In the case of the strategic systems, it requires doing an in-depth analysis of all the components of the system, and then deciding which of these components may be outsourced without compromising the organisation's competitive edge. The final decision depends to a significant extent on which components give the company a strategic advantage, on what expertise is present in-house, and on what services are actually offered by vendors in the market. In the case of non-strategic systems, the decision is more tactical and centred on cost advantages, and can go to the extreme of BPO.

How should we outsource those services?

The organisation moving down the outsourcing path should keep in mind the downside of outsourcing when defining how it wants to outsource. The first thing is to prioritise retaining flexibility and control over its outsourced ICT service. This means, on the one hand, breaking down the ICT services into smaller, manageable components, rather than embarking on overarching wall-to-wall contracts that cover a broad functionality. On the other hand, it is important to keep the outsourcing agreements as short as possible.

Reduced scope and short duration are the two recipes for keeping outsourcing providers on their toes. Reduced scope enables bidding the outsourcing services per component and this encourages competition and enables selecting "best of breed" providers for each piece, rather than simply mammoth sized integrators. It also enables the client to remain in control, as the larger and more overarching the outsourcing arrangement is, the more power that goes to the provider. Short duration gives the organisation outsourcing its ICT services flexibility in the form of lower termination cost if the partnership does not work as planned; and flexibility to review its technological platform before renewing or re-negotiating its outsourced ICT service contracts.

But what do we mean by short contracts? This will vary according to the type of service, depending mainly on the level of investment that the provider is expected to make at the front end of the relationship. For example, in the ski-resort case mentioned above, the provider did not need to make significant investments up front as the client paid for the initial configuration of the CRM tool and data-cleansing of the client base, so the outsourcing contract is annual. In other cases, when large asset transfers in the form of the provider buying back hardware and software, a good rule of thumb is to consider a short contract one that lasts for the remaining life of the assets (two to four years).

There are exceptions in which longer term contracts are acceptable. A few years ago we advised a large bank that was going through a complete core-banking and branch platform replacement, with a complete renewal of its technological platform. In this case the bank decided it wanted to devote its in-house staff to implementing the new solution, and decided to fully outsource its legacy system platform. Because flexibility and innovation on this part of its technology were not an issue, it negotiated a five to seven year outsourcing contract.

Most political issues and resistance to outsourcing can be overcome by an adequate change management programme, but on occasions the organisation's leadership may decide that the promised benefits are not worth the stress and tensions it would cause. In those cases the organisation may opt for less risky alternatives, such as setting up shared services or establishing co-sourcing agreements with other organisations.

Shared services have the advantages that the organisation retains full ownership and control over its ICT functions, but it sets up these services in a way that helps develop some of the changes that makes outsourcing a value building initiative. In particular, it educates the organisation to operate on the basis of a service level agreement (SLA). An SLA puts discipline into the organisation in different ways. On the one hand, it produces a mind shift in the ICT staff by making them treat the users as if they were clients. And on the other, it makes users understand that every service request they make has a cost implication that will come back to them in the form of "fees". This makes users more thoughtful at the time of making requests, and thus shifts the equilibrium of supply and demand to a more realistic level, which in turn triggers a positive spiral of better service quality. We have worked on multiple ICT shared services projects for insurance, utilities and industrial products companies, setting up shared ERP systems that serve operations distributed across six to 10 countries, and the results have invariably been outstanding. The possibilities of success in these projects are considerably higher than those of outsourcing, and if sufficient scale is developed, are equally effective in terms of efficiency gains.

Co-sourcing is a step further than shared services. It is several organisations, quite often competitors, joining together to operate an ICT infrastructure of higher quality and cost than any of the members could aspire to individually. In a way it is an intermediate point between shared services and an outsourcing arrangement in terms of both benefits and risks.

We have had access and studied a particularly successful case in Spain of close to 80 *cajas rurales* (which are, to all practical purposes, full service retail banks) that co-source their core-banking system. The result is a cost per transaction significantly lower than any of the banks could achieve operating individually. Another successful case described in Kocher and Mayer (2001) is that of Symcor, which is a strategic co-operation between Bank of Montreal, Royal Bank of Canada, and Toronto-Dominion Bank to develop economies of scale. There are examples in other industries such as airlines sharing maintenance and land support; pharmaceutical companies sharing research and development facilities and distribution channels; and car manufacturers sharing R&D facilities as well as common parts.

Governance issues are the most complicated hurdle in setting up co-sourcing agreements because of the dual role that the participants play as shareholders and customers. There may be conflicting expectations about capital spending for short-term cost savings, or long-term growth, but more importantly all members need to be reassured that their priorities will be dealt with fairly.

Shared services and co-sourcing arrangements can be end states in their own right, or can be transition schemes between in-house ICT systems and outsourcing. Some organisations use these schemes as a vehicle to develop service providers, and once the ICT service supply in the market is mature, proceed to the next phase of outsourcing.

What changes need to be made to our ICT organisation in the outsourcing scenario?

Many organisations going down the outsourcing trail fail to understand, until it is too late, that the skills required to manage an in-house ICT organisation are quite different from those in an outsourced ICT environment. The focus shifts from managing systems development and operation teams, to building relationships, developing contract management skills, and informed procurement.

This is not a new issue. Feeny and Willcocks (1998) proposed a model that defines nine key IS capabilities for achieving a two-way business strategy and ICT alignment, which are pre-requisites for companies to be able to obtain cost benefits through outsourcing. They also identified three enduring challenges in ICT exploitation that the company needs to successfully address over time.

▼ Business and ICT vision — the challenge is to address the need for two-way strategic alignment between business and technology. A company should consistently focus ICT efforts to support business strategy and, simultaneously, ICT developments can enable new, superior business strategies.
▼ Delivery of IS services — the challenge of delivering IS services at low cost and high quality comprises managing effective sourcing strategies and coping with the pressures to develop new systems faster and to achieve higher performance in the operation of existing services.

▼ Design of ICT architecture — the choice of a technical platform on which to mount ICT services is the first critical step in achieving the technology asset of the business. This is a big challenge considering that business life cycles of ICT vendors are now spanning years rather than decades; that organisations need to keep their ICT architecture open to the changing demands of the business; and that organisational boundaries are continuously blurring.

In order to meet these challenges, the following nine core IS capabilities need to be developed by the firm: Leadership, Business Systems Thinking Managers, Relationship Building, Architecture Planning, Making Technology Work, Informed Buying, Contract Facilitation, Contract Monitoring, and Vendor Development. The three challenges and nine IS capabilities come together in the model in figure 1.

Figure 1
The three challenges and nine competencies model

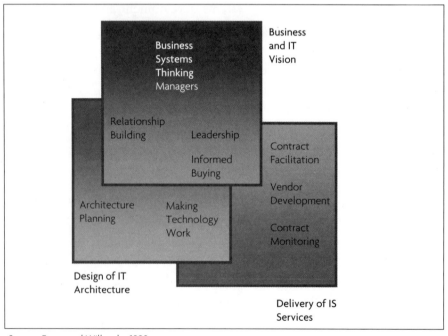

Source: Feeny and Willcocks, 1998.

If we look at the three challenges, it is clear that in "Delivery of IS Services" is where the greatest opportunities for leveraging third parties through outsourcing agreements are. But for this to materialise, the organisation must strengthen competencies such as Contract Facilitation, Vendor Development and Contract Monitoring.

In our view, there is much less to be delegated to outsourcers in the "Business and IT Vision" or in the "Design of IT Architecture" challenges. Of course, outside expertise can be brought in for special assignments, but control of the process must remain strictly in-house. Any organisation leadership that believes in the potential for ICT to benefit the business understands the importance of developing in-house competencies in Leadership, Relationship Building, and Business System Thinking. The age old adage in consulting circles "a consultant is as good as her client demands" can be rationalised as meaning that the more developed these competences are in the host organisation, the more it will benefit from using outside expertise.

It is a common mistake to say that people do not like change — what they do not like is to be changed! People need to be involved. Therefore, managing these competencies in an outsourcing situation requires implementing a thorough change management programme. This programme will start by understanding what in-house competences the organisation possesses before outsourcing; it will have to define what level of in-house competences it will need once the operations are transferred to the outsourcer; it will have to consider what competences will be lost once it transfers its ICT staff to the outsourcers payroll; and finally it will have to set up a plan to fill the gaps. The gaps will be filled by several initiatives such as transferring people from other parts of the organisation to the team that will be managing the outsourcing contract; by designing and implementing a tailor made training programme for the contract management team; and in some cases even by attracting new talent from outside. Adjustments will have to be made on the go. In one bank that we studied, after six months communications between the organisation and the outsourcer were not operating properly, which manifested itself in that the users were becoming increasingly (or alarmingly) unsatisfied. The solution found was to transfer two senior people, highly respected by the users, from the outsourcer back to the host organisation's in-house ICT management team.

Discussion and conclusions

For organisations that want to focus on client service, that need to cut costs to stay competitive, and that have limited resources for investment to develop their strategy, it makes a lot of sense to outsource their ICT infrastructure and operation, while retaining control over ICT vision and strategy. As a general rule, the organisation needs to focus on outsourcing ICT resources, but retaining business-critical knowledge in-house.

There is, of course, the risk of losing flexibility. But this negative effect can be controlled through keeping outsourcing contracts as short as possible, and by breaking down the ICT services to be outsourced into separate elements. The risks and rewards of outsourcing each one of these elements need to be analysed individually, and ideally the service should be awarded to the "best of breed" providers. An important effect of this is that it avoids giving all ICT to a single provider that would then possess excessive power in its relationship with its client.

Setting up a clear and balanced SLA is a key success factor in outsourcing relationships. It should motivate behaviour changes in both users and ICT staff, and should include incentives for reducing development time for new, technology-driven products. It should also be structured so as to transform the organisation's ICT costs from fixed to variable.

Outsourcing processes are highly political issues. The organisation's leadership needs to evaluate if it can go straight to an outsourcing arrangement, or whether it should transition through other schemes such as shared services or co-sourcing. Whichever path it decides to take, it will have to communicate its plan to its staff. There is always the conflict about when to communicate: should you communicate early for the sake of transparency, or should you wait until there is a detailed plan so as to avoid ambiguity and reduce anxiety?

The question of in-house competencies needs to be at the top of the agenda in an ICT outsourcing process. When ICT is outsourced, a cadre of technically literate business people should be retained to manage the relationship with the outsourcer, and to define the organisation's ICT strategy.

The theoretical underpinning for ICT outsourcing is well established. The key for success is, first, selecting conscientiously *what* to outsource, and then planning carefully and executing with considerable care and attention to detail, keeping in mind the downside of outsourcing at every step of the process.

References

FEENY, D. E.; WILLCOCKS, L. P. Core IS capabilities for exploiting information technology. *Sloan Management Review*, p. 9-21, Spring 1998.

GRIFFITHS, P. D. R. The application of market power theory as a value driver for information technology investment decisions in banking. CONFERENCE ON STRATEGIC MANAGEMENT IN LATIN AMERICA. *Proceedings...* Santiago, Jan. 4-5, 2007. Co-organised by the Pontificia Universidad Catolica de Chile and *The Journal of Business Research.*

_____; REMENYI, D. Information technology in financial services: a model for value creation. *Electronic Journal of Information Systems Evaluation*, v. 6, n. 2, p.107-116, Dec. 2003. Disponível em: <www.ejise.com>.

HUBER, R. L. How continental bank outsourced its "crown jewels". *Harvard Business Review*, Jan.-Feb, 1993.

KOCHER, P.; MAYER, N. Symcor Services Inc.: exploring a unique venture in co-sourcing. *PwC Outsourcing Advisor*, Winter 2001.

MEANS, G.; SCHNEIDER, D. *Meta-capitalism*: the e-business revolution and the design of the 21st century companies and markets. New York: John Wiley, 2000.

REMENYI, D.; BANNISTER, F.; MONEY, A. *Measuring and managing ICT costs and benefits.* Oxford: Elsevier, 2007.

WILLIAMSON, O. E.; MASTEN, S. E. *The economics of transaction costs.* UK: Edward Elgar, 1999.

Ponto de vista do fornecedor

MARCO AURÉLIO MOURA SOTTOVIA*

No atual ambiente de negócios e com a profissionalização dos serviços de terceirização, além de preço, especialização e qualidade, um dos novos componentes que passou a ser valorizado foi a capacidade de agregação de valor ou de contribuição estratégica ao cliente. Agora não mais de acordo com a visão operacional e restrita às áreas de suporte, mas como elemento de contribuição às contínuas mudanças do mercado e aderentes à estratégia do cliente, com uma visão holística de geração de conhecimento com base em um relacionamento causal dos elementos que são produzidos (Kotnour e Landaeta, 2002).

Na era digital ou da tecnologia da informação, a capacidade de agregação de valor ao cliente passou a ter um componente importante: a velocidade, da qual decorre a flexibilidade. As constantes mudanças e a rapidez com que as informações se desatualizam exigem que as empresas de terceirização, principalmente aquelas ligadas às atividades de *back office*, transformem uma série de dados disponibilizados pelos clientes em infor-

---

* MBA in Company na Eaesp/FGV; Outsourcing Master Class na IAOP, Chapel Hill; graduado em ciências contábeis na PUC-SP; e graduado em administração na ESAN-FCA/SP. Sócio responsável pela prática de Outsourcing de RH da PricewaterhouseCoopers; atua em outsourcing, start-up, desenho de processos, reestruturação e desenho organizacional, modelo de gestão e estratégia de RH, gerenciamento de projetos e desenvolvimento de soluções em serviço.

mações gerenciais relevantes, produzindo conhecimento sobre seu próprio negócio e trazendo respostas rápidas e em tempo real.

As empresas provedoras de serviços de *outsourcing* passam a reduzir a assimetria de informações de seus clientes, inserindo-os na nova economia globalizada da "democracia de bens e serviços" (2000:190-191, citado em Kotler et al, 2002:7-9), adotando uma nova abordagem de posicionamento de mercado como um propulsor do diferencial competitivo.

Qual é a oferta de valor?

Quando falamos em oferta de valor, em *outsourcing* de processos de negócios, temos de restringir a análise ao incremento ou à maximização de valor ao acionista. Em um processo colaborativo, a adição de valor ao cliente tem uma sincronia de aumento de ganho econômico ao prestador, pois, em se tratando de uma parceria, há uma eficiência conseqüente pela geração de valor a ambos e longevidade da parceria.

Essa análise não explorará as medidas conhecidas embasadas em valores existentes, como EVA (Economic Value Added), EE (Economics Earnings), CVA (Cash Value Added), ITSR (Internal Total Shareholder Return), entre outras. O mais importante a ser compreendido, que será o objeto de estudo deste trabalho, são os fatores ligados à produção de conhecimentos estratégicos que antecedem esses medidores.

Diferentes empresas requerem esquemas diferentes de medição de valor com base no desempenho econômico. O resultado final normalmente significa o compromisso entre a melhoria ou manutenção de ganho econômico passado e as promessas de geração de valor futuras. O único fator atemporal, que garante a casualidade da geração permanente de valor, é produção embasada em conhecimento, no seu sentido amplo de conhecimento do negócio, de seu produto, de seu mercado, de seus processos e de seus parceiros. "Passa a ser função central estabelecer uma visão de conhecimento que defina o sistema de valor da empresa" (Nonaka e Takeuchi, 1997:182).

De acordo com Gonçalves (2000), "a noção de valor para o cliente é baseada na percepção da vantagem ou do benefício que ele recebe em cada transação com a empresa".

Em *outsourcing* de processos de negócios, a contribuição para a geração de valor ao cliente está nos domínios de seus processos transacionados

Ponto de vista do fornecedor

com o objetivo de produzir conhecimentos estratégicos baseados nos dados e nas informações, das capacidades de desempenhar suas competências e habilidades, da velocidade em inovar e de se adaptar às mudanças.

O modelo de "parceirização" (do inglês *partnering*), com a proposição de dominar a produção do conhecimento com base na transformação de dados, tem algumas características, destacando-se dois aspectos: uma forte orientação para o cliente e um estilo mais participativo na gestão do negócio do cliente. Assim, as características e os instrumentos gerenciais desenvolvidos por esses modelos procuram, de um lado, substituir a visão da estrutura funcional, orientada somente para controles e operação de dados, por uma estrutura orientada para resultados; por outro lado, passar de uma estrutura verticalizada auxiliadora, que se propõe a substituir os processos operacionais, para uma estrutura horizontalizada agregadora de competências acumuladas em todo o processo, a fim de produzir resultados estratégicos ao negócio parceirizado pela gestão conjunta do conhecimento.

Charles Handy (1994:18-20) menciona que a inteligência tornou-se uma nova forma de propriedade e que a habilidade de adquirir e aplicar conhecimento é uma nova fonte de riqueza. Todavia, por sua subjetividade e dificuldade em mensurá-la, passa a ser mais valorizada quando aplicada na prática ou nos processos produtivos.

Handy afirma que o propósito das organizações na sociedade do conhecimento é reunir as pessoas com uma vasta extensão de conhecimentos em uma atmosfera na qual possam ser produtivas. As organizações vão concentrar-se nas atividades centrais que seus especialistas fazem bem (cadeia de valor) e vão terceirizar o restante, para, quem sabe (cadeia de suporte), aumentar a competitividade.

Drucker (1994), citado em Nonaka e Takeuchi (1997:51), descreve que em uma "sociedade do conhecimeneto" não são mais valorizados o capital, os recursos naturais e a mão-de-obra, mais sim o conhecimento posto em prática, pois é essa a única forma de aprender uma habilidade ou experiência, e o grande desafio das organizações em uma sociedade do conhecimento é tornar esse conhecimento produtivo.

Com base nesses conceitos, efetuamos um desdobramento das etapas de execução das atividades de negócios para facilitar a análise de cada contribuição possível em três níveis: operacional, tático e estratégico.

Dessa forma, em termos do desenho organizacional, o modelo de *outsourcing* de processos de negócios foi dividido em três estágios de desenvolvimento e contribuição, conforme sua atuação e abordagem conceitual:

▼ num primeiro momento, há uma similaridade estrutural que busca a eficiência operacional, ou seja, melhorar sua estrutura básica de dados, cadastro e regularizá-la com a legislação vigente e com as regras de negócio. Nessa camada, há uma forte orientação para qualidade, padronização de processos, utilização das melhores práticas (*benchmarking*), controles rígidos e estruturados pelo acordo de nível de serviço (*Service Level Agreement*, SLA). Nessa fase, os habilitadores — pessoas, sistemas e processos — devem produzir mais com o máximo de acerto possível, visando à produtividade, ao menor custo, ao compartilhamento de processo e à "escalabilidade";

▼ numa segunda fase de contribuição, a estrutura deve apoiar os executivos do cliente na gestão de processos parceirizados, tornando o serviço mais acessível com base nas informações gerenciais úteis à operação do cliente, com análises críticas e inteligentes sobre o negócio. A estrutura assemelha-se a um centro gerador de informações, com os habilitadores em processos com fluxos automatizados em todos os níveis da organização, em ferramentas especializadas de análises de múltiplas faces (cubos) e pessoas técnicas e analíticas voltadas para a aderência dos serviços às políticas e aos procedimentos do cliente. Outro aspecto importante dessa fase está no controle e no monitoramento sobre os indicadores de performance, não mais sobre o processo em si, como na fase anterior;

▼ por último, a fase de transformação do negócio, destinada a mudar a maneira pela qual um cliente opera, utilizando o *outsourcing* de processos de negócios como forma de alcançar uma melhoria dos desempenhos estratégico e operacional, rápida, radical e sustentável. O nível de relacionamento não está mais localizado na execução eficaz dos pro-

Ponto de vista do fornecedor

cessos ou no acesso gerencial de informações. Nessa fase, é estabelecida uma abordagem diferenciada no nível corporativo mais alto das empresas parceiras. É fundamental que haja conhecimento amplo sobre o segmento em que o cliente opera, as tendências, os aspectos financeiros do negócio, a participação em reuniões de tomadas de decisões estratégicas e a convergência de objetivos ou objetivo comum. A principal característica é a integração com a cadeia de valor do cliente, com o claro papel de contribuir com conhecimentos de seu próprio negócio, daquilo que é feito e entendido pelos habilitadores para oferecer aos clientes conclusões estrategicamente lógicas às tomadas de decisões.

A força dessa abordagem está no conjunto formado pelas três camadas ou fases de contribuições, que, comparativamente a uma estrutura corporativa, possibilita múltiplas interfaces entre os parceiros em seus diversos níveis organizacionais. O modelo é muito mais que um programa ou uma agenda estratégica arrojada, pois se trata de compartilhar riscos e ganhos entre os parceiros, para transformar processos de negócios essenciais em armas competitivas.

As pessoas ou os agentes envolvidos nos processos interempresas administram suas agendas como projetos específicos e as gerenciam de forma monitorada e sucedânea. Os membros de uma equipe de projeto, selecionados em várias funções, engajam-se em atividades desenvolvidas conforme as metodologias definidas à divulgação do conhecimento, possibilitando a outras equipes conhecerem seus esforços durante a sua permanência no projeto.

Segundo Nonaka e Takeuchi (1997), "a capacidade de alternar, de forma rápida e flexível, diferentes contextos de conhecimento, determina definitivamente a capacidade organizacional de criação do conhecimento".

A casualidade da geração permanente de valor é embasada em conhecimento. Os conhecimentos produtivos aplicados aos resultados, sistemática e intencionalmente, antecedem aos medidores de geração de valores, pois se relacionam aos processos aderentes às estratégias, o que torna natural e conseqüente a identificação de medidores adequados ao negócio.

Ao conjunto de contribuições essenciais de conhecimentos estratégicos, oriundos das práticas e das transformações do *outsourcing* de processos de negócios, entendemos, como adição de valor ao resultado final do cliente, aqueles que geram melhores resultados econômico-financeiros diretos, considerando a perpetuidade das organizações.

Esse processo de geração de valor, por meio do conhecimento, ocorre dentro de uma comunidade de interação em expansão, que atravessa níveis e fronteiras interorganizacionais.

A oferta de valor aos clientes presume elevadas capacidades técnicas e profissionais altamente qualificados para interpretação dos contextos do negócio, a fim de produzir conhecimentos estratégicos.

Portanto, a oferta de valor para geração de resultados econômico-financeiros e para o aumento da competitividade em face dos mercados está ligada diretamente à produção de conhecimentos e à capacidade de adaptação a mudanças. Essas capacidades produzidas mudam drasticamente a configuração dos mercados em uma rápida velocidade, uma vez que se tornem conhecidas. Dessa forma, outros componentes, como inovação e inventividade dos negócios, são necessários para se evitarem a paralisia e a obsolescência da parceria.

Kotler, Jain e Maesincee (2002) mencionam que há três importantes vetores para dominar o fluxo de valor na nova paisagem de negócios, que modelam os atuais mercados: valor para os clientes, competências essenciais e redes colaborativas (ver quadro 1).

As grandes mudanças da nova economia embasada em conhecimentos, em conjunto com as novas capacidades dos clientes e das empresas, deslocam drasticamente a filosofia das empresas de uma perspectiva centrada em produtos (*product-centric*) para uma perspectiva centrada em clientes (*client-centric*), oferecendo-lhes soluções.

As empresas estão reconhecendo que é mais importante ter clientes do que produtos, fábricas ou equipamentos. Isso vai além de simplesmente fazer uma venda. Na nova economia com base em conhecimentos, a perpetuidade da parceria passa a ser mais valiosa e o raciocínio deve ser em termos de valor vitalício dos clientes. Ou seja, o valor presente do fluxo de lucros futuros, decorrente da totalidade das transações com os clientes ao longo do tempo. Para tanto, o objetivo deve consistir em fornecer mais valor a longo prazo para os clientes e, assim, criar relacionamentos duradouros.

Ponto de vista do fornecedor

Quadro 1

Vetores de valor na nova economia

Vetores de valor	Imperativo de negócios
Valor para os clientes	▼ Opere como empresa centrada em clientes ▼ Concentre-se no valor para os clientes e na satisfação dos clientes ▼ Desenvolva canais de distribuição compatíveis com as preferências dos clientes ▼ Crie um *scorecard* e gerencie seus clientes com base nele ▼ Lucre com o valor vitalício dos clientes
Competências essenciais	▼ Terceirize as atividades que outros podem desempenhar melhor, com mais rapidez, ou com menor custo ▼ Faça o *benchmarking* das "melhores práticas" em todo o mundo ▼ Invente continuamente novas vantagens competitivas ▼ Opere com equipes multidepartamentais que gerenciem processos ▼ Opere no *marketplace* e no *marketspace*
Redes colaborativas	▼ Concentre-se em equilibrar os interesses dos *stakeholders* ▼ Recompense com generosidade os parceiros da empresa ▼ Use poucos fornecedores e converta-os em parceiros

Fonte: Kotler, Jain e Maesincee, 2002.

Na nova economia, a vantagem competitiva deriva mais do capital relacional do que do tradicional capital físico. As empresas prestadoras de serviços de *outsourcing* de processos de negócios precisam concentrar-se tanto em aumentar sua participação nos negócios de cada cliente, quanto em ampliar sua participação no mercado. Kotler, Jain e Maesincee (2002:21-22) descrevem o seguinte:

conquistar grande fatia de mercado não significa necessariamente ter muitos clientes fiéis. Na verdade, a empresa até pode manter sua participação no mercado e ao mesmo tempo perder e repor porcentagem significativa de seus clientes, incorrendo em altos custos. Mas, ao concentrar-se em ampliar a participação nos negócios do cliente, as empresas serão induzidas a redefinir seu *mix* de produtos, seu *mix* de serviços, seu *mix* de distribuição e seu *mix* de comunicação. Em vez de atuar como caçadores, as empresas prestadoras de serviços inteligentes operarão como jardineiros, cultivando os clientes.

No entanto, segundo Prahalad e Hamel (1990:79-91, citado em Nonaka e Takeuchi, 1997:55), "a vantagem competitiva derivada das tecnologias e habilidades de produção permitem que as organizações diversifiquem e possam ingressar em novos mercados".

Entretanto, Stalk, Evans e Schulman (1992:57-69, citado em Nonaka e Takeuchi, 1997:56) acrescenta que "são as habilidades mais abrangentes que podem transformar os processos essenciais de uma empresa em capacidades estratégicas, levando assim ao sucesso competitivo".

Hamel (2000:89-91), em um de seus componentes do modelo de negócio denominado rede de valor, afirma que "os parceiros fornecem complementos críticos a um produto ou solução final" e ainda, que seu "uso imaginoso pode ser o rastilho da revolução setorial." Para essa compreensão Hamel aborda ainda que "muitos fornecedores gostariam de tornar-se parceiros", mas que para isso são necessárias três "implicações para essa mudança de status": (i) "é preciso assumir responsabilidade por algo mais do que um pequeno componente da solução geral"; (ii) "compartilhar parte do risco comercial"; e, (iii) "assegurar que sua contribuição é verdadeiramente diferenciada aos olhos do consumidor final."

Portanto, o valor, na ótica de contribuição do trabalho, está na combinação de conhecimentos produtivos aplicados que geram melhores resultados econômico-financeiros diretos mensuráveis das capacidades de inovação para manutenção do valor e da inventividade dos negócios, da geração de valor permanente aos clientes, das competências essenciais complementares entre os parceiros as e redes colaborativas, das perspectivas centradas em clientes, do valor vitalício dos clientes, do capital relacional e das capacidades produzidas pela aliança.

Questões estratégicas

Quando falamos em adicionar valor ao cliente, temos obrigatoriamente de passar por alguns conceitos existentes para que possamos entender sua efetivação e aplicação prática. Da mesma maneira que são diversos os modelos de adição de valor, também o são as disciplinas estratégicas adotadas pelas organizações. Portanto, para que possamos adicionar valor ao cliente, como prestadores de serviços, temos de, primeiro, compreender a estratégia adotada por ele.

Segundo Treacy e Wiersema (1995), há três disciplinas de valor ou formas de oferecer valor ao cliente.

- ▼ Excelência operacional: as empresas com excelência operacional oferecem uma combinação de qualidade, preço e facilidade de compra inigualável no mercado. Exemplos de empresas: McDonald's, Wal-Mart, GE, Dell e AT&T.
- ▼ Liderança em produtos: os profissionais dessas empresas concentram-se em oferecer aos clientes produtos e serviços que ampliem as fronteiras de desempenho existentes. A proposição de uma empresa líder em produtos aos clientes é: o melhor produto. Exemplos de empresas: 3M, Disney, Intel, Nike, Swatch e Motorola.
- ▼ Intimidade com o cliente: uma empresa que oferece valor por meio da intimidade com o cliente cria elos com os clientes, semelhantes àqueles entre bons vizinhos. As empresas desse tipo não oferecem o que o mercado deseja, mas sim o que um cliente específico deseja. A empresa que tem intimidade com o cliente negocia conhecendo as pessoas para as quais vende e os produtos e serviços de que elas necessitam. Na empresa que tem intimidade com o cliente, a solução é o alicerce de um empreendimento dinâmico e altamente bem-sucedido. Exemplos de empresas: IBM, Home Depot e Johnson Controls.

Repetindo a advertência de Michael Porter sobre a escolha de uma estratégia (baixo custo, diferenciação ou enfoque), Treacy e Wiersema prevêem conseqüências terríveis para as empresas que não escolherem uma disciplina de valor. "A escolha de uma disciplina é a escolha dos vencedores", afirmam eles. Isso significa que escolher uma disciplina de valor é escolher o caminho para a grandeza e, também, desenfatizar intencionalmente outros possíveis caminhos.

Para adicionar valor ao cliente por meio de uma parceria estratégica, temos de conhecer as opções assumidas pelos clientes, mesmo antes de ser efetivamente cliente, ou seja, já nos primeiros contatos de prospecção. Parece óbvio e deveria ser um pressuposto o fato de conhecermos profundamente o proponente a parceiro.

Outros especialistas, depois de Treacy e Wiersema, trouxeram abordagens complementares ao modelo das disciplinas de valor. James Moore (1996), por exemplo, defende que, na economia atual, vence a inovação, na qual praticamente todas as empresas podem obter recompensas financeiras significativas, se criarem produtos, serviços e processos inovadores de forma mais eficiente e eficaz do que outras empresas do mesmo setor.

A escolha de uma disciplina estratégica não é alienante ou vulnerável a definições estabelecidas. O fator principal, como vimos anteriormente, é conhecer a estratégia adotada pelo cliente para a geração eficiente e eficaz de conhecimento, com base na transformação de dados em informações e conhecimentos para apoiar o rumo da estratégia do cliente, sendo contextualizado como um ciclo dinâmico de conhecimento.

Segundo Mintzberg, Ahlstrand e Lampel (2000:59), os estrategistas eficazes não são pessoas que se abstraem dos detalhes do dia-a-dia, mas que neles imergem, sendo, ao mesmo tempo, capazes de extrair deles as mensagens estratégicas. A criação eficaz de estratégias liga a ação ao pensamento que, por sua vez, liga a implementação à formulação. É certo que pensamos para agir, mas também agimos para pensar. Tentamos fazer coisas e aquelas que funcionam convergem gradualmente para padrões que se transformam em estratégias. Não se trata de comportamento evasivo de pessoas desorganizadas, mas sim da própria essência do aprendizado estratégico.

Com isso, a tomada de decisões deve estar embasada nos componentes das estratégias em dados, informações e conhecimentos, colocando questões em cada um dos estágios de contribuições para que possam trazer melhor entendimento daquilo que é feito, com os propósitos estabelecidos por quem os elaborou, atendendo aos objetivos estratégicos do cliente em um processo dinâmico de avaliação constante.

Essa forma de criar estratégias e produzir conhecimentos com base na transformação de dados faz com que acreditemos não se tratar unicamente de interpretações contextualizadas de dados ou informações factuais. Há uma necessidade de se complementar com algo mais complexo de se prever em bases metodológicas, como os sistemas pessoais de informações e relacionamentos informais. Mintzberg, Ahlstrand e Lampel (2000:61) definem: "embora os dados factuais possam informar o intelecto, em grande parte são os dados intangíveis que constroem a sabedoria".

De qualquer maneira, o processo de criação de estratégias torna-se mais interativo. Dessa forma, faremos bem em deixar de lado a expressão planejamento estratégico e falar, em vez disso, a respeito de pensamento estratégico.

Para *outsourcing* de processos de negócios, pensamento estratégico não é semântica ou uma substituição de termos simplesmente por ser uma parceria com objetivos claros e definidos. A adesão à estratégia do cliente tem de ir além de uma simples agenda ou prognósticos a serem captados em reuniões de acompanhamento. Essa interação de pensamento cria um modelo mental compartilhado com o parceiro, inserindo-o no contexto da estratégia em um relacionamento permanente, fazendo com que ele tenha uma parte, por menor que seja, do intento estabelecido pelo cliente. A criação desse pensamento estratégico compartilhado é um processo imensamente complexo, que envolve os mais sofisticados, sutis e, às vezes, subconscientes processos sociais e cognitivos.

Esses processos subconscientes não seguem programações predeterminadas, nem caem em qualquer caminho prefixado. A parceria tem de permitir um ambiente propício ao estabelecimento dessas interfaces, para que sejam criadas condições convergentes ao pensamento estratégico do cliente. Os sistemas formais certamente podem processar mais informações, pelo menos, factuais, consolidá-las, agregá-las e movimentá-las. Mas eles não podem internalizá-las, compreendê-las, sintetizá-las visando à criação de valor.

O enfoque dado à parceria em processos de negócios que seja adequado à produção de valor às estratégias dos clientes não poderia deixar de lado a utilização estratégica de TI no planejamento de negócios e como arquitetura de suporte nos serviços oferecidos aos clientes.

Albertin (2002:45) menciona que a TI pode auxiliar a organização a:

▼ tornar-se um produtor de baixo custo para dado produto;
▼ definir ou servir um nicho de mercado específico;
▼ diferenciar seus produtos dos de seus concorrentes.

Ou seja, para estabelecer a utilização estratégica de TI, é necessário um planejamento que seja integrado à organização como um todo, a fim de facilitar o fluxo de informações em cada segmento da organização, considerando não somente os processos atuais, mas também o aproveitamento das oportunidades e o tratamento das ameaças, além da possibilidade de inovação no negócio.

Portanto, para uma oferta de serviços de *outsourcing* de processos de negócios de alto desempenho, é fundamental que um de seus alicerces esteja amparado pela utilização de TI nos seus processos, trazendo, com isso, significativas mudanças nas estratégias de negócios dos clientes.

Fingar e Aronica afirmam que estratégia de negócios não é um simples planejamento pontual. Trata-se de um processo contínuo e progressivo que envolve o gerenciamento dos habilitadores: pessoas, processos e sistemas (ou tecnologia), em uma combinação e coesão total de elementos inter-relacionados para atingir um determinado propósito de negócio, resultando em uma arquitetura fundamentada em mudanças constantes. Os autores descrevem o seguinte: "no mundo dos negócios, a habilidade para mudança é mais importante do que a habilidade para criar" (Fingar e Aronica, 2001:131).

A realidade é que todos os negócios têm arquiteturas complexas próprias, que podem variar conforme os requerimentos dos seus segmentos e desdobramentos internos, quando aplicados nas cadeias de valores. Todavia, como plataforma de recursos para serviços, o gerenciamento dessa arquitetura ajuda a assegurar a longevidade e a evolução dos negócios em um ambiente de mudanças constantes. A integridade dos seus habilitadores pode resultar em um mecanismo de controle eficiente, quando conhecidas e gerenciadas intencionalmente suas interligações.

O gerenciamento dessa arquitetura de negócios em *outsourcing* de processos de negócios (alianças estratégicas) se torna mais complexo, pois há componentes externos se relacionando em cada um dos pilares (ou habilitadores), envolvendo o gerenciamento de equipes de múltiplas empresas de toda a rede de clientes e fornecedores, em competências multidisciplinares, operando conjuntamente a fim de atender seus objetivos estratégicos (Fingar e Aronica, 2001:134).

Fingar e Aronica descrevem cada um dos habilitadores estratégicos em:

- ▼ *pessoas* — a chave para um processo de sucesso em estratégia de negócios para serviços é assegurar a posse extensiva do conhecimento a todos os agentes, internos e externos, envolvidos na cadeia de valor (principal ou secundária). O domínio do conhecimento envolve o compartilhamento com todos os participantes dos processos de negócios, pois são necessários muitos anos para se acumular aprendizado e conhecimento e isso não emana de formas escritas ou de manuais de processos. Negócios de sucesso construídos sobre o capital intelectual corrente, e por

Ponto de vista do fornecedor

intermédio do cuidadoso desenho interorganizacional, motivam todas as pessoas, dentro e fora da organização, ao desempenho de seus papéis e responsabilidades, e isso inclui transferência de conhecimento. Mudanças organizacionais envolvem aspectos ligados à cultura;

▼ *processos* — processos de negócios interempresas devem ser adequadamente interligados e desenhados, a fim de assegurar o curso e os métodos estabelecidos do negócio. O fluxo dos processos atravessa as fronteiras das empresas para cumprir seus objetivos estratégicos determinados pelos parceiros. São definidos padrões de processos, linguagens, expressões comuns e vocabulários próprios entre os grupos envolvidos. As ferramentas de implementação e controles de processos são diversas e podem variar conforme as necessidades;

▼ *sistemas/tecnologias* — a adoção de novas tecnologias com o advento de *e-services* e as constantes mudanças de pensar e trabalhar de indivíduos e grupos torna esse pilar um tema estratégico ao cumprimento dos objetivos estabelecidos. As empresas devem incorporar parceiros que provêem sistemas de tecnologia baseados em padrões abertos que abranjam negócios e tecnologia.

A efetiva coesão e gerenciamento dos habilitadores de pessoas, processos e sistemas/tecnologias ao atendimento das estratégias de negócios é desafiada pela formulação que precede o próprio estabelecimento da arquitetura, que são os fundamentos do estabelecimento da parceria: compartilhamento, diretrizes estratégicas, predisposição à troca de conhecimentos e aderência cultural entre as empresas. Nesses fundamentos deve residir uma relação a médio e longo prazos em *outsourcing*.

BPO e não apenas tecnologia

O mundo foi se integrando e se tornando cada vez menor em razão do avanço da tecnologia, da troca de informações, do acesso ao conhecimento, da diminuição da distância (recursos não-presenciais, telecomunicações) e dos mercados globais. A competição global demanda uma rede complexa que está alterando a sociedade, as organizações e a maneira tradicional de trabalho.

A globalização implica novos mercados, produtos, novas mentalidades, competências e maneiras de pensar e agir sobre os negócios. O capital intelectual de uma organização deve estar apto a criar modelos e processos para alcançar agilidade, eficiência e competitividades globais. O desafio é desenvolver a capacidade para competir com sucesso de forma global. Tais capacidades demandam lidar com diferentes culturas, formas de pensamento, ações gerenciais e novos modelos administrativos.

A dinâmica dos negócios gerada pela globalização coloca a sobrevivência, tanto das empresas como dos indivíduos, em condição de risco permanente, porque não se pode prever se algum aspecto da equação do negócio será alterado (fusões ou aquisições, por exemplo) no futuro e que tipo de ajustes serão necessários.

O antigo contrato psicológico de estabilidade corporativa foi substituído por um novo contrato de auto-estabilidade, autodesenvolvimento, autocontrole, flexibilidade e maior autonomia dos negócios.

A prática de gestão de negócios evoluiu na direção de projetos e alcance de resultados qualitativos, fato que exigiu a mudança da prática da gestão de uma função reguladora para uma função facilitadora, pela qual o indivíduo é menos tutelado e mais orientado a agir com autonomia para garantir os resultados. O redirecionamento do foco das práticas de atuação dos negócios passou a ser mais sobre a cadeia de valor (Porter, 1999) e menos sobre as atividades no interior da empresa (*back office*).

Peter Drucker (1994) descreve que o conhecimento era o segredo para o sucesso pessoal e econômico e que se tinha tornado o único recurso significativo. Os fatores de produção tradicionais — recursos naturais, capital e mão-de-obra — não haviam desaparecido, mas se tornaram secundários. O conhecimento valorizado era aquele que podia ser aplicado para obter resultados e, mais especificamente, o especializado, que podia ser aplicado sistemática e objetivamente para definir qual o novo conhecimento necessário para se levar a cabo uma inovação sistemática. Não tínhamos mais o conhecimento, escreveu Drucker, tínhamos muitos conhecimentos — disciplinas, cada uma transformando uma habilidade em uma metodologia, experiências *ad hoc* em um sistema, histórias em informação ou habilidade em algo que pode ser ensinado e aprendido.

Como resposta às diversidades, ao pluralismo e à partilha de conhecimentos, as organizações passaram a trabalhar com mecanismos reguladores, não mais com o controle sobre o processo, mas sim sobre o resultado,

Ponto de vista do fornecedor

o desempenho do grupo (ou a organização como um todo), utilizando-se de alternativas administrativas, tais como a de *outsourcing* de processos de negócios, inserindo-a em uma complexa rede de interdependência e cooperação para geração de valor econômico.

Contribuições a processos adaptativos

O estabelecimento de uma parceria em um processo de integração de habilitadores, pessoas, processos e sistemas/tecnologias, entre duas ou mais organizações, nos faz refletir sobre os aspectos adaptativos e nos remete ao entendimento de questões de convívio das culturas causadas pelo encontro de dois grupos distintos e, muitas vezes, desconhecidos entre si, com histórias, crenças e valores diferentes, que, se desconsiderados, poderão colocar em risco todo um processo para ambas as empresas parceiras, não estabelecendo uma parceria de alto desempenho.

Para a constituição de uma parceria de alto desempenho entre cliente e fornecedor, devemos compreender o que os gestores responsáveis pelo contrato devem manejar e conhecer de seu grupo ou participantes, independentemente das fronteiras organizacionais, não podendo ignorar as propriedades da cultura para que os resultados de suas organizações sejam conformes às suas expectativas, às suas estratégias e metas estabelecidas.

Como a cultura é um contexto de significados e um sistema de relações, devemos compreendê-la para que os seus significados possam ser descritos de maneira inteligível, podendo interpretar o comportamento individual, comparando-o conforme a cultura na qual o indivíduo está inserido (uma organização, uma comunidade, estado, país etc.). As organizações são parte de uma sociedade e, portanto, parte de sua cultura. Nesse sentido, elas são subculturas de uma sociedade. Para que possamos ter melhores resultados operacionais em relações interculturais distintas, devemos conhecê-las e entendê-las, em uma relação de interdependência, intercomplementaridade e intercausalidade.

A idéia de entender a cultura organizacional entre empresas parceiras, é, em si, uma idéia rica, que traz consigo a possibilidade de um relacionamento duradouro, transparente, respeitoso e, conseqüentemente, capaz de promover a obtenção de melhores resultados dos processos operacionais interempresas.

Outros aspectos são fundamentais para compreendermos a cultura de um cliente, como conhecer seu processo produtivo, sua cadeia de valor, sua estrutura hierárquica e a estrutura de comando da empresa, além de estar atento aos sobretons de seu ambiente organizacional, desde aspectos mais concretos ou extrínsecos, como a disposição das salas, mobiliários e arquitetura, até os aspectos mais intrínsecos da cultura, como os descritos nos parágrafos anteriores.

No entanto, é recomendado que o cliente conheça também tais aspectos descritos sobre a cultura de seu parceiro ou prestador de serviços, pois, num relacionamento contínuo e permanente, questões arraigadas à cultura do prestador poderão vir à tona durante o processo de "parceirização", podendo ser destoantes dos padrões de comportamento da organização, causando possíveis danos aos processos, dificuldades de adaptação de ambos os parceiros e, principalmente, prejuízo financeiro a todo o processo.

Contribuições ao estabelecimento de uma parceria

Conforme vimos anteriormente, para explorar, criar e fornecer valor a cada cliente, num ambiente dinâmico e competitivo, além da necessidade de se utilizar uma abordagem metodológica, é fundamental que os parceiros invistam no capital relacional das empresas.

Para o estabelecimento de uma parceria em *outsourcing*, é preciso que as expectativas entre os parceiros estejam claras e externalizadas, desde a fase de qualificação e contratação dos serviços. Entendemos que uma parceria não se contrata voluntariamente. Contratam-se, sim, serviços. Uma parceria é estabelecida em um processo de construção conjunta, com interesses conjugados e convergentes. O estabelecimento de uma parceria requer a criação de um plano de implementação e de um plano de operação, com a construção de cenários nos quais haja a participação dos parceiros.

A parceria é um processo de gerenciamento conjunto com o propósito de construir relacionamentos e co-prosperidade sustentáveis e mutuamente satisfatórios, compatíveis com os respectivos objetivos estratégicos dos parceiros.

Kotler, Jain e Maesincee concluem que as empresas passarão da idéia de gerenciamento de relacionamento com clientes para o desenvolvimento da noção de gerenciamento de relacionamentos integrais. Esse tipo de

Ponto de vista do fornecedor

gerenciamento assegura o crescimento lucrativo à parceria, ao expandir a participação nos negócios do cliente, ao construir sua fidelidade e ao conquistar o valor vitalício dos clientes.

Subramani e Venkatraman (2001) consideram o relacionamento, em uma visão cooperativa interempresas, com duas importantes dimensões estruturais do relacionamento. A primeira é denominada "grau de integração" (*quasi integration*), definida como grau de conexão entre os parceiros (fornecedor e comprador) no relacionamento. A segunda chamase "execução de decisões conjuntas" (*joint decision making*), que define o grau para o qual o provedor e o cliente executam decisões em conjunto, com respeito a assuntos-chave do relacionamento. "As empresas partiram de uma rígida demarcação de papéis característicos de governança para o compartilhamento de papéis e responsabilidades, cruzando as fronteiras organizacionais engajadas na tomada de decisões conjuntas." (Subramani e Venkatraman, 2001:9)

Para Fingar e Aronica (2001:182), o relacionamento entre parceiros está mais voltado para um processo colaborativo, com o compartilhamento de tarefas entre os múltiplos recursos envolvidos, no qual tais tarefas sejam acordadas antecipadamente e gerenciadas sincronicamente.

Para o estabelecimento do capital relacional, das capacidades a serem produzidas pela aliança e da interpretação do pensamento estratégico, as empresas prestadoras devem tornar-se eficientes em gerenciamento de relacionamento com os clientes, de recursos internos e de parcerias de negócios. O gerenciamento de relacionamento com os clientes possibilita à empresa descobrir quem são os clientes, como se comportam e quais são seus desejos e necessidades. Também permite que a empresa reaja de maneira adequada, coerente e rápida a diferentes oportunidades oferecidas pelos clientes.

Para a gestão desses relacionamentos complexos entre empresas parceiras, foram definidas, por Subramani e Venkatraman (2001), as determinantes da governança, a fim de organizar e classificar o grau das diversas iniciativas entre as empresas, além das variáveis de controles de produção, de entrega e de qualidade dos serviços, normalmente utilizadas em governança de serviços. São elas, a seguir, resumidamente descritas.

▼ Ativos intangíveis: investimentos em ativos intangíveis são reconhecidamente parte das rotinas das organizações, dos processos de conhecimento, da curva de aprendizagem *(know-how* e *know what)* e das competências centrais.

▼ Especificidade de processos de negócios: é definida como o grau de processos críticos de uma empresa que são específicos aos requerimentos da outra empresa, em um relacionamento de influência interorganizacional.

▼ Domínio do conhecimento: é o grau de domínio de conhecimento específico em áreas críticas que o provedor tem em relação ao cliente no relacionamento interorganizacional. Refere-se à habilidade do provedor de acessar e interpretar conhecimentos tácitos e explícitos.

▼ Ativos tangíveis: investimentos realizados no relacionamento, referentes a ativos designados para propósitos específicos, como máquinas, equipamentos, instalações e outros relacionados ao contexto da parceria.

▼ Controles variáveis: como um modelo com foco em relacionamento, foram incorporadas variáveis para medir a influência na governança — flexibilidade relacional, porte dos parceiros, grau de dependência e nível de incertezas.

Em *outsourcing* de processos de negócios, podemos concluir que o gerenciamento do relacionamento é o responsável pela entrega de valor ao cliente e pela gestão do capital relacional, e que é necessário ações de controle e monitoramento por meio da atuação conjunta de profissionais dedicados ao relacionamento. As empresas parceiras assumirão a responsabilidade pela gestão integrada da "parceirização", exercendo a governança do contrato de forma abrangente, mediante a definição conjunta das áreas-chave dos resultados do gerenciamento intencional do relacionamento e da gestão do acordo de nível de serviços.

Acordo de nível de serviços

Acordo de nível de serviço *(Service Level Agreement — SLA)*, métricas, qualidade de serviço (QoS) e gerenciamento de nível de serviço (SLM) são terminologias conhecidas, e, muitas vezes, são conceitos aplicados em nosso cotidiano. Quando fazemos referência ao acordo de nível de serviço clássico, estamos, normalmente, definindo padrões quantificáveis de serviços,

Ponto de vista do fornecedor

por exemplo, tempo de resposta ao incidente ou média de tempo de atendimento de um chamado em um centro de atendimento ao cliente.

Um SLA é definido entre as empresas parceiras, em conjunto, com o objetivo de formalizar as atividades, os prazos, a forma de entrega, os níveis requeridos de performance e as responsabilidades das partes. Trata-se de um documento "vivo", suscetível às mudanças da estratégia de negócio, organizando as atividades "parceirizadas" e adaptando-as aos novos padrões estabelecidos. Normalmente, define-se um cronograma de entrega, com prazos para o envio de informações e o processamento dos serviços, alinhado às definições de responsabilidades de cada agente ou entidade envolvido na aliança.

Por outro lado, um SLA é um contrato entre cliente e prestador que especifica as funcionalidades dos serviços, reportando-se aos requerimentos contratados e aos elementos que o compõem. Os instrumentos, aliados à qualidade, que objetivam estabelecer um contrato entre os dois agentes, são o prestador e o cliente.

Entretanto, muito mais do que um contrato, um SLA define um conjunto de métricas ligadas aos níveis de serviço da parceria. Um dos principais motivos para especificar-se um SLA é que ele mostra claramente o que o cliente pode esperar dos serviços "parceirizados", na medida em que define quais sistemas e serviços são operacionais ou não. Assim, é importante e sensato — quando um nível de serviço é especificado em um SLA — que suas expectativas sejam realmente centradas nas expectativas do cliente.

Os requerimentos comumente utilizados são aqueles que têm a finalidade de atender aos diversos objetivos estabelecidos pela parceria, nos níveis estratégico, tático e operacional. O SLA — sendo ele uma espécie de contrato, uma ferramenta que estabelece métricas ou um instrumento operacional — propõe-se a atender a três elementos de direitos e obrigações, mostrados na figura 1: legal, organizacional e técnico.

O SLA, no modelo proposto por Schimidt, é considerado compilador dos direcionadores dos serviços e de suas formalidades, estruturado em: validade, prazo, atividades, departamentos envolvidos, disponibilidade, notificações em caso de falhas de um dos parceiros e nível de atendimento estabelecido.

Figura 1
Elementos e requerimentos de um SLA

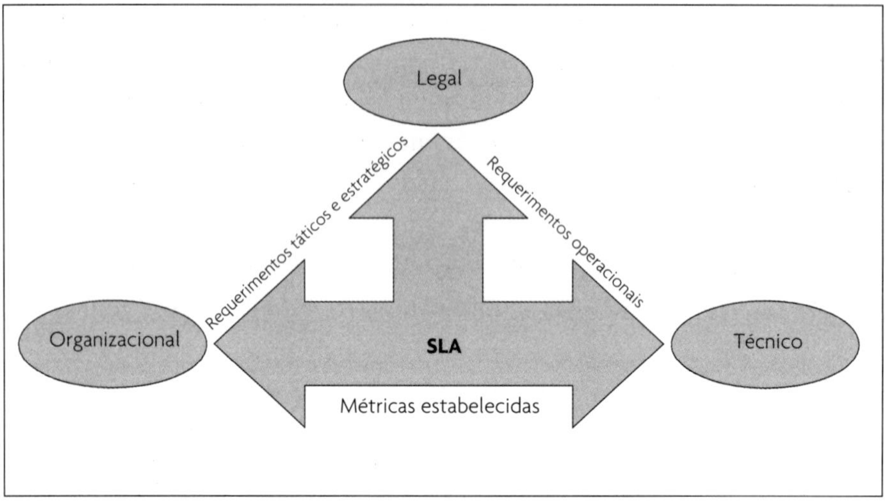

Fonte: adaptada de Schimidt, 2001.

Gerenciamento do relacionamento (GR)

Os habilitadores interempresas deverão ser monitorados pela gerência de relacionamento da empresa prestadora, a fim de assegurar a geração permanente de valor aos clientes, bem como a identificação dos profissionais de relacionamento que formarão a equipe responsável pela entrega formal dos serviços e pela adição de valor. É fundamental que os parceiros tenham um representante principal para gestão da parceria, gerindo conjuntamente as diversas interfaces e informando as determinações ou as mudanças estratégicas, táticas e operacionais.

A gerência de relacionamento será uma guardiã flexível da parceria e do SLA, por meio de uma abordagem sistemática e disciplinada com o cliente. Essa abordagem consiste em produzir *feedback* e controles necessários para assegurar quais estratégias serão atingidas com sucesso. O gerenciamento do relacionamento (GR) deverá ser uma combinação de objetivos, medidas de performance e *feedback*. O GR provê o *feedback* à operação dos serviços necessários para determinar se os planos estão sendo efetivamente executados e para instituir, quando for preciso, ações corretivas. Também é importante porque fornece as informações necessárias para a formulação estratégica dos serviços e, respectivamente, dos parceiros.

O GR utiliza e integra ferramentas e metodologias para o gerenciamento da performance e a produção de conhecimento estratégico com base no intento estratégico do cliente, reportando-se a cinco importantes medidas de desempenho — derivadas da estratégia, baseadas em eventos, conhecimentos compartilhados, resultados alcançados, inovação —, conforme apresentado na figura 2.

Figura 2
GR: medidas de desempenho

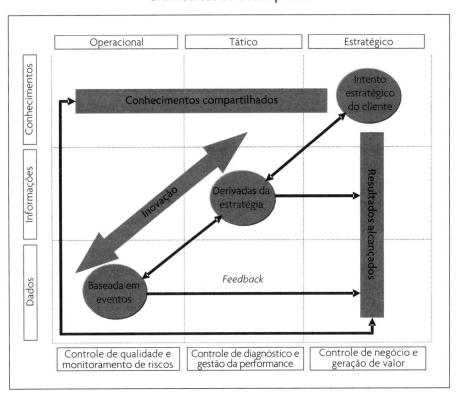

- *Derivadas da estratégia* — essas medidas de desempenho são responsáveis pelo alinhamento entre o intento estratégico e a execução dos serviços. É um conjunto de objetivos definidos para articular, traduzir e alinhar as iniciativas dos serviços "parceirizados", destacando os processos mais importantes para obtenção de um desempenho superior. As medidas derivadas da estratégia descrevem qual será o caminho para operacionalizar a visão do cliente relacionada aos serviços "parceirizados". Mede o desempenho organizacional em quatro perspectivas: de finanças, de satisfação e retenção do cliente, dos processos "parceirizados" e do aprendizado e crescimento.

▼ *Baseada em eventos* — estruturada com base no SLA, essa medida de desempenho é utilizada para acompanhar o cumprimento em nível de tarefas das atividades "parceirizadas". A estrutura de medida baseada em eventos avalia o cumprimento do SLA pelos parceiros e suas responsabilidades, a exatidão dos dados de entrada e saída, o cumprimento dos prazos estabelecidos, os níveis mínimos e máximos requeridos de padrões de controles e as obrigações das partes envolvidas em toda a rede colaborativa (parceiros, fornecedores do cliente, provedor de aplicações etc.). A finalidade principal dessa medida é assegurar a correta e tempestiva operacionalização dos serviços "parceirizados" (habilidades de completar ou terminar uma tarefa, de entregar com qualidade dentro dos orçamentos estabelecidos e nos prazos acordados).

▼ *Conhecimentos compartilhados* — essa medida de desempenho trabalha com dois tipos de conhecimento:

  ▼ o *conhecimento tácito* (subjetivo), que inclui elementos cognitivos — denominados "modelos mentais", como utilização de esquemas, metodologias, perspectivas, capital relacional, marcas e crenças dos parceiros — e elementos técnicos — competências, *know-how* e habilidades. A articulação dos modelos mentais tácitos, em uma espécie de compartilhamento, constitui um fator-chave para a criação de novos conhecimentos e aproveitamento da curva de aprendizagem gerada pela parceria;

  ▼ o *conhecimento explícito* (objetivo), que lida com acontecimentos passados, políticas e procedimentos estabelecidos, normas e valores expressos, sistemas de administração formais, contrato e SLA, e aplicativos de negócios (sistemas).

Os conhecimentos tácito e explícito não são entidades separadas, e sim mutuamente complementares e dinâmicas, que estão ancoradas no pressuposto crítico de que o conhecimento é criado e expandido pela interação entre os parceiros, denominado por Nonaka e Takeuchi "conversão do conhecimento". O GR é responsável pela influência interorganizacional e para a construção de ambiente propício ao estabelecimento dessas interfaces e criação das condições convergentes ao pensamento estratégico do cliente. Essa interação de pensamento é medida em graus de absorção, difusão, geração e utilização dos conhecimentos dentro e fora da parceria. A criação eficaz de estratégias, com base no compartilhamento de conhecimentos entre os parceiros, liga a ação e os resultados alcançados ao pensamento.

- ▼ *Resultados alcançados* — medida objetiva que acompanha a evolução histórica e atual em períodos preestabelecidos da parceria. Refere-se à geração de valor produzida ao longo da aliança e aos ganhos auferidos que tenham beneficiado a ambos. O propósito central dessa medida é fazer mais com o menor custo, ganhos de eficiência, produtividade e a diminuição de riscos operacionais e de foco em atividades essenciais de suporte de negócios. Os níveis de contribuições financeiras e a medição dos resultados alcançados podem ser realizados por meio de compartilhamento de orçamentos ou os PTWs *(plans to win)*.
- ▼ *Inovação* — manter o valor criado e não torná-lo obsoleto é um desafio a ser acompanhado pelo GR. A "parceirização" de processos de negócios é um importante vetor de mudanças incrementais e um constante gerador de opiniões e práticas sobre tendências. Essa medida é acompanhada com base no grau relacionado às capacidades de inovação e inventividade dos negócios aplicados nos serviços, ou pelo valor percebido pelo cliente. Trata do acompanhamento de um processo de auto-renovação organizacional, de quebra de modelos e paradigmas e de repensar aquilo que está estabelecido. Nesse processo, todos os grupos ou equipes envolvidos nas diversas interfaces da parceria devem participar em um trabalho conjunto para a exploração máxima das potencialidades existentes. A inovação considerada nessa medida de desempenho é criada ao longo do processo e posta em prática, materializada e possível de ser auferida, pois deve ser considerada como inovação a capacidade dos parceiros de acomodar o novo e colocá-lo em ação.

A metodologia consiste também, além das medidas de desempenho, em uma abordagem sistemática e disciplinada com o cliente, com a finalidade de produzir *feedback* e controles necessários para assegurar o cumprimento efetivo das estratégias. Essa abordagem foi dividida em concordância com as três seguintes fases: operacional, tática e estratégica, sendo sistematicamente monitorada, respectivamente, por controle de qualidade e monitoramento de riscos, controle de diagnóstico e gestão da performance, e controle de negócio e geração de valor.

O controle de qualidade é estruturado com base em políticas de qualidade que envolvem todos os habilitadores (pessoas, processos e sistemas), a fim de manter a integridade dos dados para a execução das tarefas. O monitoramento de riscos é um sistema que aponta falhas nos processos, controla os tempos e movimentos, a qualidade da execução das tarefas, monitora os resultados dos processos e alerta para a correção de desvios dos padrões de desempenho preestabelecidos. O sistema de monitoramento de riscos provê análises das variações apontadas de acordo com parametrizações dos desvios-padrão definidos. Tanto no controle de qualidade quanto no monitoramento de riscos, nessa fase de gerenciamento, há a necessidade de auditorias de processos e dos dados que permitem a verificação prévia de inconsistência na base de dados e nos resultados, checando eventuais divergências e possibilitando correções imediatas. Análises preditivas são requeridas também nessa fase, para efetuar inferências e estabelecer correlações concernentes a resultados esperados.

O controle de diagnóstico é um sistema de realimentação que monitora os resultados dos serviços e alerta para a correção de desvios dos padrões ou desempenho preestabelecidos no SLA, como auditoria geral dos serviços, análises de razoabilidade, acompanhamento de orçamentos, padrões de saída etc. A gestão da performance representa a aferição dos resultados dos serviços "parceirizados", tornando o relacionamento objetivo por meio de acompanhamento de indicadores próprios e de métricas negociadas.

O controle de negócio é uma abordagem sistemática que monitora o impacto dos resultados na cadeia de valor do cliente e o ajusta, se necessário, ao nível de desempenho desejado. Exige envolvimento direto e regular da alta administração das empresas, desempenhando, nesse momento, a função estratégica do GR, no direcionamento das iniciativas futuras em relação aos resultados obtidos e na busca de novas oportunidades de negócios gerados pela parceria. A geração de valor está na combinação de conhecimentos produtivos aplicados nos processos que geram melhores resultados econômico-financeiros diretos e permanentes ao cliente. As competências essenciais complementares entre as equipes interorganizacionais e a institucionalização de interfaces em redes colaborativas influenciam a obtenção de resultados de alta performance e as capacidades produzidas pela parceria.

Apesar de a terceirização ter evoluído para uma alternativa estratégica, numa atuação voltada a atender ao plano tático e operacional, mesmo garantindo um nível mínimo de desempenho das atividades de processos de negócios — desenvolvido internamente em uma corporação —, havia ainda um componente organizacional importante para se alcançar o sucesso permanente, que era a tênue ligação entre a cadeia de valor do cliente e as aderências dos processos às suas estratégias, que se perdia no processo de terceirização.

Os casos mais freqüentes de fracasso em terceirização ocorrem quando há desinteresse e desconhecimento do assunto pela alta administração da empresa, em que o fator de decisão para se adotar a terceirização encontra-se tão-somente na redução de custos ou na obtenção de resultados a curto prazo. Isso leva os decisores a optar pelo menor preço, ao escolherem, muitas vezes, prestadores de serviços despreparados e sem condições de fazê-los alcançar os resultados esperados, e as vantagens proporcionadas pelos prestadores não resistem a uma análise mais profunda, sendo normalmente meras pretensões, apresentando falhas freqüentes, além de conduzir todo o processo a inúmeros riscos. Em alguns casos, ocorre aumento de custos, perda de flexibilidade e de valor estratégico.

"Parceirização": uma nova abordagem

Uma relação será considerada parceria se as expectativas entre ambas as partes forem claras e conhecidas, se houver reciprocidade de relacionamento esperado e se o grau de contato e comunicação for periódico e ágil.

Segundo Segil (2004), um dos elementos-chave para a construção e sustentação de uma aliança corporativa de sucesso é ter um sistema que monitore seu progresso, desde a concepção do projeto e implementação até o término do contrato, conhecendo as métricas a serem utilizadas em cada estágio do ciclo de vida de uma aliança (ver figura 3).

Figura 3
Estágios do ciclo de vida de uma aliança

Segil defende que, para a "parceirização" ser mantida nos trilhos, é necessário uma abordagem metodológica que possibilite um padrão sustentável de métricas apropriadas, exeqüíveis e inteligentemente controladas pelos parceiros, resumidas em três aspectos principais:

- determinação e medição do valor da aliança;
- criação quantificável de valor entre os parceiros;
- melhoria contínua da performance do relacionamento por um acompanhamento metodológico.

Essas métricas serão apropriadas se respeitarem a própria dinâmica da aliança em cada um dos estágios evolutivos, considerando aspectos ligados às duas, ou mais, culturas envolvidas na parceria, pois cada estágio passa a ter um conjunto de comportamentos, anseios, interesses e objetivos próprios, ora convergentes, ora divergentes, que deverão ser gerenciados pelos parceiros, adotando diferentes abordagens, respectivamente (ver quadro 2).

Quadro 2
Mudanças de abordagens – choque entre culturas

Aliança iniciada	Aliança em crescimento	Aliança profissional	Aliança madura	Aliança em declínio	Aliança sustentável
Insegurança	Confiança	Sistemática	Complacência	Excesso de planejamento	Planejamento
Proatividade	Reações rápidas	Planejamento preditivo	Proteção	Dirigida por orçamentos	Empreendedorismo
Emergência	Agressividade	Marketing e não apenas vendas	Aversão ao risco	A forma sobrepõe a substância/ ritualístico	Controle
Individualidade	Foco múltiplo	Precauções	Administração		Estruturadamente sistemática
Foco	Profundidade gerencial	Resoluções de conflitos	Rigidez		Agressiva
Risco intenso	"Vender" é a filosofia principal	Novas contratações	Dirigida ao lucro e/ou à redução de custos	Hierárquica	Flexibilidade suficiente para ser proativo
Fundadora	Controle	Construção de consensos	Crescimento dos times	Inatividade	
Dirigida		Mudança de equipes	A forma sobrepõe a substância	Fazer mudança é visto como um problema	
Delegação contolada		Novas métricas	Começa a esclerose		
Excitação					
Novas oportunidades					
Crença					
Governança					
Esperança					

Fonte: Segil, 2004.

Segil trata esse encontro de culturas "A" com "B" (ver figura 4) como um choque, que cria uma área de relacionamento, ou zonas de tensão, a qual, se não for entendida e gerenciada intencionalmente pelos parceiros, pode levar a disfunções, desvio dos objetivos pretendidos e, por último, ao término da aliança.

Na perspectiva sociocognitiva de Subramani, Henderson e Cooprider, a parceria é explorada como uma noção efetiva de relacionamento entre grupos, sublinhada pelo senso de realização, compreensão e ação conjunta. O conceito sociocognitivo adota como base a convergência em perspectivas entre os parceiros com o efetivo gerenciamento de conflitos (Sessa, 1996), com a criação de comunicação efetiva e com o compartilhamento de conhecimentos (Nonaka e Takeuchi, 1997). Isso se inclui no contexto da parceria e habilidade mútua pela busca de entendimentos, particularmente, referindo-se ao respeito à diferença entre os pontos de vista de ambos, realizando conjuntamente os ajustes necessários no relacionamento.

Figura 4
Mudanças de abordagens — encontro de culturas e zona de relacionamento

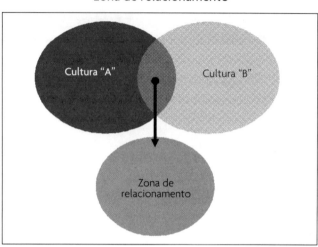

Fonte: adaptada de Segil, 2004.

O gerenciamento de conflitos requer, dos parceiros, análise profunda das zonas de tensão criadas em todo o processo, desde sua transição. Segundo Pinedo (2002), "na encruzilhada, todas as regras do jogo mudam drástica e inesperadamente. (...) O comportamento do sistema também muda de forma radical e as novas regras contrariam os princípios do sistema antigo."

Entendemos que, ao examinar as zonas de tensão, os parceiros estarão aptos e bem preparados a prever quaisquer desvios, desgastes ou perda de energia motivacional do grupo ocorrido ao longo do processo. Pinedo (2002) afirma ainda que "a necessidade de mudar faz pressão contra todos os processos existentes e gera tensão na empresa quando ela tenta preservar seu passado. Nesse ponto, uma força domina e a outra entra em colapso."

Segundo Paschini (2006),

> a existência de diferenças culturais é inevitável. Como conseqüência do choque entre essas culturas organizacionais, é esperado que o clima organizacional seja afetado; que haja queda da produtividade; que os processos de trabalho sofram mudanças, impactando a qualidade dos produtos e serviços; enfim, que os resultados globais da nova empresa não correspondam à soma

dos resultados das duas empresas, como aconteceu anteriormente à formação da aliança.

Henderson (1990) definiu seis determinantes para uma parceria de sucesso, a fim de gerenciar o relacionamento e diminuir as tensões provocadas pela aliança, resumidas e relacionadas a seguir.

- Benefícios mútuos: o nível de benefícios é diretamente proporcional ao valor investido no relacionamento.
- Comprometimento: é o reconhecimento explícito dos objetivos comuns. É um fator crítico do relacionamento entre os parceiros ao atingimento dos objetivos acordados, consistindo na canalização de ações efetivamente coordenadas e sistematizadas, e construídas com o propósito de estabelecer um comprometimento de alto nível entre os participantes.
- Predisposição: é definida como atitudes positivas e favoráveis à produção conjunta de trabalhos, criando um ambiente de confiança mútua, flexibilidade e de cooperação voltados à produção de melhores resultados.
- Compartilhamento de conhecimento: é definido pelo entendimento ou apreciação dos parceiros pela troca de assuntos relevantes dos processos relacionados, que afetem sobremaneira a performance conjunta.
- Competências e recursos distintos: consiste na complementaridade das capacidades dos parceiros à realização de objetivos comuns. Trata da interdependência dos recursos com o sentido de coligir diferentes competências para se obter um determinado resultado, sem que haja competição entre elas.
- Conexões interorganizacionais: são mecanismos de controles formais e informais para o gerenciamento do relacionamento e administração das zonas de tensão. Podem ser estabelecidos desde um acordo de nível de serviço, que descreva os papéis e responsabilidades entre os parceiros, até processos complexos de controles operacionais.

Por outro lado, Paschini menciona que uma aliança estratégica necessariamente não é perene e que irá durar enquanto houver uma necessidade mútua. Ela conclui:

Ao longo do tempo, um dos parceiros poderá assumir o controle ou abandonar o negócio. Essa é uma das razões pelas quais as alianças estratégicas devem ser analisadas cuidadosamente por supostos parceiros, tendo em vista sua estratégia empresarial no setor (Paschini, 2006:18-19).

No entanto, segundo Paschini (2006:20), o sucesso da aliança não dependerá exclusivamente do estabelecimento de contratos bem formulados entre os parceiros, mas sim de aspectos ligados à cultura organizacional, pois exercerão forte impacto na implementação e no sucesso da aliança.

Todavia, outro componente fundamental ao sucesso se faz necessário: o alinhamento de todos os direcionadores estratégicos com a criação de uma visão compartilhada (Schein, 1985) entre os parceiros, para que funcione como padrão estruturado e seja assumido por ambos, num processo inconsciente, como visão própria do grupo. Podemos considerar também que o compartilhamento dessa visão pode ser representado pela semelhança de sistemas de significados e crenças compartilhadas, nas quais uma atividade crítica desenvolvida por meio das estruturas das organizações possa ser envolvida por sistemas de crenças que garantam a continuidade do cumprimento, do compromisso e do efeito positivo pelos participantes (Pfeffer, 1981), independentemente das fronteiras organizacionais estabelecidas.

O exame dos conceitos ligados aos direcionadores estratégicos e a visão compartilhada não são exclusivos para a manutenção do alinhamento cultural entre as empresas. Pois, segundo Schumpeter (1952:82), "o capitalismo (...) é por natureza uma forma ou método de mudança econômica e não só nunca é, como também nunca pode ser fixo", e o impulso fundamental ao desenvolvimento capitalista está nas "novas combinações" (Schumpeter, 1951:66). Schumpeter enfatizou a importância da combinação do conhecimento explícito. Na verdade, observou que o surgimento de novos produtos, métodos de produção, mercados, materiais e organizações resultaram em novas "combinações" de conhecimento.

Drucker (1994) sugeriu que um dos desafios mais importantes impostos às organizações da sociedade do conhecimento é desenvolver práticas sistemáticas para administrar a autotransformação. A organização deve estar preparada para abandonar o conhecimento que se tornou obsoleto e aprender a criar o novo, mediante os seguintes pontos:

Ponto de vista do fornecedor

- melhoria contínua de todas as atividades;
- desenvolvimento de novas aplicações com base em seus próprios sucessos;
- inovação contínua como um processo organizado.

Portanto, também como parte de um complexo organizacional, podemos inferir que a inovação surge como mais um componente essencial para compor o arcabouço conceitual da "parceirização" dos processos de negócios e manter o dinamismo das mudanças incrementais passadas em novas, o que transcende a capacidade dos métodos e de técnicas de gestão (Nonaka e Takeuchi). A inovação e o conhecimento passam a ser o âmago das transformações nas organizações. Entretanto, a organização que deseja lidar de forma dinâmica com as mudanças no ambiente precisa criar informação e conhecimento, não apenas processá-los de forma eficiente, pressuposto básico e de sobrevivência, como vimos anteriormente na seção específica sobre criação de valor por meio de conhecimento e inovação, recriando os sistemas existentes dos clientes e encontrando novas formas de pensar e fazer as coisas.

Como reflexão dos conceitos sucedâneos, desde os estágios tarefeiros e desprendidos das diretrizes estratégicas do cliente, a terceirização de processos de negócios pode estar polarizada num extremo exclusivamente operacional ou instrumental e, num outro, voltada ao estabelecimento de alianças estratégicas definido como "parceirização". Para realçar as principais distinções entre os extremos, no quadro 3 é apresentada uma comparação entre os modelos.

Com os conceitos ampliados e reconhecendo o potencial transformador do estágio de contribuição estratégica da "parceirização" de processos de negócios, relacionamos a seguir alguns dos principais direcionadores estratégicos, um dos componentes essenciais ao sucesso:

- estabelecimento de uma aliança estratégica;
- respeito mútuo aos valores e à cultura dos parceiros;
- relacionamento cooperativo com métricas e controles gerenciais;
- monitoramento metodológico e permanente da parceria;
- complementaridade das capacidades;
- convergência em perspectivas.

Quadro 3

Comparação entre terceirização operacional e "parceirização"

Terceirização operacional — modelo tradicional	"Parceirização" — nova abordagem
Relação de cliente e fornecedor	Relação de parceria entre iguais
Inúmeros riscos	Riscos mapeados e gerenciados
Resistências	Comprometimento, predisposição e cooperação mútua
Falta de parâmetros de controles	Níveis acordados de responsabilidades e resultados esperados
Falta de envolvimento da alta administração	Estabelecimento conjunto de alianças estratégicas entre os parceiros
Orientado para preços e redução imediata de custos	Política do "ganhar aos poucos", de forma compartilhada
Ganhos de curto prazo	Ganhos permanentes de longo prazo, economias de escala
Cliente e fornecedor como adversários	Cliente e fornecedor como aliados

Atualmente, vivenciamos o que ouso chamar de "evolução da terceirização", ou seja, as parcerias colaborativas, o conceito de empresa estendida e as parcerias estratégicas em processos de negócios, que denominamos "parceirização" de processos de negócios. Essa nova prática possibilita oferecer soluções especializadas, transferências de conhecimentos e, conseqüentemente, agregação de valor econômico-financeiro, sem a necessidade de manter um alto custo operacional e controles excessivos, mas, ao mesmo tempo, assegura agilidade e qualidade.

Os aspectos inerentes dos direcionadores estratégicos, da visão compartilhada e da inovação e do conhecimento, componentes essenciais de sucesso da "parceirização" de processos de negócios, devem estar em um equilíbrio harmônico para que seja caracterizada uma parceria de acordo com esse conceito.

A importância desses conceitos não está ligada a uma garantia de resultados qualitativos esperados ou à possibilidade de que sua aplicação prática possa gerar resultados imediatos, mas, sim, como forma habilitadora para atingir metas ao longo de um processo. O maior desafio dos gestores das empresas parceiras envolvidas é interpretar o que deve ser feito e como fazê-lo, com base nesses conceitos, e, a partir daí, gerar um ambiente propício ao aprendizado (curva de aprendizagem) próprio e do grupo, estimulando a inovação, favorecendo o crescimento dos profissionais e das organizações parceiras, e, por fim, produzindo conhecimento e alcançando o resultado com alta qualidade. E isso tudo é construído a longo prazo.

Referências bilbiográficas

ALBERTIN, A. L. Valor estratégico dos projetos de tecnologia de informação. *Revista de Administração de Empresas*, São Paulo, v. 41, n. 3, p. 42-50, jul./set. 2001.

_____. *Administração de informática*: funções e fatores críticos de sucesso. 4. ed. São Paulo: Atlas, 2002.

ALENCAR, E. M. S. *Novas contribuições da psicologia aos processos de ensino e aprendizagem*. São Paulo: Cortez, 1992.

AFUAH, A.; TUCCI, C. L. *Internet business models and strategies*: text and cases. New York: McGraw-Hill, 2001.

ARGYRIS, C.; SCHÖN, D. *Organization learning II*. Reading, Mass.: Addison-Wesley, 1996.

ARON, R. Como lidar com os perigos da terceirização. *HSM Management*, Wharton School, v. 42, p. 100-103, Jan./Feb. 2004.

ATTEWELL, P. What is skill? *Work and Occupations*, Sage, v. 17, n. 4, 1990.

BALDWIN, Carliss et al. *Harvard Business Review on managing the value chain*. HBS Press Book, 1999.

BATESON, G. *Steps to an ecology of mind*. London: Paladin, 1973.

BECKER, B. E.; HUSELID, M. A.; ULRICH, D. *Gestão estratégica de pessoas com "scorecard"*: interligando pessoas, estratégia e performance. 2. ed. Rio de Janeiro: Campus, 2001. 260p.

BRAGG, S. M. *Outsourcing*: a guide to selecting the correct business unit, negotiating the contract, maintaining control of the process. 2. ed. New York: John Wiley, 2006.

CAPPER, P. *Understanding competence in complex work contexts.* Cambridge: Cambridge University Press, 1999.

COFFMAN, C.; BUCKINGHAM, M. *Primeiro quebre todas as regras.* Rio de Janeiro: Campus, 1999.

CORBETT, M. F. *The outsourcing revolution:* why it makes sense and how to do it right. Chicago: Dearborn, 2004.

DAVENPORT, T. H.; PRUSAK, L. *Conhecimento empresarial.* Rio de Janeiro: Campus, 1998.

DEMING, W. E. *Qualidade:* a revolução da administração. Rio de Janeiro: Marques Saraiva, 1990.

DRETSKE, F. *Knowledge and the flow of information.* Cambridge, MA: MIT Press, 1981.

DRUCKER, P. F. *Sociedade pós-capitalista.* São Paulo: Pioneira, 1994.

_____. *Managing in a time of great change.* New York: Dutton, Truman Talley Books, 1995.

FINGAR, P.; ARONICA, R. *The death of and the birth of the real new economy.* Tampa: Meghan-Kiffer, 2001.

GIOSA, L. *A terceirização:* uma abordagem estratégica. 5. ed. São Paulo: Pioneira, 1997.

GONÇALVES, J. E. L. Processo, que processo? *Revista de Administração de Empresas,* São Paulo, v. 40, n. 4, p. 8-19, out./dez. 2000.

GURBAXANI, V. Sourcing strategies for IT services in a networked economy. In: *Handouts of Outsourcing World Summit.* Palm Springs: Michael F. Corbett & Associates, 2003.

HAMEL, G. Liderando a Revolução. Rio de Janeiro: Campus, 2000, p. 89-91.

HANDY, Charles B. The age of paradox. Cambridge: Harvard Business School Press, 1994.

HENDERSON, J. C. Plugging into strategic partnerships: the critical IS connection. *Sloan Management Review,* v. 31, n. 3, 1990.

KERN, T.; LACITY, M. C.; WILLCOCKS, L. P. *Netsourcing:* renting business applications and services over a network. New Jersey: *Financial Times*/Prentice Hall, 2002.

KOTLER, P.; JAIN, D. C.; MAESINCEE, S. *Marketing em ação*: uma nova abordagem para lucrar, crescer e reinventar. Rio de Janeiro: Campus, 2002.

KOTNOUR, T.; LANDEATA, R. *Developing a theory of knowledge management across projects*. Orlando, FL: Industrial Engineering and Management System Department of University of Central Florida, 2002.

_____; BRITTON, K. *The project manager as a project broker*. Washington D.C.: American Society of Engineering Management, 2000.

MACHLUP, F. *Semantic quirks in studies of information*. New York: John Wiley, 1983.

MARRAS, J. P. *Administração de recursos humanos*: do operacional ao estratégico. São Paulo: Futura, 2000.

MEANS, G.; SCHENEIDER, D. *Meta-capitalism*: the e-business revolution and the design of 21st century companies and markets. New York: John Wiley, 2000.

MINTZBERG, H.; AHLSTRAND, B.; LAMPEL, J. *Safári de estratégia*: um roteiro pela selva do planejamento estratégico. Porto Alegre: Bookman, 2000.

MOORE, James F. *The death of competition*. New York: Harper Business, 1996.

NONAKA, I.; KONNO, N. The concept of "Ba": building a foundation for knowledge creation. *California Management Review*, v. 40, n. 3, 1998.

_____; TAKEUCHI, H. *Criação de conhecimento na empresa*. 12. ed. Rio de Janeiro: Campus, 1997.

NORMANN, R.; RAMIREZ, R. *Designing interactive strategy*: from value chain to value constellation. Chichester: John Wiley, 1994.

OLIVEIRA, P. A. F. de. Terceirização como estratégia. *Bate Byte*, Curitiba, n. 52, mar. 1996.

PASCHINI, S. *Estratégia*: alinhando cultura organizacional e estratégia de recursos humanos à estratégia de negócio: a contribuição efetiva de recursos humanos para a competitividade do negócio. Rio de Janeiro: Qualitymark, 2006.

PFEFFER, J. *Management as symbolic action in research in organizational behavior*. Ed. by L. L. Cummings and B. M. Staw. Greenwich, CT: JAI Press, 1981. v. 3.

PINEDO, V. *Tsunami*: construindo organizações capazes de prosperar em mare-motos. São Paulo: Gente, 2002. (Ed. rev. e atual., 2005.)

PORTER, Michael E. *Competição = on competition*: estratégias competitivas essenciais. 3. ed. Trad. Afonso Celso da Cunha Serra. Rio de Janeiro: Campus, 1999.

SCHEIN, E. H. *Organizational culture and leadership*. San Francisco, CA: Jossey-Bass, 1985.

SCHIMIDT, H. *Service level agreements based on business process modeling*. Germany: University of Munich, 2001.

SCHUMPETER, J. A. *The theory of economic development*. Cambridge, MA: Harvard University Press, 1951.

_____. *Capitalism, socialism and democracy*. 4. ed. London: George Allen & Unwin, 1952.

SEGIL, L. *Measuring the value of partnering*: how to use metrics to plan, develop and implement successful alliances. New York: American Management Association, 2004.

SENGE, P. M. *A quinta disciplina*: arte, teoria e prática da organização de aprendizagem. São Paulo: Best-Seller, 1999.

SESSA, V. E. Using perspective taking to manage conflict and affects in teams. *Journal of Applied Behavioral Science*, v. 32, n. 1, 1996.

SKANDIA INSURANCE. Human capital in transformation: intellectual capital. *HSM Management*, Sept. 22, 2000. Prototype Report 1998.

SUBRAMANI, M. R.; HENDERSON, J. C.; COOPRIDER; J. *Linking IS-user partnerships to IS performance*: a socio-cognitive perspective. Massachusetts: Research Center of Boston University, 2000.

_____; VENKATRAMAN, N. *Safeguarding investments in asymmetric interorganizational relationships*: theory and evidence. Massachusetts: Research Center of Boston University, 2001.

TREACY, M.; WIERSEMA, F. *The disciplines of market leaders*. Reading, Mass.: Addison-Wesley, 1995.

WINTER, S. G. On Coase, competence and the corporation. *Journal of Law, Economics and Organization*, v. 4, n. 1, p. 163-180, 1988.

Seleção de provedores e contratos

Norberto Antonio Torres*

Este capítulo trata dos principais aspectos relacionados à seleção de provedores para serviços terceirizados e, especialmente, da preparação dos contratos que estabelecem os níveis de serviços (*service level agreement* — SLA).

Contratação de provedores para serviços terceirizados

Processo de contratação

O processo de contratação de provedores para serviços terceirizados envolve, geralmente, as etapas expostas na figura 1.

---

* Professor titular e chefe do Departamento de Informática e Métodos Quantitativos da Eaesp/FGV; coordenador do Centro de Estudos em Tecnologia de Informação para Governo (TecGov), da FGV; presidente da Unicomm Integração de Negócios, Processos e Sistemas Ltda. e diretor da Uniconsult Sistemas e Serviços Ltda.; autor de diversos livros e artigos na área de tecnologia de informação aplicada à gestão e estratégia; atua ou atuou como consultor em mais de 200 organizações.

Figura 1
O processo de contratação

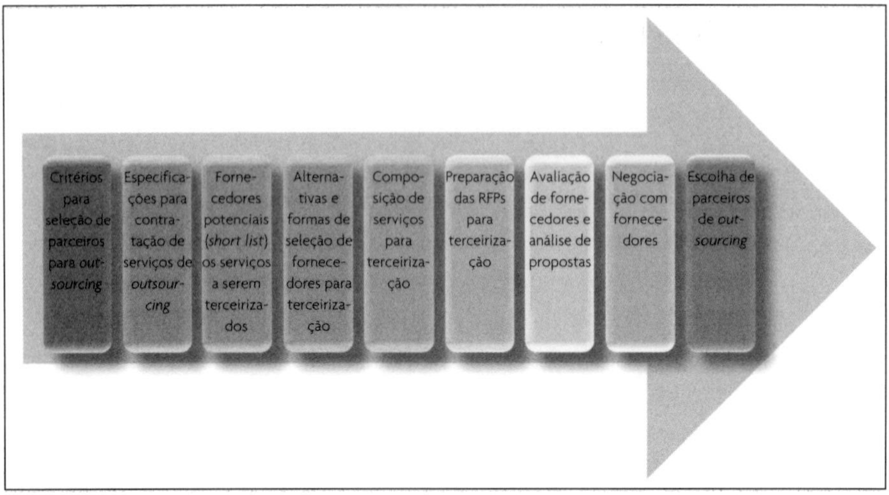

Critérios para seleção de parceiros para *outsourcing*
Especificações para contratação de serviços de *outsourcing*
Fornecedores potenciais (*short list*) os serviços a serem terceirizados
Alternativas e formas de seleção de fornecedores para terceirização
Composição de serviços para terceirização
Preparação das RFPs para terceirização
Avaliação de fornecedores e análise de propostas
Negociação com fornecedores
Escolha de parceiros de *outsourcing*

Fatores-chave de sucesso a focalizar na contratação

Os fatores críticos no modelo terceirizado estão diretamente relacionados à competência na contratação do provedor para esses serviços. A figura 2 resume os principais fatores-chave de sucesso na contratação de provedores de serviços terceirizados.

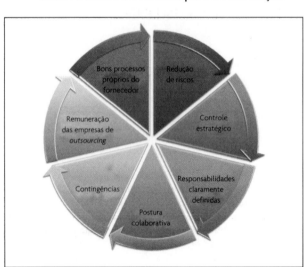

Figura 2
Fatores-chave de sucesso para terceirização

Bons processos próprios do fornecedor
Redução de riscos
Controle estratégico
Responsabilidades claramente definidas
Postura colaborativa
Contingências
Remuneração das empresas de *outsourcing*

Seleção de provedores e contratos

Redução de riscos

Um dos mais importantes fatores de sucesso na contratação de serviços terceirizados é reduzir os riscos inerentes ao modelo terceirizado, entre os quais os mais importantes são o risco operacional, o *turnover* (quando os serviços dependem muito de mão-de-obra técnica ou serviços profissionais), o conflito de interesses entre as partes envolvidas e a capacidade de gestão de todo o processo, seja pela contratante, seja pela contratada.

Controle estratégico

Devem ser terceirizados serviços no nível operacional, jamais no estratégico. Por estratégico, entende-se assumir diretamente o estabelecimento das diretrizes de desempenho, não delegando em hipótese alguma as decisões e o controle sobre:

▼ a qualidade e confiabilidade dos serviços operados;
▼ o detalhamento dos serviços;
▼ as métricas para os serviços;
▼ os padrões de qualidade;
▼ os níveis de segurança;
▼ a estrutura dos sistemas;
▼ a independência em relação a sistemas e bases de dados (quando se trata de terceirização em sistemas de informações).

Responsabilidades estratégicas internas claramente definidas

A responsabilidade pela qualidade dos serviços de *outsourcing* deve ser estabelecida claramente entre as contratantes, pois são grandes as chances de fracasso de uma operação iniciada com o único objetivo de reduzir custos, mesmo que a terceirização possa trazer economia para os usuários.

A empresa, ao terceirizar parte de suas operações, especialmente em tecnologia de informação, deverá ter permanentemente uma equipe própria de acompanhamento dessas operações, avaliando, constantemente, o desempenho da empresa contratada para a terceirização, cuidando dos aspectos antes apontados.

As responsabilidades internas no processo de terceirização devem estar claramente estabelecidas, incluindo:

- definição dos objetivos, requisitos e dos critérios e métricas de avaliação dos serviços;
- definição das necessidades atuais e futuras nas áreas terceirizadas;
- conhecimento das qualificações dos técnicos e consultores envolvidos e auditoria das qualificações nas competências requeridas;
- compreensão dos requisitos atuais e futuros de competências exigidas e do quanto estão sendo atendidos;
- gerenciamento do inventário de competências e do portfólio de serviços dos fornecedores;
- gestão do provimento dos talentos certos na hora certa no lugar certo;
- monitoramento e acompanhamento de novas tecnologias relacionadas às operações terceirizadas;
- gestão de conhecimento, requerendo que staff interno e consultores externos depositem os conhecimentos em um sistema de gestão de conhecimentos adequado;
- dimensionamento adequado das demandas e das capacidades de atendimento necessárias;
- os serviços deverão ser geridos por um contrato claro, que estabeleça os níveis de serviços a serem alcançados (*Service Level Agreement* — SLA);
- todo projeto de terceirização precisa ter o patrocínio de um executivo sênior para a parceria. Além disso, é fundamental a existência de um gerente interno do contrato, com nível sênior, fortalecido para negociar com os fornecedores, treinado em competências de gerenciamento de terceiros e responsabilizado pelo sucesso ou fracasso do projeto terceirizado;
- para um bom gerenciamento dos contratos, é necessário bons instrumentos de medida de performance e sucesso das operações terceirizadas.

Postura colaborativa

A operação sustentada por serviços terceirizados pode trazer grandes benefícios para a empresa contratante, mas será necessário uma postura colaborativa entre ela e a contratada. Uma boa parceria para terceirização depende de respeito mútuo, objetivos comuns e contatos contínuos, devendo-se ter grande atenção sobre:

Seleção de provedores e contratos

- contato contínuo para alcançar os resultados;
- controle rigoroso e transparente sobre as operações terceirizadas;
- trabalho efetivo em parceria com o provedor;
- presença significativa da empresa no provedor nos estágios iniciais das operações terceirizadas;
- expectativas realistas para cobranças corretas dos provedores;
- gerenciamento ativo do relacionamento entre a empresa e o provedor;
- comunicações eficientes entre as partes;
- compreensão da importância e dos impactos das solicitações de mudanças;
- sistema de gestão do contrato e de mudanças solicitadas;
- especificação clara da rotação aceitável de técnicos e consultores durante o projeto;
- aspectos como ética, qualidade dos recursos técnicos e humanos, programas de trabalho e reconhecimento, entre outros, devem ser compreendidos e discutidos, de forma a estabelecer um relacionamento eficaz entre a empresa e o provedor;
- é importante ter em mente que a empresa estará adicionando uma nova equipe às suas operações e, o que torna tudo ainda mais complexo, muitas vezes operando remotamente. Portanto, a cooperação é fundamental.

Contingências

Em processos terceirizados, é importante a empresa estar preparada para o inesperado e ter soluções de contingência para infra-estrutura operacional (equipamentos, softwares etc.), recursos humanos para operação, outras empresas preparadas para assumir os processos terceirizados, bases de dados etc.

Remuneração das empresas de *outsourcing*

No sistema tradicional, quando se remunera de forma fixa, a empresa de *outsourcing* fica na cômoda posição de ter os seus ganhos assegurados independentemente dos seus níveis de produtividade. Quem acaba pagando a conta pela falta de eficiência é o contratante.

Remunerar por volume e níveis de serviços é bem mais vantajoso, pois obriga a empresa de *outsourcing* a estar continuamente melhorando a produtividade da sua estrutura. Retorna-se, assim, ao fundamento do negócio: a competência pela aquisição de tecnologia e, conseqüentemente, o risco a ela associado cabem ao prestador de serviço, e não ao contratante.

Para tanto, os contratos a serem estabelecidos devem fixar fórmulas de remuneração que considerem os volumes processados, níveis de serviços e tempos de resposta, além de outros fatores.

Se for adotado um modelo de gestão da eficácia dos fornecedores em um sentido mais amplo, por exemplo segundo o modelo do Balanced Scorecard (BSC), será possível implementar contratos que considerem as dimensões genéricas desse método, mas do ponto de vista do fornecimento de serviços. Obviamente, a construção de um contrato com essas características não é tarefa simples, mas certamente torna os serviços terceirizados muito mais bem orientados.

Bons processos próprios do fornecedor

Um dos mais importantes fatores de sucesso na terceirização de operações, processos e sistemas é a capacidade de gerenciamento do provedor, isto é, seus processos para gestão dos aspectos mais relevantes, ainda que isso implique um trabalho prévio à contratação. O provedor deverá comprovar (e os contratos deverão considerar) sua capacidade para gerenciar os múltiplos aspectos para uma operação terceirizada bem-sucedida. Entre outros, podem ser citados os seguintes aspectos a serem questionados quanto ao seu gerenciamento pelo fornecedor:

▼ definição clara dos objetivos, requisitos e dos critérios e métricas de avaliação dos serviços;

▼ disponibilidade e níveis de serviços;

▼ segurança operacional; quando se tratar de sistemas de informações, atenção especial deve ser dada à segurança na operação dos sistemas, nas telecomunicações e na garantia de origens e destinos de transferências de dados e comunicações;

▼ segurança de sigilo de informações, tanto internamente no provedor, quanto nas transferências e comunicações externas;

▼ controle de qualidade e confiabilidade;

▼ controle sobre métricas e resultados e instrumentos de medida de performance das operações terceirizadas;

▼ suporte e *help-desk*;

▼ mensuração da satisfação do cliente;

- monitoramento e acompanhamento de novas tecnologias;
- gestão de conhecimento;
- dimensionamento adequado das demandas e das capacidades de atendimento necessárias;
- contatos contínuos para alcançar os resultados;
- comunicações eficientes entre as partes;
- soluções de contingência;
- processos de capacitação de usuários;
- gerenciamento de ambiente de processamento;
- controle de acesso físico às instalações em que operam os processos da empresa;
- qualificação dos recursos humanos utilizados nas operações e nos serviços terceirizados;
- treinamento dos colaboradores do provedor;
- capacidade de gerenciamento de projetos.

Principais desafios a superar na terceirização/outsourcing

Além dos aspectos apontados, atenção especial deve ser dada aos principais desafios que precisarão ser superados para que as operações terceirizadas tenham sucesso (expostos na figura 3).

Figura 3
Principais desafios da terceirização

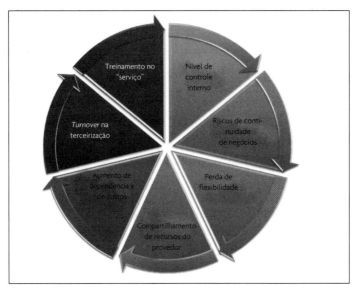

Nível de controle interno

Em processos terceirizados, poderá haver menor nível de controle próprio sobre as aplicações de missão crítica. Nos casos mais críticos, poder-se-á ter profissionais próprios cuidando permanentemente das respectivas operações, junto aos fornecedores de serviços; posteriormente, o monitoramento poderá ser realizado de forma virtual. Os contratos deverão destacar as aplicações e serviços de missão crítica e sobre eles deve-se estabelecer um processo de controle mais estreito, bem como prever penalidades significativas para o provedor em caso de inconformidade.

Riscos de continuidade de negócios

Nas operações terceirizadas, podem aumentar os riscos de continuidade de negócios. Por isso, processos de garantia de continuidade dos negócios devem ter auditoria permanente. Processos de missão crítica não devem ser operados por fornecedores que, seja pelo porte, seja pela experiência, pela saúde financeira ou por outros fatores estratégicos, possam representar riscos de continuidade de negócios.

Já aplicações menos críticas podem ser atribuídas a fornecedores com menos rigor na aplicação dessas exigências, na medida em que possam oferecer serviços mais especializados e com menores custos, mas que sejam facilmente substituíveis por outrros provedores, se necessário.

Perda de flexibilidade

A terceirização pode levar à perda de flexibilidade para customizações importantes. Há, também, a tendência à limitação das possibilidades de integração com outros processos da organização ou mesmo externamente, com agentes na cadeia de negócios. Nesses casos, os contratos deverão destacar os serviços de missão crítica, e, para estes, estabelecer um processo de gestão mais estreito.

Compartilhamento de recursos do provedor

Em muitas situações, especialmente quando os serviços terceirizados são mais comuns, há a tendência a ter recursos do provedor compartilhados em excesso com outros clientes seus. Os contratos deverão destacar as res-

Seleção de provedores e contratos

trições de compartilhamento, bem como prever penalidades significativas para o provedor em caso de inconformidade.

Aumento de dependência e de custos

Há, em geral, a tendência à criação de dependências em relação ao provedor dos serviços terceirizados, que podem levar a aumento de custos operacionais e à perda de controle e da capacidade de gestão dos processos. Os contratos devem ser elaborados de forma a especificar claramente os limites de custos futuros. Os contratos devem, também, prever a possibilidade de interrupção de fornecimento, bem como os processos de passagem para processamento interno ou por outro fornecedor, com exigência de transferência de todos os ativos relevantes previamente combinados.

Turnover na terceirização

Em alguns casos de terceirização com uso de mão-de-obra intensiva, como, por exemplo, o de *help-desk*, a rotação (*turnover*) dos técnicos do provedor pode vir a ser um sério problema, que pode ser minimizado se no contrato estiver prevista a taxa de *turnover* máxima aceitável pela contratante e uma cláusula de premiação e multa, em que a empresa de *outsourcing* ganha uma remuneração adicional se apresentar, em período definido, uma taxa inferior à taxa máxima de *turnover*, em tabela progressiva a partir de um patamar definido. Se o valor real superar a taxa máxima, a contratante é punida com uma multa, também em função de uma tabela progressiva.

Treinamento no "serviço"

Muitos provedores de serviços terceirizados acabam por ofertar serviços em quantidade muito maior que sua capacidade de realização, o que faz com que tenham de contratar mais recursos, muitas vezes despreparados, que são treinados na própria operação dos serviços.

Falta de clareza na informação sobre falhas

Como o provedor, em geral, tem bastante autonomia sobre os serviços que opera, quando ocorrem falhas, a tendência é de que não sejam informadas, claramente, as suas causas, o que poderia levar a maior responsabilização do provedor em perdas para a contratante. Com isso, o nível de gestão e transparência caem.

Service Level Agreement (SLA)

Definição de SLA

Um *Service Level Agreement* (SLA) é um contrato que define parâmetros de negócios e/ou de suporte técnico que um provedor de serviço fornecerá a seu cliente, especificando medidas de performance e conseqüências por não atingimento ou falhas.

Um SLA identifica os compromissos de ambas as partes, o provedor contratado e a empresa contratante, bem como os limites de suas responsabilidades, incluindo definições, funções repetitivas, processos e produtos a serem realizados ou entregues, e um conjunto de acordos de níveis de serviços preestabelecidos, bem como sobre as restrições existentes.

SLAs internos (*insourcing*)

Os mesmos princípios e estrutura para construção de SLAs podem ser utilizados para SLAs internos, em que uma área contratante e outra contratada estabelecem acordo de operação. Esse recurso pode ser utilizado para estabelecer claramente o que a área de TI deverá entregar a cada uma das principais áreas usuárias, principalmente em sistemas de missão crítica.

Métricas

Diversos tipos de métricas podem ser adotados em SLAs de *outsourcing* ou *insourcing*:

- ▼ tempos de resposta;
- ▼ número de incidentes no processamento;
- ▼ número de incidentes graves no processamento;
- ▼ tempo de *downtime* de sistemas;
- ▼ tempo para correção de problemas;
- ▼ disponibilidade;
- ▼ confiabilidade;
- ▼ nível de satisfação com os serviços;
- ▼ outros.

Monitoramento do serviço

Para que a operação de um SLA tenha sucesso, é fundamental que haja um sistema de monitoramento contínuo dos serviços, com indicadores que possibilitem antever possíveis problemas e quedas nos níveis de serviços ou falha na entrega de produtos.

Revisão dos SLAs

Os SLAs necessitam ser revistos, nunca com periodicidade maior que um ano, já que novas tecnologias e soluções surgem continuamente, oferecendo oportunidades de melhorias que devem ser incorporadas aos serviços prestados.

Naturezas dos contratos em TI

Segundo o Gartner (2003), podemos classificar os contratos em TI nas naturezas descritas a seguir, cujas formas de negociação devem ser diferentes.

- Contratos *utility*: são aqueles de infra-estrutura básica de TI e, tipicamente, correspondem de 60% a 70% de tudo o que se faz no departamento de informática. Nesta categoria, a renegociação de contratos tem grande potencial de baixar os custos, já que a evolução das tecnologias e do comportamento do mercado faz com que os preços caiam de forma consistente.
- Contratos de melhoria: são as melhorias de sistema, ajustes que aprimoram projetos e práticas de trabalho. Correspondem de 25% a 30% dos contratos de tecnologia. Nestes casos, a relação com o fornecedor deve ir além dos custos.
- Contratos estratégicos: representam de 5% a 10% dos contratos de TI de uma empresa. Devem ser verdadeiras relações de parceria com um fornecedor de grande confiança que traz vantagem competitiva para a empresa. Por isso, eventuais renegociações devem considerar mais o escopo do projeto e as metas a serem atingidas do que simplesmente o custo.

Sistema de punição e premiação

Os contratos de *outsourcing* operacional devem prever taxas de penalização por não cumprimento dos níveis de serviços, atribuindo-se descontos ou prêmios nos pagamentos mensais/trimestrais para níveis de serviços estabelecidos.

Por exemplo, pode-se estabelecer uma tabela de descontos ou prêmios nos pagamentos mensais, em função do *downtime* dos serviços, como exemplificado no quadro 1.

Quadro 1

Exemplo de tabela de descontos ou prêmios em SLA

Condição	Desconto ou prêmio
Mais de 48 horas de *downtime* acumuladas em um mês	100 % de desconto
Entre 24 e 48 horas de *downtime* acumuladas em um mês	70 % de desconto
Entre 12 e 24 horas de *downtime* acumuladas em um	50 % de desconto
Entre 06 e 12 horas de *downtime* acumuladas em um mês	40 % de desconto
Entre 03 e 06 horas de *downtime* acumuladas em um mês	20 % de desconto
Entre 01 e 03 horas de *downtime* acumuladas em um mês	10 % de desconto
Entre 0,5 e 01 hora de *downtime* acumulada em um mês	0 % de desconto
Abaixo de 0,5 hora de *downtime* acumulada em um mês	20 % de prêmio

Fatores-chave de sucesso para SLA

Diversos fatores contribuem para o sucesso de um SLA, destacando-se:

- ▼ mensurabilidade dos resultados;
- ▼ clara responsabilização pelas falhas;
- ▼ auditabilidade dos processos e resultados;
- ▼ condições favoráveis de preços para o comprador;
- ▼ máximo valor para o usuário dos serviços;
- ▼ simplicidade na sua elaboração;
- ▼ flexibilidade para adequações;
- ▼ facilidade de compreensão dos serviços/produtos a serem entregues e dos critérios de mensuração dos resultados;
- ▼ um SLA deve ser tão longo quanto o necessário, mas o mais curto possível; utilize somente o mínimo necessário de indicadores/métricas de resultados;

Seleção de provedores e contratos

- confiabilidade, transparência e facilidade de obtenção dos dados de base para a avaliação dos serviços;
- facilidade de *report* e representação gráfica das métricas observadas;
- incorporação de alertas automáticos sobre tendências para desvios;
- condições claras de encerramento do contrato e ações necessárias para garantir continuidade;
- clareza nos aspectos relacionados a propriedade intelectual;
- é preciso haver um sistema de gestão dos níveis de serviços, incluindo acompanhamento de tendências e alertas, de forma a garantir o cumprimento dos acordos estabelecidos nos SLAs;
- além disso, é preciso haver um sistema de informações simples e objetivas para aqueles que estarão avaliando aspectos específicos dos contratos;
- clara definição das bases do relacionamento e comunicação entre as partes contratuais;
- comunicação contínua.

Fracassos de SLA

Apesar de todo o seu potencial de resultados positivos, os SLAs podem fracassar, pelos seguintes principais motivos:

- complexidade e detalhamento exagerados e desnecessários;
- pontos de divergência não completamente esclarecidos e formalizados nos contratos;
- expectativas irrealistas e pouca clareza sobre elas em contratos;
- expectativas irrealistas assumidas pelo contratado sem o devido cuidado;
- interdependência pouco clara entre requisitos para a realização dos serviços.

Estrutura de contratos

Contratos mal elaborados têm sido responsáveis pela maior parte dos problemas nos projetos de terceirização. É fundamental que haja uma clara definição dos termos contratuais, com detalhamento completo dos serviços e produtos oferecidos, limites de atuação, formas de proteção associadas, clara definição de abrangência, entre outros aspectos. É importante que, na elaboração do contrato de nível de serviço (SLA), haja grande cuidado com a definição das multas, descontos e outras penalidades (receitas) com relação ao provedor.

A preparação de um contrato de terceirização deve ter uma estrutura clara que relacione princípios, bases de trabalho, níveis de serviços e métricas associadas, como ilustra a figura 4.

Figura 4
Bases para um contrato de terceirização

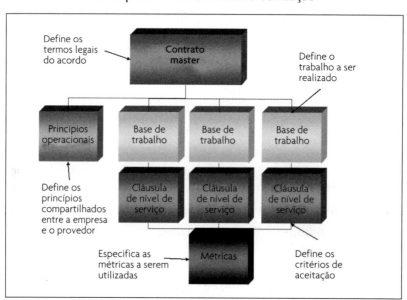

Sistema de relacionamento e gerenciamento operacional dos serviços

Deverá ser previsto, contratualmente, e ser parte integrante da chamada de propostas (RFP), o uso de um sistema de informações para relacionamento entre a contratante e o provedor, bem como para gestão operacional, que possibilite à contratante total informação, controle e gestão das ações dos provedores dos serviços terceirizados, incluindo sistemas de alertas automáticos em inconformidades ou tendências perigosas, comunicações em tempo real, registro de ocorrências, integração entre o gerenciamento dos

Seleção de provedores e contratos

contratos dos projetos e ordens de serviços e gerenciamento de contratos correspondentes, entre outros aspectos.

Responsabilidades complementares dos provedores

Além da entrega dos serviços/produtos contratados, também devem ser entendidas como responsabilidades dos provedores contratados:

- ▼ administrar os recursos disponibilizados e a consecução dos serviços, objeto do contrato, dentro dos prazos estabelecidos e qualidade exigida;
- ▼ acompanhar tecnicamente todas as atividades que compõem o escopo da prestação dos serviços, além do planejamento, organização e orientação de seus profissionais;
- ▼ verificar e controlar a execução dos serviços e adotar, quando necessário, providências em eventuais substituições, hipótese em que deverão ser mantidos prazos e qualidades especificados, de forma a garantir a plena e regular execução dos serviços contratados;
- ▼ acompanhar e avaliar permanentemente o desempenho de seus profissionais na prestação dos serviços, visando o aprimoramento constante do padrão de qualidade, providenciando, quando for o caso, a correção de eventuais irregularidades;
- ▼ comunicar, de imediato, as situações de contingência aos responsáveis na contratante;
- ▼ ser o responsável geral por todos os serviços solicitados;
- ▼ coordenar os trabalhos a serem executados, quer sejam realizados nas instalações da licitante que for contratada e/ou da contratante;
- ▼ providenciar cronogramas dos serviços, detalhados por atividades, quando solicitado;
- ▼ emitir relatório de acompanhamento dos serviços, quando solicitado;
- ▼ emitir documento de conclusão de serviços ao final destes;
- ▼ confrontar, mensalmente, seus controles internos de atividades realizadas e a realizar, objetivando evitar diferenças com os controles da contratante;
- ▼ assegurar e providenciar treinamento de atualizações técnicas, com prazos, assuntos e qualidade especificados pela contratante, para os profis-

sionais disponibilizados para a execução dos serviços, cabendo à contratada arcar com os correspondentes custos do treinamento;

▼ acompanhamento dos serviços: a contratante deverá exercer o acompanhamento e fiscalização da execução do objeto contratado, devendo a contratada facultar-lhe, a qualquer tempo, amplo acesso a essa execução, bem como aos seus controles.

Outros aspectos relevantes em SLAs

Homologação e aceite dos serviços

Essa etapa compreende a entrega, homologação e aceite dos serviços, na conclusão prevista no respectivo cronograma para a entrega dos serviços. Pressupõe-se que os serviços atenderam as etapas previstas em normas, métodos e padrões da contratante.

Os serviços entregues devem ser objeto de homologação funcional e operacional pela contratante, quando a solicitação assim definir, de acordo com os critérios estabelecidos no levantamento de necessidades.

Se, durante o processo de homologação de um serviço, for verificado o não atendimento das especificações apresentadas na solicitação do serviço e se fizer necessário replanejamento e/ou retrabalho, os prazos poderão, a critério exclusivo da contratante, ser revistos e submetidos a nova aprovação. Nesse caso, a contratada ficará sujeita às penalidades previstas no contrato a ser firmado entre as partes.

A aceitação dos produtos e serviços deverá ser feita por meio de emissão do "termo de recebimento definitivo" pelo gestor do projeto pela contratante, responsável pela respectiva solicitação, observando-se os prazos e condições nela previstos e no respectivo cronograma, quando houver.

Procedimentos para inspeção, testes e validação do trabalho

Os procedimentos de aceitação a serem utilizados são os seguintes:

▼ inspeção de documentos: consiste em análise através de leitura de documentos entregues. Se necessário, poderá ser realizada reunião para esclarecimento de dúvidas. Esse procedimento aplica-se a documentos de planejamento, de levantamento, de análise de utilização e mapeamentos de dados;

Seleção de provedores e contratos

- execução de plano de testes: consiste na execução de um plano de testes que deverão ser definidos, em conjunto com os técnicos responsáveis na contratante, no início do desenvolvimento dos processos ou programas;
- os testes deverão ser efetuados pelo usuário, acompanhado e assessorado pelos técnicos da contratante; caso os serviços terceirizados comprovem o funcionamento desejado, o usuário assinará um documento de aceite, a ser definido em conjunto pelos interessados.

Procedimentos para ação corretiva e preventiva

Para garantir que os padrões de qualidade sejam alcançados, devem ser implementadas ações corretivas e preventivas.

AÇÕES CORRETIVAS

As ações corretivas serão geradas para eliminar as causas de inconformidades, de forma a evitar sua repetição. O procedimento para geração das ações preventivas inclui os seguintes passos:

- análise crítica de inconformidades;
- determinação das causas de inconformidades;
- avaliação da necessidade de ações para assegurar que inconformidades não ocorrerão novamente;
- determinação e implementação de ações necessárias;
- registros dos resultados de ações executadas;
- análise crítica de ações corretivas executadas.

AÇÕES PREVENTIVAS

As ações preventivas serão geradas para eliminar as causas de inconformidades potenciais, de forma a evitar sua ocorrência. O procedimento para geração das ações preventivas inclui os seguintes passos:

- definição das causas de inconformidades potenciais e suas causas;
- avaliação da necessidade de ações para evitar a ocorrência de inconformidades;

- definição e implementação de ações necessárias;
- registros dos resultados de ações executadas;
- análise crítica de ações preventivas executadas.

Procedimentos para controle de documentos e dados

Os documentos e dados gerados durantes as fases do processo serão controlados pelos responsáveis pela sua criação, uso e distribuição. Os níveis de controle estabelecidos envolvem:

- aprovação do documento, pelo responsável previamente definido, quanto à sua adequação, antes da sua emissão;
- análise crítica e atualização, quando necessário, e reaprovação dos documentos;
- identificação das alterações e da situação dos documentos;
- distribuição dos documentos às partes interessadas;
- eliminação de versões obsoletas dos documentos para evitar o uso incorreto.

Procedimentos para comunicação e formalização das decisões entre as partes

O contratante e a contratada devem eleger cada qual um representante para cada uma das etapas, os quais serão responsáveis por sua gestão e acompanhamento, garantindo assim o bom andamento do fluxo técnico e comercial previsto nessa proposta, tratando, de comum acordo, qualquer eventualidade que necessite revisão e adequação técnica ou comercial.

O controle das atividades de execução dos serviços e de coordenação será exercido através de reuniões de progresso de projeto, eventos estes registrados em atas, distribuídas conforme plano de comunicação estabelecido entre as partes.

Garantias para execução do contrato

Como regra geral, é recomendável que os provedores de serviços terceirizados depositem garantias para execução dos correspondentes contratos, as quais devem permanecer em poder da contratante, até que ocorra uma das cláusulas previstas para término do contrato.

Seleção de provedores e contratos

Na hipótese de a contratada não efetuar o depósito no prazo fixado, a contratante deve reservar-se o direito, em seus contratos, de reter o valor correspondente da(s) primeira(s) fatura(s), após o início do contrato, até a satisfação integral do valor devido pela empresa que for contratada.

A garantia a ser prestada poderá ser: em caução em dinheiro ou em títulos da dívida pública; seguro-garantia; ou fiança bancária.

Tratando-se de caução em dinheiro, o recolhimento deverá ser efetuado mediante a abertura de conta em depósito remunerado, com a condição de permanecer bloqueada em favor da contratante e vinculada ao contrato decorrente do objeto dessa licitação. O valor da garantia prestada em dinheiro será remunerado nas mesmas condições e pelos mesmos critérios estabelecidos para a modalidade de depósito remunerado optado, à época, pela respectiva contratada, inclusive quanto à periodicidade de reajuste.

Tratando-se de caução em títulos da dívida pública, os quais deverão ser de curso normal e legal no mercado, após aceitação pela contratante, esta providenciará o recolhimento na sua tesouraria, indicando o nome do depositante, a natureza do compromisso assumido e o valor total. O valor dos títulos será obtido adotando-se a cotação de mercado do dia imediatamente anterior à referida prestação.

Tratando-se de fiança bancária e/ou seguro-garantia, a garantia deverá ser outorgada por instituição financeira e/ou seguradora, conforme o caso, devendo constar o valor afiançado e/ou segurado em moeda corrente nacional e conter cláusula de reajuste, e de renúncia expressa pelo(a) fiador(a) e/ou segurador(a), aos benefícios de ordem previstos no art. 827 do Código Civil e art. 261 do Código Comercial.

Na hipótese de ocorrer prorrogação contratual, a garantia prestada deverá ser substituída pela contratada, até a data do término do contrato, e seu valor abrangerá a totalidade do período prorrogado, corrigido monetariamente, se for o caso.

A contratante poderá, a qualquer tempo, descontar do valor da garantia de fiel execução do contrato toda e qualquer importância que lhe for devida, a qualquer título, pela respectiva contratada. Se esse desconto for efetuado no decorrer do prazo contratual, a garantia deverá ser reintegralizada pela respectiva contratada. Se a garantia não for reintegralizada pela contratada no prazo estabelecido no subitem anterior, a contratante providenciará a retenção dos créditos decorrentes das notas fiscais/faturas subseqüentes ao evento, até a satisfação integral do respectivo valor.

A perda da garantia aludida neste item dar-se-á de pleno direito, na ocorrência de rescisão unilateral do contrato, em decorrência de inadimplemento, descumprimento e/ou cumprimento irregular do contrato pela contratada.

A garantia será liberada ou restituída à contratada após o término da vigência contratual, ou no caso de rescisão contratual ocorrida por razões de interesse da contratante. A liberação ou restituição da garantia se dará no prazo fixado entre as partes, ou por comunicação da contratante, na hipótese de rescisão por razões de seu interesse, desde que não haja pendências obrigacionais da respectiva contratada.

Propriedade dos serviços/produtos

Deve haver um cuidado especial, na contratação de serviços terceirizados, com a propriedade dos resultados dos serviços e do seu uso por terceiros.

Todos e quaisquer produtos desenvolvidos pela contratada para a execução dos serviços, a menos que formalmente estabelecido em contrato, serão de propriedade da contratante, incluindo-se arquivos em meio magnético, códigos-fonte, códigos executáveis, documentação e outros gerados no contexto dos serviços.

Definição de níveis de severidade

É importante que as falhas nos serviços realizados sejam avaliadas segundo o grau de severidade e impactos causados, podendo a falha provocar desde indisponibilidade total dos serviços, exigindo ações imediatas, até incidentes de menor impacto, cuja solução pode ser programada para realização em momento adequado.

Os níveis de severidade devem ser utilizados tanto como base para as intervenções, como no cálculo de métricas para avaliação do nível de serviços realizados.

Encerramento de contrato com reintegração dos serviços ou passagem para outro provedor

A reintegração dos serviços ou sua passagem para outro provedor devem ser planejadas como possibilidades reais, e os cuidados necessários deverão

Seleção de provedores e contratos

estar incorporados aos contratos estabelecidos com os provedores contratados. Esses cuidados incluem os aspectos a seguir descritos.

▼ Clara definição do processo de transferência de bases de dados, de aplicativos, de recursos técnicos e de conhecimentos técnicos e de negócios necessários à reintegração ou passagem dos serviços a outros provedores. Essa definição deve estabelecer, entre outros aspectos, a readequação de recursos humanos existentes, a transferência de conhecimentos relacionados à arquitetura do ambiente, aplicativos, processos operacionais, controles e gestão, enfim todos aqueles relacionados à operação eficiente do ambiente existente. Esse processo deverá estar previsto nos contratos originais estabelecidos entre as partes.

▼ Avaliação, por parte do fornecedor originalmente contratado, dos possíveis pontos de impactos estratégicos, táticos e operacionais que deverão ser considerados em uma eventual reincorporação ou transferência dos serviços, bem como suas recomendações para essa transição.

▼ Os aspectos apontados, tanto internamente, quanto por parte do fornecedor, deverão ser levados para avaliação e aceite ou confirmação por parte dos fornecedores tecnológicos (aplicativos, hardware, softwares operacionais, telecom etc.).

▼ Garantias contratuais de que o fornecedor contratado trabalhará em conjunto com a contratante, prestando serviços nos mesmos termos que os vigentes até então, mantendo a obrigação de cumprir os níveis de serviço contratualmente estabelecidos, durante o período de transição, que também deverá constar dos contratos firmados com o fornecedor a ser desvinculado.

▼ Garantias contratuais de que o fornecedor desvinculado prestará todas as informações necessárias e dará todo o apoio necessário a novos provedores contratados para a realização dos serviços, incluindo transferências de dados, sistemas, recursos técnicos e humanos (estabelecidos em acordo específico), manuais de procedimentos e operação, testes para migração de ambiente, carga das bases de dados de produção, *backups* existentes, transferência de linhas e meios de telecomunicações, suporte na operação em paralelo.

Referências bibliográficas

COWELY, Stacy. Renegotiating the IT buyers' market. *InfoWorld*, San Mateo, v. 25, n. 3, p. 44-45, Jan. 20, 2003.

D'ANTONIO, S. et al. Managing service level agreements in Premium IP networks: a business-oriented approach. *Computer Networks*, Amsterdam, v. 46, n. 6, p. 853-866, Dec. 20, 2004.

DEVINE, Barbara A. Written agreements help all work together. *Business Insurance*, Chicago, v. 38, n. 47, p. 10, Nov. 22, 2004.

EKANAYAKA, Yamaya et al. Evaluating application service providers. *Benchmarking*, Bradford, v. 10, n. 4, p. 343-354, 2003.

GREENE, Tim. RFP strategy. *Network World*, Framingham, v. 20, n. 20, p. 49, May 19, 2003.

HOFFMAN, Thomas. Outsourcers: do they measure up? *Computerworld*, Framingham, v. 37, n. 25, p. 52, Jun. 23, 2003.

JAYATILAKA, Bandula et al. Determinants of ASP choice: an integrated perspective. *European Journal of Information Systems*, Basingstoke, v. 12, n. 3, p. 210, Sept. 2003.

KARTEN, Naomi. With service level agreements, less is more. *Information Systems Management*, Boston, v. 21, n. 4, p. 43-44, Fall 2004.

KAVAN, C. Bruce et al. Managing the ASP process: a resource-oriented taxonomy. *Logistics Information Management*, Bradford, v. 15, n. 3, p. 170-179, 2002.

MAYNARD, A. B. Selecting an outsourcing provider: art or science? *Technology Evaluation Center*, Nov. 2, 2004.

MAYNE, Mark. How to reach the right agreement. *Revolution*, London, p. 54-56, Feb. 2005.

MISRA, Ram B. Global IT outsourcing: metrics for success of all parties. *Journal of Information Technology Cases and Applications*, Marietta, v. 6, n. 3, p. 21-34, 2004.

PONGPAIBOOL, Panita; KIM, Hyong S. Providing end-to-end service level agreements across multiple ISP networks. *Computer Networks*, Amsterdam, v. 46, n. 1, p. 3-18, Sept. 16, 2004.

POWELL, Tom. SLA picks first Hall of Famers. *Amusement Business*, New York, v. 117, n. 1, p. 20, Jan. 2005.

STANSBURY, Tim. Choose the right partner. *Communications News*, Nokomis, v. 41, n. 12, p. 28-29, Dec. 2004.

SUMNER, Andy. Room for SLA improvement. *Telecommunications International*, Norwood, v. 36, n. 12, p. 38-40, Dec. 2002.

THIBODEAU, Patrick. New dynamics of deal-making. *Computerworld*, Framingham, v. 38, n. 21, p. 6-9, May 24, 2004.

Avaliação do sucesso na terceirização da TI: um modelo baseado na perspectiva da satisfação no relacionamento cliente-fornecedor

Luís Kalb Roses*
Norberto Hoppen**

Introdução

Terceirizar tecnologia da informação (TI) significa transferir parte dos serviços internos de TI de uma organização (cliente) a outra (fornecedor), através de contrato, sendo comum, também, a transferência dos fatores de produção (pessoas, facilidades, equipamentos, tecnologia e outros ativos) relacionados a esses serviços, bem como o direito de decisão sobre esses fatores (Greaver, 1999; Hirschheim e Lacity, 2000). Em troca, por um período estabelecido, o fornecedor é remunerado pelo provimento e gerenciamento dos ativos e serviços de TI ao cliente (Loh e Venkatraman, 1992).

No Brasil, a prática da terceirização da TI é uma realidade, podendo ser destacado o setor bancário. Nele, a terceirização da TI já abrange 68% dos serviços de telecomunicações, 62% dos serviços de impressão de documentos, 52% dos serviços de processamento de cartões, 52% do desenvolvimento de novos sistemas de informação (SI), 48% dos serviços da

---

* Doutor em Administração pela UFRGS e doutor em Ciências de Gestão pela Université Pierre Mendès-France (França), na área de Sistemas de Informação e de Apoio à Decisão. Consultor de TI e autor de diversos artigos nacionais e internacionais sobre governança de TI.
** Doutor em Administração pela Université Pierre Mendès-France, França e Professor Titular da Escola de Administração da Universidade Federal do Rio Grande do Sul, na área de Sistemas de Informação e de Apoio à Decisão.

central de atendimento aos usuários da TI (*help-desk*) e 43% da manutenção do SI existente (Febraban, 2006).

Um exemplo de terceirização da TI de especial interesse para este estudo é a contratação de um sistema *Enterprise Resource Planning* (ERP). O ERP é visto como um "conjunto abrangente de atividades sustentadas por vários módulos de aplicações de software [SI] que auxiliam (...) gerentes a gerenciar partes importantes do seu negócio" (Foldoc, 2006). Módulos como Gestão do Relacionamento com os Clientes (CRM), Gestão dos Ativos da Empresa (EAM), Gestão do Ciclo de Vida do Produto (PLM), Gestão da Cadeia de Suprimento (SCM) e Gestão do Relacionamento com os Fornecedores (SRM) estão presentes em sistemas ERP oferecidos por diversos fornecedores no mercado.

De acordo com o grupo de consultoria Rockford (2007), a terceirização da TI por meio da contratação de sistemas ERP tem se apresentado com um nível de insucesso superior a 60%. Cabe destacar que, para esse tipo de terceirização da TI, grande parte da pesquisa acadêmica refere-se à adoção, implementações malsucedidas ou mesmo à identificação de fatores que levem a melhor implementação do sistema ERP (Huang et al., 2004). Porém, poucos estudos contemplaram a avaliação da percepção dos usuários (clientes) de ERP (Yang et al., 2006).

Nesse sentido, a partir de teorias das disciplinas de sistemas de informação e do marketing de relacionamento, desenvolveu-se um estudo de caso sobre o relacionamento de um banco brasileiro com seu fornecedor de sistema ERP para as suas agências internacionais. Este estudo teve como objetivo avaliar a satisfação do cliente no relacionamento com o seu fornecedor, bem como verificar a adequabilidade do modelo proposto para esta avaliação. As seguintes questões foram formuladas: qual é a satisfação do banco com o sistema ERP? Qual é a qualidade do relacionamento cliente-fornecedor? Qual é a satisfação do banco no relacionamento com o fornecedor?

No desenvolvimento do texto a seguir, apresenta-se o modelo conceitual de avaliação do sucesso na terceirização da TI na perspectiva da satisfação no relacionamento; a metodologia da pesquisa adotada; os resultados, referindo-se às categorias confirmadas e às adicionadas ao modelo, bem como identificando o nível de satisfação no relacionamento e a adequabilidade do modelo proposto; e as considerações finais, com as contribuições e limitações do estudo.

Satisfação no relacionamento cliente-fornecedor na terceirização da TI

Anderson e Narus (1984:66) definem satisfação no relacionamento cliente-fornecedor como um "estado afetivo positivo resultante da experiência de todos os aspectos de um relacionamento de trabalho de uma firma com outra". Assim, a satisfação não deve ser somente com a eficiência do relacionamento (performance econômica), mas, também, com a sua efetividade (satisfação com o relacionamento), quando estão envolvidos aspectos como recorrência e confiabilidade (Mentzer, 2000:463).

Farrelly e Quester (2005:213) observam que "a satisfação no relacionamento de negócios não é clara porque ela age tanto como um antecedente como um resultado no que, por natureza, é um processo interativo e cíclico". Dessa forma, citam que a satisfação tem sido pesquisada tanto como um resultado do processo de relacionamento, inclusive como uma medida do sucesso ou performance do relacionamento, quanto como um antecedente ou variável mediadora explicativa do sucesso e da longevidade do relacionamento. Neste estudo, a satisfação no relacionamento cliente-fornecedor na terceirização da TI é vista como resultante do processo do relacionamento, sendo decorrente tanto da satisfação do cliente como da qualidade do relacionamento, conforme modelo de avaliação do sucesso na terceirização da TI proposto na figura 1.

Na terceirização da TI, normalmente a satisfação no relacionamento cliente-fornecedor é considerada uma medida sobre o seu sucesso, representando a efetividade percebida no relacionamento cliente-fornecedor e refletindo as intenções de continuidade desse relacionamento (Koh et al., 2004). O sucesso na terceirização, então, resulta da realização das expectativas ou razões do cliente que a motivaram (Willcocks e Lacity, 1999), ou seja, da satisfação do cliente com seu fornecedor. Aalders (2001) defende que medidas de sucesso na terceirização da TI que não levem em consideração a satisfação do cliente devem ser consideradas deficientes, pois, mesmo que o fornecedor atinja 100% dos acordos de nível de serviço definidos, ainda assim poderá haver insatisfação do cliente.

Anderson e Narus (1990) citam que a satisfação no relacionamento cliente-fornecedor é influenciada pelos resultados percebidos, relação de dependência entre as firmas, influência das firmas entre si, resolução de conflitos, comunicação, confiança e cooperação. Os resultados percebidos referem-se ao resultado do relacionamento, neste estudo visto como caracterizando a *satisfação do cliente*; enquanto os demais caracterizam a *qualidade do relacionamento*, um construto tido como multidimensional na pesquisa acadêmica (Dorsch et al., 1998).

Figura 1
Modelo conceitual de avaliação do sucesso na terceirização da TI

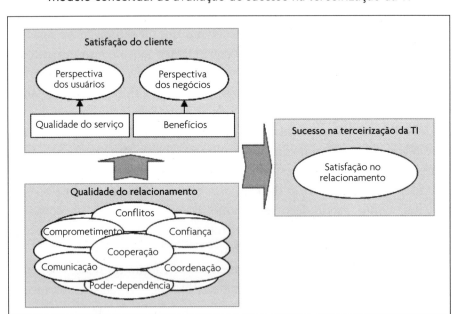

Qualidade do relacionamento

O conceito de qualidade do relacionamento é abstrato (Ivens, 2005). Isso se deve em parte ao fato de a qualidade ser considerada, ou não, um antecedente da satisfação, e resultar de um processo de interação complexo entre cliente e fornecedor, sujeito não só às características das partes, como do ambiente onde a interação se realiza (Cunningham, 1980). Nesse contexto, que é sujeito a relacionamentos específicos, algumas dimensões poderão ter mais destaque do que outras, embora se relacionem entre si (Kumar et al., 1995).

Crosby et al. (1990) consideram as dimensões *confiança* e *satisfação* na qualidade do relacionamento; Dwyer e co-autores (1987), as dimensões *confiança, comprometimento* e *dissolução*; Kumar e co-autores (1995), as dimensões *resolução de conflito, confiança, comprometimento, desejo de investimento* e *duração do relacionamento*; e Walter e colaboradores (2003), as dimensões *comprometimento, confiança* e *satisfação*. Kern e Willcocks (2002), em estudo sobre o relacionamento na terceirização da TI de 12 organizações (clientes) com seus fornecedores, identificaram a relevância das dimensões *comprometimento, confiança, cooperação, conflito* e *poder-dependência* no clima da interação, ou qualidade do relacionamento, cliente-fornecedor.

O *comprometimento*, a *confiança* e a *cooperação* são três dimensões que podem ser destacadas na qualidade do relacionamento de parceria estratégica entre cliente e fornecedor na terceirização da TI, seguindo o referencial da teoria comprometimento-confiança de Morgan e Hunt (1994), para os quais comprometimento e confiança são determinantes essenciais da cooperação no relacionamento cliente-fornecedor.

A partir dos conceitos desses autores, no contexto da terceirização da TI sob o enfoque do cliente, o comprometimento pode ser visto como o desejo do fornecedor em continuar indefinidamente um relacionamento considerado importante, empregando esforços máximos para isso. Por sua vez, a confiança pode ser associada à crença de que o fornecedor atenderá às expectativas do cliente, através de intenções e motivos benéficos quando novas situações surgirem (benevolência), bem como através de competência necessária ao serviço contratado (credibilidade) (Ganesan, 1994). A cooperação, a partir de conceito de Anderson e Narus (1990), pode ser relacionada às ações coordenadas complementares ou similares para a obtenção de resultados mútuos ou mesmo singulares, mas na expectativa de reciprocidade no tempo.

Satisfação do cliente

Lee e Kim (1999) indicam que a satisfação do cliente na terceirização da TI, ou sucesso na terceirização da TI, deva ser vista tanto da perspectiva dos usuários, ou clientes do serviço provido pelo fornecedor; como da perspectiva dos negócios, ou razões que levaram à terceirização da TI pelo cliente. Além disso, citam que o sucesso na terceirização da TI decorre da qualidade do relacionamento cliente-fornecedor.

Na perspectiva dos negócios, Grover et al. (1996) citam três tipos de benefícios normalmente presentes nas razões do cliente em terceirizar a sua TI: estratégicos, econômicos e tecnológicos. Os benefícios estratégicos advêm do fato de a terceirização da TI permitir ao cliente focar nas suas atividades centrais de negócio. Os benefícios econômicos resultam de a terceirização da TI possibilitar maior controle sobre as despesas em TI e aumento de economias de escala em recursos humanos e tecnológicos. Os benefícios tecnológicos se dão pela redução da exposição do cliente ao risco de obsolescência tecnológica, diante da dinâmica de mudanças na TI, e pelo acesso a TI de vanguarda.

Na perspectiva dos usuários, o sucesso da terceirização da TI pode ser visto a partir do nível da qualidade do serviço prestado pelo fornecedor. A qualidade do serviço refere-se a uma atitude ou julgamento global do quanto o serviço é superior (Robinson, 1999), se comparado às expectativas anteriores (Parasuraman et al., 1988).

De acordo com Gronroos (1988), o usuário percebe a qualidade do serviço em duas dimensões: técnica e funcional. A dimensão técnica, também conhecida como dimensão de resultado, refere-se a *o que* os usuários (ou clientes) recebem nas suas interações com o fornecedor do serviço, ou seja, à qualidade do resultado do processo de produção do serviço. É o que é deixado ao cliente quando o processo de produção finaliza, possuindo uma medição mais objetiva diante do aspecto técnico envolvido. A dimensão funcional da qualidade do serviço, ou dimensão relacionada ao processo de produção do serviço, se refere à *forma* como a qualidade técnica (resultado final do processo) é transferida ao cliente (o usuário). Assim, a percepção do cliente em relação à qualidade do serviço é influenciada não só pela dimensão técnica, mas, também, pela *forma* como o serviço é prestado, ou seja, pela dimensão funcional da sua qualidade. Normalmente, a percepção da dimensão funcional é subjetiva (Gronroos, 1988).

Há modelos destinados à avaliação específica da dimensão técnica da qualidade do serviço, como o modelo de sucesso em SI de DeLone e McLean (1992). Diversos pesquisadores se basearam nesse modelo (Zviran et al., 2005; Nelson e Wixom, 2005), sendo a categoria *satisfação do usuário* a mais pesquisada (Doll et al., 2004; Wixom e Todd, 2005). DeLone e McLean (1992) consideram a qualidade do sistema e a qualidade da informação como antecedentes da satisfação do usuário. O quadro 1 exibe as principais categorias citadas na literatura sobre a *qualidade do sistema* e a *qualidade da informação*.

Quadro 1

Categorias da qualidade do sistema e da informação

		Categorias	Características	Referências
Qualidade técnica	Sistema	Compatibilidade	Sistema recebe dados de outros sistemas e para eles envia	Rivard et al. (1997)
		Segurança	Controle do acesso dos usuários às opções do sistema	
		Confiabilidade	Confiabilidade da operação ou performance do sistema	Nelson et al. (2005)
		Integração	Integração pelo sistema de dados de diferentes áreas dos negócios	
		Flexibilidade	Versatilidade de adaptação do sistema para novas demandas	
		Acessibilidade	Acesso fácil ao sistema e suas informações	
		Tempestividade	O sistema oferece respostas rápidas às requisições por informação	Doll et al. (2004)
		Fácil uso	Como fácil é operar o sistema para acessar e extrair informação	
	Informação	Precisão	A percepção do usuário de que a informação é correta	
		Conteúdo	O grau pelo qual o sistema provê toda informação necessária	
		Formato	A percepção do usuário de como a informação é bem apresentada	
		Atualização	A percepção do usuário do grau de atualização da informação	

A satisfação do usuário é uma avaliação afetiva que um usuário tem em relação a sua experiência com um SI, tanto em relação ao seu uso, quanto a outras atividades a ele relacionadas, como treinamento, participação ou envolvimento no seu desenvolvimento ou mesmo escolha (Chin e Lee, 2000). A qualidade do sistema refere-se ao SI que processa a informação requerida, representando percepções do usuário sobre sua interação com o sistema durante as atividades desenvolvidas (Nelson e Wixom, 2005). A qualidade da informação, por sua vez, está associada com a saída de um SI — em papel, em arquivo eletrônico ou no monitor do computador (Yang et al., 2006).

Ao avaliarem o sucesso de um sistema de *e-commerce*, DeLone e McLean (2003:18) sugeriram a inserção da categoria *qualidade do serviço* como complementar à *qualidade do sistema* e à *qualidade da informação*, argumentando ser "uma conseqüência das mudanças no papel de SI na última década". Porém, o objetivo da inserção da *qualidade do serviço* foi o de explorar a dimensão funcional, quando foi feita por eles referência ao modelo SERVQUAL (Parasuraman et al., 1988), que tem sido utilizado na pesquisa em TI (Kettinger e Lee, 1999; Carr, 2002). O quadro 2 apresenta as dimensões do modelo SERVQUAL.

Quadro 2

Cinco dimensões do modelo SERVQUAL

Dimensões	Definição	Qtd. itens
Tangíveis	A aparência das facilidades físicas, equipamentos, pessoal e materiais de comunicação	4
Confiabilidade	A habilidade em executar o serviço prometido de forma confiável e correta	4
Responsividade	O desejo de auxiliar os clientes e de prover serviço rápido	4
Certeza	O conhecimento e cortesia dos empregados, bem como suas habilidades em gerar confiança e certeza sobre o que executam	5
Empatia	A provisão de atenção e consideração, bom tratamento e atenção individualizada aos clientes do serviço	5
Total		22

Fonte: Berry et al. (1990), adaptado pelos autores.

Conforme já citado, a qualidade do serviço é composta tanto por uma dimensão técnica como por uma dimensão funcional. Assim, o modelo de DeLone e McLean (2003) adaptado (figura 2) passa a incluir a qualidade técnica — qualidade do sistema e qualidade da informação — e a qualidade funcional, que são vistas como antecedentes da satisfação do usuário.

Figura 2
Qualidade do serviço em SI na satisfação do usuário

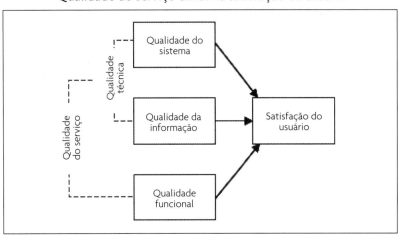

Fonte: DeLone e McLean (2003), adaptada pelos autores.

Metodologia

A estratégia aqui adotada é a de estudo de caso único, considerando que o fenômeno examinado é contemporâneo e não é facilmente dissociável do seu contexto de ocorrência, além de se caracterizar como uma situação "tecnicamente única em que haverá muito mais variáveis de interesse do que pontos de dados" (Yin, 2001:32).

Local e unidade de análise

O setor bancário brasileiro é relevante por se caracterizar pelo uso intenso da TI como suporte de distribuição dos seus produtos e serviços, bem como na informatização dos processos internos dos bancos. Segundo a Febraban (2006), as despesas de TI nos bancos em 2005 totalizaram cerca de R$13 bilhões, um acréscimo da ordem de 8% em relação ao gasto estimado de R$12 bilhões em 2004.

A unidade de análise é o relacionamento cliente-fornecedor na terceirização da TI, compreendendo um sistema ERP para as agências internacionais de um banco brasileiro. Na seleção do caso, foram adotados os seguintes critérios (Miles e Huberman, 1994:34):

▼ *caso politicamente importante*, diante das suas características de relevância ao momento;

▼ *caso oportuno*, quando o objetivo é o de investigar novas tendências ou eventos inesperados;

▼ *caso conveniente*, considerando aspectos de menor tempo, custo e esforço.

O banco sob estudo, identificado doravante por Banco, figura entre os cinco maiores bancos brasileiros em volume de ativos; possui um quadro de funcionários superior a 70 mil; obteve lucro líquido superior a R$6 bilhões em 2006; conta com mais de 10 mil pontos de atendimento automatizados (todos os serviços e operações bancários são realizados em tempo real), dos quais mais de 3 mil são agências. O nível de automação caracteriza o Banco como um dos que mais gastam em TI, tendo investido em 2006 mais de R$1 bilhão.

Procedimentos de coleta e análise dos dados

A coleta de dados se deu através de documentos — política de TI para as agências internacionais e contrato de licença de uso do sistema ERP — e entrevistas com 11 gerentes de seis agências internacionais (Ag-1 a Ag-6) usuárias do sistema, com o gerente da área de integração das informações dessas agências no Brasil (GINFO), e com o gerente da área de TI do BANCO no exterior (GTIEX), responsável pelo relacionamento com o fornecedor do sistema ERP. O quadro 3 mostra o protocolo das entrevistas, relacionando itens a categorias previamente definidas. A coluna com título *R* indica o(s) respondente(s), ou seja, se todos os gerentes (*T*), o gerente da GINFO (*2*) ou o gerente da GTIEX (*3*).

Quadro 3

Protocolo de entrevista com os gerentes

Categorias		Itens do protocolo	Referências	R
Contratação		1. Contexto da contratação do serviço do fornecedor	—	2,3
Nível de terceirização		2. Identificação do nível de terceirização (total, seletiva ou mínima)	Lacity e Willcocks (2001)	3
Benefícios	Econômicos	3. O sistema proporciona economias de escala em recursos humanos e tecnológicos	Grover et al. (1996)	T
	Estratégicos	4. Acesso a competências especializadas com o sistema		
	Tecnológicos	5. O uso do sistema reduz o risco de obsolescência tecnológica		

Continua

Categorias			Itens do protocolo	Referências	R
Qualidade do serviço	Técnica	Flexibilidade	6. O sistema é adaptável para atender uma variedade de necessidades	Nelson et al. (2005)	T
		Integração	7. O sistema integra dados de diferentes áreas da agência		
		Compatibilidade	8. O sistema provê a capacidade de importar dados de outras aplicações	Rivard et al. (1997)	T
		Segurança	9. O acesso não autorizado é controlado em diferentes partes do sistema		
	Funcional	Confiabilidade	10. Quando você tem uma necessidade da responsabilidade do fornecedor, ele mostra	Berry et al. (1990)	3
			11. O fornecedor é reconhecido pela geração de informações sem erros		
		Responsividade	12. Os funcionários do fornecedor dizem para você exatamente quando os serviços serão executados (prazo)		
			13. Se você tem uma necessidade com característica urgente, o fornecedor resolve imediatamente		
		Certeza	14. Você se sente seguro quanto a suas tratativas com o fornecedor		
			15. Os funcionários do fornecedor possuem o conhecimento necessário para responder suas perguntas e dúvidas		
		Empatia	16. O fornecedor demonstra real importância às grandes necessidades apresentadas por você		
			17. Os funcionários do fornecedor compreendem as necessidades específicas apresentadas por você		
Qualidade do relacionamento		Confiança	18. Você pode confiar em promessas feitas por esse fornecedor	Ganesan (1994)	3
			19. O fornecedor não faz falsas reivindicações	Chiou (2004)	
		Comprometimento	20. O fornecedor considera o relacionamento com o banco muito importante	Lohtia et al. (2005)	3
			21. O fornecedor tem estabelecido procedimentos que auxiliam continuamente a melhorar a qualidade	Wong et al. (2005)	3
		Cooperação	22. O fornecedor auxilia o banco no que lhe for solicitado	Anderson e Narus (1990)	3
			23. O fornecedor e o banco buscam objetivos compatíveis	Wong et al. (2005)	3
		Satisfação	24. O relacionamento com o fornecedor é de grande sucesso	Kumar et al. (1992)	3
			25. O fornecedor deixa muito a desejar de uma perspectiva geral de performance		

Na análise dos dados, tanto de origem documental como das entrevistas, foi utilizada a técnica de análise de conteúdo, tendo sido elaborada uma lista prévia de códigos-padrão (Miles e Huberman, 1994), a qual, embora não exaustiva, é de importância significativa para a pesquisa (Marshall e Rossman, 1995). Assim, os itens do protocolo de entrevistas estão relacionados a categorias sobre as quais se deseja obter informações, que são relacionadas ao modelo de pesquisa.

O protocolo utilizado na análise do contrato de licença de uso do sistema ERP envolveu categorias como o *tipo de contrato* (Woolthuis et al., 2005), *duração no tempo* (Lacity e Willcocks, 2001), *modelo de remuneração* (Click e Duening, 2005) e *salvaguardas de proteção* (Wuyts e Geyskens, 2005).

Resultados

Os resultados estão segmentados nas dimensões componentes do modelo conceitual de avaliação do sucesso na terceirização da TI: satisfação do cliente, qualidade do relacionamento e satisfação no relacionamento.

Satisfação do cliente

A satisfação do cliente foi observada como insatisfatória, tanto sob a perspectiva dos negócios como dos usuários.

Perspectiva dos negócios

Em relação à perspectiva dos negócios, as categorias relativas aos benefícios *econômicos, estratégicos* e *tecnológicos* foram confirmadas, conforme exemplos de citações do quadro 4. Em relação ao benefício econômico, o sistema é considerado muito caro, não somente pelo valor pago pelo seu licenciamento, pela taxa anual para atendimento de suporte (RLF) e pela remuneração pelo volume de transações realizadas (VBP), mas, também, sobre qualquer alteração que se pretenda sobre o sistema. Isso limita iniciativas de adaptações do sistema às necessidades de negócio, bem como leva à contratação de funcionários para desenvolverem programação, tanto nas agências como na GTIEX, visando suprir as deficiências de informação do sistema.

Avaliação do sucesso na terceirização da TI

Quadro 4

Citações dos respondentes quanto à perspectiva dos negócios

	Categorias	Citação de resposta	Origem
Benefícios	Econômicos	*O custo é muito elevado em relação ao benefício atual. E se a gente for ainda ter um custo por alguma coisa que ele vá fazer, não vai encontrar uma escala pelo custo do sistema.*	Ag-5
	Estratégicos	*Agora, todas as agências [européias] estão atacando varejo. Então, por exemplo, cartão de débito, ele [sistema ERP] não trata, conta corrente, claro, ele tem. Mas, enquanto conta corrente, não é uma conta corrente com perfil de varejo.*	GTIEX
	Tecnológicos	*A sua interface não é amigável como uma que funcionasse numa plataforma de interface gráfica como a do [sistema operacional] Windows. Ele possui aquela telinha verde e preta...*	Ag-2

Quanto aos benefícios de ordem estratégica, o sistema não é adequado à estratégia de varejo atualmente buscada pelas agências, para fazer frente à redução da sua remuneração. Até a época de juros altos sobre os papéis (títulos) da dívida externa brasileira, não havia incentivo para que as agências diversificassem as suas operações (serviços e produtos), demandando poucas necessidades do sistema, além dos ganhos suportarem os custos de uso deste, que passaram a ser altos com a redução dos ganhos.

No tocante aos benefícios de ordem tecnológica, o sistema não utiliza tecnologia que propicie flexibilidade no seu uso, bem como facilidade de adaptações e mesmo automatismo no processamento da informação. Ele foi desenvolvido na linguagem RPG, uma linguagem estruturada dominante no início da década de 1990 no desenvolvimento de sistemas processados com o uso do computador AS400, um computador de médio porte produzido pela IBM. O sistema não foi desenvolvido com o conceito de componentes, ou seja, de pequenos programas com funções bastante específicas e de reuso em várias partes do sistema, visando reduzir a complexidade da sua manutenção.

Qualidade do serviço — técnica e funcional

O quadro 5 exibe citações dos gerentes relacionadas à qualidade técnica do sistema ERP.

Quadro 5
Citações dos gerentes sobre a qualidade do sistema ERP

Categorias	Citação de resposta	Origem
Confiabilidade	Eu diria que ele é um sistema confiável do ponto de vista da informação... a gente nunca perdeu dados, a gente nunca teve a informação errada.	Ag-4
Tempestividade	As informações têm que ser tiradas "a tapa"....	Ag-2
Integração	A integração do sistema com outras aplicações [SI] do banco é o grande problema.	GTIEX
Flexibilidade	Ele faz algumas tarefas que o fornecedor entendeu, de alguma maneira, que deveria ser daquela forma, e não tem flexibilidade nenhuma.	Ag-6
Fácil uso	Ele não é amigável. A operacionalização não é intuitiva na interação, ou seja, os operadores [funcionários usuários] têm dificuldades de entender.	Ag-3
Segurança	Quer dizer, se o cara quiser fazer alguma coisa errada, ele não vai passar pra você fazer. Então, o sistema tinha que bloquear...	Ag-4
Risco operacional	Então você tem problema de dupla digitação e geração de informação, que, muitas vezes, aí é que está o grande risco...	Ag-3
Padronização	As agências possuem diferentes procedimentos operacionais.	GINFO
Funcionalidade	As informações têm quer ser obtidas com planilhas Excel e programas em Access [ambos da Microsoft].	Ag-2
	Total falta de relatórios ou de possibilidades de pesquisa direcionada.	Ag-6

As citações dos gerentes foram classificadas nas categorias previamente definidas no protocolo de entrevista, bem como nas novas categorias *funcionalidade, risco operacional* e *padronização*. A categoria *funcionalidade* significa o que o sistema executa ou deveria executar como apoio aos negócios. O *risco operacional* é adicionado neste estudo como categoria da qualidade técnica do serviço do fornecedor, em relação à qualidade do sistema, referindo-se ao nível de exposição à inconsistência de informações pela necessidade da intervenção manual do usuário (dupla digitação, coleta de dados para tratamento em outros sistemas), diante de processamento

Avaliação do sucesso na terceirização da TI 149

incompleto ou não-automático pelo sistema. A *padronização* é adicionada neste estudo como categoria da qualidade do serviço do fornecedor, em relação à qualidade do sistema, significando o nível pelo qual o sistema permite procedimentos padronizados entre as suas diversas dependências usuárias, que, neste estudo, são as agências internacionais do Banco.

Em relação à qualidade da informação, conforme o quadro 6, da mesma forma que a qualidade do sistema, o sistema ERP mostrou-se insatisfatório, principalmente por não disponibilizar a informação adequada — *precisão, conteúdo* e *formato*. Não foram citados pelos gerentes aspectos relativos à atualização das informações do sistema, porém é possível que esse aspecto decorra da reduzida disponibilidade de informações ao usuário, o que demanda tratamento por planilhas eletrônicas ou mesmo programação específica.

Quadro 6

Citações dos respondentes sobre a qualidade da informação do sistema ERP

Categorias	Citação de resposta	Origem
Precisão	*Eu diria que ele é um sistema confiável do ponto de vista da informação... a gente nunca perdeu dados, a gente nunca teve a informação errada.*	Ag-4
Conteúdo	*Os relatórios, as informações geradas são praticamente intangíveis.*	Ag-3
Formato	*... a organização das informações está de uma forma que não facilita.*	Ag-2

A qualidade funcional do serviço do fornecedor foi avaliada da perspectiva do gerente da GTIEX. Essa gerência realiza a interação com o fornecedor, apresentando as necessidades da sua gerência e das agências. Não obstante, algumas agências fizeram comentários relativos à empatia do fornecedor, diante do fato de, no passado, realizarem interação diretamente com ele em relação a suas necessidades. O quadro 7 ilustra citações que justificam as categorias previamente definidas à qualidade funcional.

Quadro 7

Citações dos respondentes sobre a qualidade funcional do serviço do fornecedor

Categorias	Citação de resposta	Origem
Confiabilidade	*Dá para confiar nas promessas do fornecedor... ele avisa se for atrasar algum serviço combinado...*	GTIEX
Certeza	*Ele [fornecedor] tem algumas limitações [na qualidade do serviço realizado]...*	GTIEX
Responsividade	*... somente dizem quanto tempo leva para fazer o serviço, mas não quando...*	GTIEX
Empatia	*O fornecedor não te enxerga enquanto cliente. Ele te enxerga como uma "presa". Ele "predador" e você uma "presa".*	Ag-5

Qualidade do relacionamento

As categorias relativas à qualidade do relacionamento previamente defini-das foram observadas na entrevista com o gerente da GTIEX, bem como em entrevistas com gerentes de agências, diante do fato de esses gerentes terem realizado tratativas diretamente com o fornecedor no passado e per-ceberem, além de acompanharem as negociações do GTIEX com o forne-cedor. O quadro 8 ilustra algumas citações.

Quadro 8

Citações dos respondentes sobre a qualidade do relacionamento com o fornecedor

Categorias	Citação de resposta	Origem
Confiança	*No entendimento deles, eu não poderia mais estar na versão quatro [do sistema]... E, pelo que eu vi aqui não tem nada que me impede de sair da versão quatro.*	GTIEX
Comprometimento	*Não faz qualquer esforço para nos manter clientes. Até porque nós somos alguém ruim pra ele. Tudo eu tenho que "chorar", pedir descontos...*	GTIEX
Cooperação	*Então acho que este é um problema sério que você poderia resolver se você tivesse dentro de uma [relação de] parceria diferente com o fornecedor.*	Ag-3
	O relacionamento não é cooperativo. Não há uma parceria. Na empresa [fornecedor], o objetivo é ganhar dinheiro. Uma [relação de] parceria é a única forma de a gente sair do que está aí.	GTIEX

Além dessas categorias, também foram identificadas as categorias *oportunismo, flexibilidade, adaptações, comunicação* e *poder-dependência*, num contexto de insatisfação dos gerentes. O *oportunismo* está associado a um comportamento egoísta e de má-fé (Williamson, 1975:26-27), enquanto a flexibilidade está ligada à necessidade de adaptar o contrato às novas circunstâncias do relacionamento (MacNeil, 1980:50-52). A *flexibilidade* em adaptar o contrato foi observada como restrita a uma contrapartida de alto custo para o Banco quando da revisão contratual, envolvendo o dispêndio de £1 milhão.

Por outro lado, o fornecedor solicitou a implementação da atualização de versão do sistema ao Banco, mediante um dispêndio adicional de £1,5 milhão, sob pena de não se comprometer com os níveis mínimos de performance estabelecidos em contrato, sem que seja identificada pelo Banco a obrigatoriedade contratual para essa atualização. Essa situação caracteriza o *oportunismo* do fornecedor com base no domínio (*poder*) sobre o recurso — sistema ERP —, do qual o Banco *depende* para as suas atividades do dia-a-dia, comprometendo a relação de confiança em termos de benevolência, na qual o fornecedor não faz reivindicações falsas (Ganesan, 1994) e, em termos de credibilidade, é visto como realizando o que promete.

As *adaptações* relacionam-se ao fornecedor incrementar suas capacidades técnicas a fim de manter-se atualizado com novos desenvolvimentos em TI, bem como oferecer novas soluções técnicas quando as condições mudam (Woo e Ennew, 2005). As soluções técnicas oferecidas pelo fornecedor não envolvem uma tecnologia de vanguarda, mas, tão-somente, evolução corretiva e evolutiva das funcionalidades do sistema existente, sendo a evolutiva com base na contrapartida financeira de alto custo e que não repercute em benefícios estratégicos, econômicos ou mesmo tecnológicos.

A *comunicação* está associada às trocas de informações entre as partes (Mohr e Spekman, 1994), onde o fornecedor, com base no domínio sobre o recurso, restringe aquelas que permitem alternativas ao Banco aos altos custos de alteração no sistema, seja à obtenção de informações ao dia-a-dia dos negócios, seja à integração com sistemas do Banco ou mesmo às informações solicitadas pelas autoridades monetárias ("*É uma dificuldade de obter dele [fornecedor] as APIs [ou pequenos programas para acesso às bases de dados]...*")

Merece ser destacada a necessidade de um relacionamento de parceria como alternativa ao relacionamento com o fornecedor atual, identificada pelo gerente da GTIEX (*"Não há uma parceria. Na empresa [fornecedor], o objetivo é ganhar dinheiro. Uma [relação de] parceria é a única forma de a gente sair do que está aí"*). O gerente da agência Ag-3 também destacou a importância de um relacionamento alternativo ao atual com o fornecedor (*"Então acho que este é um problema sério que você poderia resolver se você tivesse dentro de uma parceria diferente com o fornecedor"*).

Satisfação no relacionamento

As categorias previamente identificadas no modelo e aquelas adicionadas no decorrer da análise de conteúdo dos dados contêm percepções de insatisfação do Banco no relacionamento com o seu fornecedor. O sistema contratado não permite a obtenção de benefícios econômicos, estratégicos ou mesmo tecnológicos. Soma-se a isso o fato de a qualidade do serviço do fornecedor ser vista como inadequada tanto sob a sua dimensão técnica — qualidade do sistema e da informação — como funcional — qualidade do serviço, revelando insatisfação do cliente em relação ao serviço do fornecedor.

A qualidade do relacionamento se caracteriza por uma relação de poder-dependência exploratória do fornecedor em relação ao cliente. A dependência de uma organização pode ser definida como o produto da importância de um recurso para essa organização e a extensão pela qual ele é controlado por poucas organizações (Pfeffer e Salancik, 1978:51). No caso do relacionamento entre o Banco e seu fornecedor, o recurso é o sistema ERP, à época da contratação um líder no mercado bancário europeu. Disso decorreu o poder de negociação do fornecedor, capaz de impor ao cliente controles à liberdade de busca por outros recursos mais satisfatórios posteriormente à contratação da licença de uso do sistema.

Em parte, esses controles estão sustentados em contrato, através do modelo de precificação estabelecido e limitações impostas ao Banco na busca de opções alternativas a essa dependência, como a integração de soluções de outros fornecedores, possível somente através de um preço, e compartilhamento de APIs (pequenos programas de computador para

Avaliação do sucesso na terceirização da TI

acesso às bases de dados) para o acesso alternativo às informações gerenciadas pelo sistema ou mesmo integração com sistemas do próprio Banco. Além disso, o fornecedor obriga o Banco à solicitação do desenvolvimento de toda e qualquer necessidade de processamento de informações no próprio sistema ERP, mesmo que de ordem legal, bem como a troca de versões do sistema, acarretando custos de licença consideráveis.

Tendo em vista os resultados expostos, pode-se considerar que o modelo estabelecido para a avaliação do sucesso na terceirização da TI, utilizando como base a satisfação no relacionamento cliente-fornecedor, mostrou-se adequado aos propósitos do estudo. O modelo viabilizou o detalhamento de como o Banco percebe a satisfação no relacionamento com seu fornecedor de sistema ERP para as suas agências européias.

Considerações finais

Não obstante a confirmação em campo de grande parte das categorias previamente definidas no modelo e representadas nos protocolos tanto de entrevistas como de análise documental, categorias novas puderam ser identificadas, proporcionando maior riqueza de detalhamento ao modelo e implicando maior poder de aplicabilidade em futuras pesquisas. De forma geral, essas categorias identificaram a insatisfação do cliente no relacionamento com o seu fornecedor de sistema ERP e permitiram obter informações mais específicas para embasar eventuais decisões gerenciais.

Exemplos de categorias inseridas na dimensão da qualidade do sistema foram a funcionalidade, a padronização e o risco operacional; enquanto na dimensão qualidade do relacionamento, o oportunismo, a flexibilidade, as adaptações, a comunicação e a relação poder-dependência, as quais enriqueceram a avaliação do sucesso da terceirização da TI, permitindo uma análise mais detalhada da satisfação no relacionamento cliente-fornecedor.

Ainda assim, a qualidade do relacionamento pode ser vista sob esses três construtos — comprometimento, confiança e cooperação. Porém, há de se identificar os antecedentes necessários à criação tanto do comprometimento como da confiança, através da inibição ao comportamento oportunista e estímulo ao incremento da flexibilidade, das adaptações, da comunicação. Dessa forma, embora a relação poder-dependência seja inerente a qualquer relacionamento (Giddens, 1984:16), ela deve privilegiar um comportamento de interdependência (Pfeffer e Salancik, 1978:41) que esteja alinhado aos interesses que motivam o relacionamento das partes.

Klepper (1995), ao explorar a dimensão do relacionamento de parceria estratégica entre cliente e fornecedor na terceirização da TI, através das suas etapas formais, destacou a necessidade de, no futuro, serem feitos esforços para que elementos de diversas teorias sejam operacionalizados conjuntamente. Nesse sentido, a perspectiva teórica institucional (Scott, 2001:50-61) pode ser vista como uma possibilidade promissora, através da interdependência dos elementos das suas dimensões de ordem reguladora (teoria econômica dos custos de transação, teoria da agência, teoria da escolha racional, teoria dos jogos), normativa (teoria do contrato relacional) e cognitiva (neo-institucionalismo sociológico organizacional e teoria da estruturação).

A limitação da presente pesquisa reside no fato de os resultados serem dependentes do contexto onde foram coletados, não permitindo a sua generalização a outros tipos de relacionamento cliente-fornecedor na terceirização da TI, nem mesmo envolvendo a contratação de sistema ERP. De qualquer forma, o estudo trouxe a oportunidade de indicar a aplicabilidade prática, em razão da sua utilização simples, do modelo de avaliação do sucesso na terceirização da TI, a partir da perspectiva de satisfação no relacionamento.

Referências bibliográficas

AALDERS, R. *The IT outsourcing guide*. Chichester, England: John Wiley, 2001.

ANDERSON, J. C.; NARUS, J. A. A model of the distributor's perspective of distributor-manufacturer working relationships. *Journal of Marketing*, v. 48, p. 62-74, Fall 1984.

_____; _____. A model of distributor firm and manufacturer firm working partnerships. *Journal of Marketing*, v. 54, n. 1, p. 42-58, 1990.

BERRY, L. L.; ZEITHAML, V. A.; PARASURAMAN, A. Five imperatives for improving service quality. *MIT Sloan Management Review*, v. 31, n. 4, p. 29-37, Summer 1990.

CARR, C. L. A psychometric evaluation of the expectations, perceptions, and difference-scores generated by the IS-Adapted SERVQUAL Instrument. *Decision Sciences*, v. 33, n. 2, p. 281-296, Spring 2002.

CHIN, W. W.; LEE, M. K. O. A proposed model and measurement instrument for the formation of IS satisfaction: the case of end-user computing satisfaction. *Twenty-First International Conference on Information Systems*. Brisbane, Australia, Dec. 2000. p. 553-563.

CHIOU, J-S. The antecedents of consumers' loyalty toward internet service providers. *Information & Management*, v. 41, n. 6, July 2004.

CLICK, R. L.; DUENING, T. N. *Business process outsourcing*: the competitive advantage. New Jersey: John Wiley, 2005. 241 p.

CROSBY, L. A.; EVANS, K. R.; COWLES, D. Relationship quality in services selling: an interpersonal influence perspective. *Journal of Marketing*, v. 54, n. 3, p. 68-81, July 1990.

CUNNINGHAM, M. T. International marketing and purchasing of industrial goods — features of a European research project. *European Journal of Marketing*, v. 14, n. 5/6, p. 322-338, 1980.

DeLONE, W. H.; McLEAN, E. The quest for dependent variable. *Information Systems Research*, v. 3, n. 1, p. 60-95, Mar. 1992.

_____; _____. The DeLone and McLean model of information system success: a ten-year update. *Journal of Management Information System*, v. 19, n. 4, p. 3-30, Spring 2003.

DOLL, W. J.; DENG, X.; RAGHUNATHAN, T. S.; TORKZADEH, G.; XIA, W. The meaning and measurement of user satisfaction: a multigroup invariance analysis of the end-user computing satisfaction instrument. *Journal of Management Information Systems*, v. 21, n. 1, p. 227-262, Summer 2004.

DORSCH, M. J.; SWANSON, S. R.; KELLEY, S. W. The role of relationship quality in the stratification of vendors as perceived by customers. *Journal of Academy of Marketing Science*, v. 26, n. 2, p. 128-142, Spring 1998.

DWYER, F. R.; SCHURR, P. H.; OH, S. Developing buyer-seller relationships. *Journal of Marketing*, v. 51, p. 11-27, 1987.

FARRELLY, F. J.; QUESTER, P. G. Examining important relationship quality constructs of the focal sponsorship exchange. *Industrial Marketing Management*, v. 34, p. 211-219, 2005.

FEBRABAN. *Dados do setor tecnologia.* Disponível em: <http://www.febraban.org. br/Arquivo/Destaques/catalogociab2006.pdf>. Acesso em: 14 mar. 2006.

FOLDOC — Free On-line Dictionary of Computing. Disponível em: <http://dictionary.reference.com/search?q=ERP>. Acesso em: 21 abr. 2006.

GANESAN, S. Determinants of long-term orientation in buyer-seller relationships. *Journal of Marketing,* v. 58, p. 1-19, Apr. 1994.

GIDDENS, A. *The constitution of society.* Los Angeles: University of California Press, 1984.

GREAVER, M. F. *Strategic outsourcing:* a structured approach to outsourcing decisions and initiatives. New York, NY: American Management Association, 1999.

GRONROOS, C. Service quality: the six criteria of good perceived service quality. *Review of Business,* v. 9, n. 3, p. 10-13, Winter 1988.

GROVER, V.; CHEON, M. J.; TENG, J. T. C. The effect of service quality and partnership on the outsourcing of information systems functions. *Journal of Management Information Systems,* v. 12, n. 4, p. 89-116, Spring 1996.

HIRSCHHEIM, R.; LACITY, M. The myths and realities of information technology insourcing. *Communications of the ACM,* v. 43, n. 2, p.99-107, Feb. 2000.

HUANG, S. M.; CHEN, H. G.; HUNG, Y. C.; KU, C. Y. Transplanting the best practice for implementation of an ERP system: a structured inductive study of an international company. *Journal of Computer Information Systems,* p.101-110, Summer 2004.

IVENS, B. S. Flexibility in industrial service relationships: the construct, antecedents, and performance outcomes. *Industrial Marketing Management,* v. 34, n. 5, p. 566-576, 2005.

IVES, B.; OLSON, M. H.; BAROUDI, J. J. The measurement of user information satisfaction. *Communications of ACM,* v. 26, n. 10, p.785–793, 1983.

KERN, T.; WILLCOCKS, L. P. Exploring relationships in information technology outsourcing: the interaction approach. *European Journal of Information Systems,* v. 11, p. 3-19, 2002.

KETTINGER, W. J.; LEE, C. C. Replication of measures of information systems research: the case of IS SERVQUAL. *Decision Sciences,* v. 30, n. 3, p. 893-899, Summer 1999.

KLEPPER, R. The management of partnering development in IS outsourcing. *Journal of Information Technology*, v. 10, n. 4, p. 249-258, 1995.

KOH, C.; ANG, S.; STRAUB, D. W. IT outsourcing success: a psychological contract perspective. *Information Systems Research*, v. 15, n. 4, p. 356-373, Dec. 2004.

KUMAR, N.; SCHEER, L.K.; STEENKAMP, J-B.E.M. The effects of supplier fairness on vulnerable resellers. *Journal of Marketing Research*, v. 32, n. 1, p. 54-65, 1995.

_____; STERN, L. W.; ACHROL, R. S. Assessing reseller performance from the perspective of the supplier. *Journal of Marketing Research*, v. 29, p. 238-253, May 1992.

LACITY, M. C.; WILLCOCKS, L. P. *Global information technology outsourcing*: in search of business advantage. Chichester: John Wiley, 2001.

LEE, J-N.; KIM, Y-G. Effect of partnership quality on IS outsourcing success: conceptual framework and empirical validation. *Journal of Management Information Systems*, v. 15, n. 4, p. 29-61, Spring 1999.

LOH, L.; VENKATRAMAN, N. Diffusion of information technology outsourcing: influences sources and the Kodak effect. *Information Systems Research*, v. 3, n. 4, p. 334-358, 1992.

LOHTIA, R.; BELLO, D. C.; YAMADA, T.; GILLILAND, D. The role of commitment in foreign-Japanese relationships: mediating performance for foreign sellers in Japan. *Journal of Business Research*, v. 58, n. 8, p. 1.009-1.018, Aug. 2005.

MacCNEIL, I. R. *The new social contract*: an inquire into modern contractual relations. New Haven, London: Yale University Press, 1980.

MARSHALL, C.; ROSSMAN, G. B. *Designing qualitative research*. Thousand Oaks: Sage, 1995.

MENTZER, J. T. Supplier partnering. In: PARVATIYAR, Atul; SHETH, Jagadish N. *Handbook of relationship marketing*. Thousand Oaks: Sage, 2000. p. 457-477.

MILES, M. B.; HUBERMAN, A. M. *Qualitative data analysis*: an expanded sourcebook. 2. ed. London: Sage, 1994.

MOHR, J.; SPEKMAN, R. Characteristics of partnership success: partnership attributes, communication behavior, and conflict resolution techniques. *Strategic Management Journal*, v. 15, n. 2, p. 135-152, Feb. 1994.

MORGAN, R. M.; HUNT, S. D. The commitment-trust theory of marketing relationship. *Journal of Marketing*, v. 58, p. 20-38, July 1994.

NELSON, R. R.; WIXOM, B. H. Antecedents of information and system quality: an empirical examination within the context of data warehousing. *Journal of Management Information Systems*, v. 21, n. 4, p. 199-235, 2005.

PARASURAMAN, A.; ZEITHAML, V. A.; BERRY, L. L. A multiple-item scale for measuring consumer perceptions of service quality. *Journal of Retailing*, v. 64, p. 12-40, 1988.

PFEFFER, J.; SALANCIK, G. R. *The external control of organizations*: a resource dependence perspective. New York: Harper and Row, 1978.

RIVARD, S.; POIRIER, G.; RAYMOND, L.; BERGERON, F. Development of a measure to assess the quality of user-developed applications. *The Data Base for Advances in Information Systems*, v. 28, n. 3, p. 44-58, 1997.

ROBINSON, S. Measuring service quality: current thinking and future requirements. *Marketing Intelligence & Planning*, v. 17, n. 1, p. 21-32, 1999.

ROCKFORD. *The 12 cardinal sins of ERP implementation*. Disponível em: <http://www.rockfordconsulting.com/12sinart.htm>. Acesso em: 21 abr. 2007.

SCOTT, W. R. *Institutions and organizations*. Thousand Oaks: Sage, 2001.

WALTER, A.; MÜLLER, T. A.; HELFERT, G.; RITTER, T. Functions of industrial supplier relationships and their impact on relationship quality. *Industrial Marketing Management*, v. 32, p.159-169, 2003.

WILLCOCKS, L. P.; LACITY, M. C. IT outsourcing in insurance services: risk, creative contracting and business advantage. *Information Systems Journal*, v. 9, p.163-180, 1999.

WILLIAMSON, O. E. *Markets and hierarchies*: analysis and antitrust implications. New York: The Free Press, 1975. 286 p.

WIXOM, B. H.; TODD, P. A. A theoretical integration of user satisfaction and technology acceptance. *Information Systems Research*, v. 16, n. 1, p. 85-102, Mar. 2005.

WONG, A.; TJOSVOLD, D.; ZHANG, P. Developing relationships in strategic alliances: commitment to quality and cooperative interdependence. *Industrial Marketing Management*, v. 34, p. 722-731, 2005.

WOO, K.; ENNEW, C. T. Measuring business-to-business professional service quality and its consequences. *Journal of Business Research*, v. 58, p.1.178-1.185, 2005.

WOOLTHUIS, R. K.; HILLEBRAND, B.; NOOTEBOOM, B. Trust, contract and relationship development. *Organization Studies*, v. 26, n. 6, p. 813-840, 2005.

WUYTS, S.; GEYSKENS, I. The formation of buyer-supplier relationships: detailed contract drafting and close partner selection. *Journal of Marketing*, v. 69, p. 103-117, Oct. 2005.

YANG, C.-C.; TING, P.-H.; WEI, C.-C. A study of the factors impacting ERP system performance from the users' perspectives. *The Journal of American Academy of Business*, v. 8, n. 2, p. 161-166, 2006.

YIN, R. *Estudo de caso*: planejamento e métodos. 2. ed. Porto Alegre: Bookman, 2001. 205 p.

ZVIRAN, M.; PLISKIN, N.; LEVIN, R. Measuring user satisfaction and perceived usefulness in the ERP context. *Journal of Computer Information Systems*, p. 43-52, Spring 2005.

Governança de terceirização de TI: uma contribuição teórica

Hebbertt de Farias Soares*
Nicolau Reinhard**

Introdução

À medida que as tecnologias da informação (TI) adquiriram um papel central nas organizações, como atividade de suporte aos novos processos de trabalho, o fornecimento dos serviços de TI passou a ser um dos principais desafios da agenda dos gestores. A necessidade de redução de custos associada à busca de agilidade levaram diversas empresas a contratar fornecedores externos das soluções de TI necessárias aos seus negócios.

Esse fenômeno, conhecido como terceirização ou *outsourcing*, é uma das principais tendências no mercado de serviços de TI, que passa a exigir dos gestores de TI novas habilidades relacionadas com a negociação e a gestão dos contratos de prestação de serviços. Inicialmente restrita a serviços de infra-estrutura de TI, a terceirização evoluiu para o fornecimento de cadeias de processos (*business process outsourcing*). Outra tendência de mercado é a adoção de múltiplos fornecedores de serviços, fenômeno conhecido como *multisourcing*.

---

* Mestrando e bolsista do CNPq, Faculdade de Economia, Administração e Contabilidade da Universidade de São Paulo; desenvolve pesquisas sobre gestão de serviços de TI e possui experiência em consultoria para o setor público.
** Professor titular na Faculdade de Economia, Administração e Contabilidade da Universidade de São Paulo, com experiência profissional e pesquisas enfatizando os aspectos organizacionais de sistemas de informações e a gestão de TI na administração pública.

Apesar de a terceirização de serviços de TI ter começado, comercialmente, na década de 1960, é somente a partir de 1991 que surgem os primeiros estudos acadêmicos sobre o assunto, motivados, sobretudo, pelos efeitos gerados pela iniciativa de terceirização em larga escala promovida pela Kodak (Applegate e Montealegre, 1991; Loh e Venkatraman, 1992). A partir de então, a quantidade de estudos é crescente,[1] contudo os resultados obtidos são, freqüentemente, contraditórios (Willcocks et al., 2006).

Uma das razões apresentadas para esse aparente paradoxo é o fato de muitos pesquisadores tratarem os diversos tipos de terceirização como instâncias de um mesmo fenômeno, conforme destacam Willcocks et al. (2006). Como ressaltam diversos autores, variações pequenas na terminologia empregada podem levar ao estudo de fenômenos distintos e, portanto, a conclusões distintas.

Há, por exemplo, estudos que entendem a terceirização como a contribuição de fornecedores externos de recursos humanos ou físicos relacionados com infra-estrutura de TI (Loh e Venkatraman 1992; Oh, 2005), excluindo assim outras atividades de TI, como o desenvolvimento de sistemas. A noção de transferência (de responsabilidades, de recursos humanos, de ativos físicos etc.) é a característica central de outras definições (Apte e Sobol, 1997; Cheon et al., 1995), excluindo, desse modo, do escopo de estudo projetos que não envolvam transferência.

O clássico estudo de Lacity e Hirschheim (1993) limita a terceirização aos serviços que anteriormente eram realizados internamente e passaram a ser realizados por um fornecedor externo. Definições mais abrangentes caracterizam a terceirização como a provisão de serviços por uma firma fornecedora para uma cliente (Klepper e Jones, 1998) ou simplesmente toda provisão externa de produtos e serviços relacionados com TI (Hancox e Hackney, 1999).

Apesar da variedade empírica existente, os estudos teóricos concentraram-se em duas linhas de pesquisa: os fatores que levam as firmas a terceirizarem suas atividades de TI e os fatores que determinam o sucesso das iniciativas de terceirização (Willcocks et al, 2006).

---

[1] Uma síntese dos trabalhos mais importantes já publicados pode ser encontrada em Dibbern et al. (2004) e Willcocks et al. (2006).

Governança de terceirização de TI

A despeito da inegável importância desses estudos, entendemos que se fazem necessários novos desenvolvimentos teóricos sobre a terceirização de forma a integrar os avanços obtidos nos campos das ciências sociais ao corpo teórico existente, assim como desenvolver novos instrumentos para subsidiar a prática. Nesse sentido, propomos que estudar a diversidade de tipos de organização de terceirização — o que denominaremos de arranjos — é um fértil campo de pesquisa.

Em particular, dois questionamentos surgem sobre qual a razão dessa diversidade e quais os mecanismos utilizados dar segurança e estabilizar esses arranjos. Fornecer possíveis respostas a tais questões se torna relevante, pois pode oferecer subsídios para melhores práticas gerenciais e, conseqüentemente, reduzir a probabilidade de fracasso dos projetos de terceirização.

A inspiração teórica para a resposta é fornecida por Williamson (1991), para quem a variedade de arranjos de governança existentes na prática surge em razão dos esforços realizados pelos agentes econômicos, ao buscarem o alinhamento da estrutura de governança da transação com os seus atributos intrínsecos, visando, sobretudo, reduzir os custos de transação associados.

Nesse sentido, tentaremos, ao longo do capítulo, apresentar os principais aspectos relacionados com a coordenação e a cooperação de parcerias que emergem em projetos de terceirização de serviços de TI. O intuito do trabalho é chegar a elementos que possam contribuir para melhor entender a gestão de iniciativas de terceirização.

O capítulo foi estruturado em cinco seções, além desta introdução. Na segunda seção, é discutido o problema da coordenação interfirmas, com ênfase nas formas híbridas de governança. A terceira seção apresenta os fatores que influenciam a escolha de um determinado arranjo. A quarta seção apresenta brevemente a dimensão cultural da terceirização. Por fim, a quinta seção apresenta uma proposta de modelo de referência, seguida de conclusões.

Formas híbridas de organização

Nas ciências sociais, trata-se da questão: como surge e se desenvolve a coordenação entre os agentes econômicos e sociais? No escopo deste capítulo, buscaremos fornecer elementos para análise de um tipo particular de coordenação: a coordenação que surge entre firmas em razão da prestação de serviços de tecnologia da informação.

A discussão, no entanto, não é restrita a esse campo. Antes, ela vem sendo feita amplamente na área de economia das organizações, na qual fundamentamos a discussão que se segue. A questão ora posta busca compreender os arranjos adotados para governança das transações de terceirização de serviços de TI.

A estrutura de governança refere-se ao ambiente institucional no qual as transações econômicas são iniciadas, negociadas, monitoradas, adaptadas, executadas e encerradas (Palay, 1984). Diversas estruturas podem coexistir. A teoria econômica tradicional distingue duas estruturas de governança: os mercados e as firmas. Por um lado, os mercados são baseados na oferta e demanda de bens, ajustados pelo sistema de preços. Por outro, as firmas, ou hierarquias, possuem a decisão interna e autônoma de alocação dos recursos.

Se pensarmos essas duas estruturas de governança como extremos de um contínuo, faz-se necessário reconhecer a existência de arranjos intermediários, que combinam aspectos dos dois extremos. Trata-se de arranjos de entidades legalmente autônomas, que realizam transações, e se ajustam sem a necessidade de uso do sistema de preços, realizando trocas de produtos, informações, capital e serviços sem uma hierarquia unificada (Ménard, 2004). Esses arranjos intermediários na linha do contínuo são *formas híbridas* de governança, sendo sua função primordial dar segurança e suporte às transações.

No caso da terceirização, podemos ver os diversos tipos de terceirização adotados pelas firmas como formas híbridas de governança, em alguns casos mais próximos de uma transação de compra e venda de mercado e, em outros, mais próximos de uma hierarquia.

Quais seriam, pois, os aspectos que reúnem essa variedade de arranjos de governança? Ménard (2004) chama a atenção para certas regularidades empíricas fundamentais, ou certas configurações, comuns. São elas o compartilhamento de recursos, a contratação e as pressões competitivas.

Compartilhamento de recursos

As formas híbridas de governança, independentemente de seu arranjo estrutural, estão voltadas para a cooperação entre firmas, fazendo-se necessário algum grau de planejamento conjunto das decisões de investimento (em ativos humanos, físicos etc). Ménard (2004) elenca fatores associados com o compartilhamento de recursos.

▼ O compartilhamento de recursos abre margem para o surgimento de comportamento oportunístico das partes; assim, *a escolha do parceiro é central*. Essa decisão deve considerar a identidade do parceiro e sua reputação.

▼ A decomposição do planejamento das tarefas entre os parceiros e a coordenação através de firmas legalmente independentes são os fatores preponderantes na escolha do arranjo e dos mecanismos de monitoramento (Gulati e Singh, 1998).

▼ O compartilhamento de recursos entre firmas distintas e autônomas pressupõe uma continuidade da relação, o que requer o desenvolvimento de mecanismos de cooperação. Contudo, como pode o arranjo de governança escolhido aumentar a segurança da cooperação a um baixo custo, sem perder as vantagens das decisões descentralizadas (Ménard, 2004)? No caso da terceirização, como garantir o cumprimento de padrões de custo e qualidade, assim como alcançar objetivos de negócio, trabalhando com fornecedores distintos? E, na perspectiva do fornecedor, como reaproveitar investimentos feitos em uma certa parceria?

Contratação

Teoricamente, o problema do compartilhamento de recursos pode ser solucionado pelo emprego de contratos formais detalhados. Contudo, o detalhamento dos contratos é custoso e mesmo impossível, dada as limitações cognitivas dos agentes. Além disso, as firmas envolvidas na parceria de terceirização são legalmente autônomas e, portanto, dotadas de autonomia sobre a alocação dos seus investimentos. Assim, os contratos atuam mais como um quadro de referência para o funcionamento da parceria (LaFontaine e Slade, 1997).

Dado um contrato que tem o objetivo de ser um quadro de referência (MacNeil, 1974), torna-se crucial escolher um arranjo de governança adequado para complementá-lo, suprir suas lacunas, monitorar as partes e resolver disputas (Ménard, 2004). A questão que se coloca, então, é: como tais arranjos podem dar segurança aos contratos em face de (re)negociações custosas ou mesmo impossíveis?

Pressões competitivas

Outro fator que determina o arranjo de governança a ser escolhido são as pressões competitivas a que as organizações estão submetidas. Ménard (2004) reforça que as pressões competitivas operam em dois sentidos: o primeiro é a competição entre os membros do acordo estabelecido; o segundo é a competição entre os arranjos de governança.

Escolha da estrutura de governança

Qual arranjo institucional escolher para governar uma parceria de terceirização de serviços de TI? O trabalho de Ménard (2004) indica três dimensões que estão envolvidas nessa escolha: os riscos contratuais resultados do investimento conjunto e as incertezas associadas; proteção e distribuição ao longo do tempo dos ganhos (e perdas) gerados pelo arranjo; e a execução da promessa.

Riscos contratuais

Os contratos são promessas legalmente executáveis (MacNeil, 1974). Nas economias de mercado, eles são um dos principais mecanismos existentes para salvaguardar o interesse das partes dos riscos associados com as transações, como dependência multilateral, problemas de mensuração, mudanças do ambiente, direitos de propriedade mal definidos ou fraquezas do ambiente institucional (Williamson, 1996; North, 1991).

Os contratos possuem a função de aumentar a segurança das transações e, conseqüentemente, reduzir o seu custo. Assim, os contratos desempenham um papel fundamental para a coordenação dos arranjos híbridos. Ménard (2004) elenca cinco características que, combinadas, definem as propriedades fundamentais de um arranjo.

▼ Escolha do número de partes a participarem do acordo — a escolha do número de partes está relacionada com o *trade-off* entre monitoramento e dependência. Um número menor de parceiros é mais fácil de monitorar, porém a organização contratante se torna mais dependente; por outro lado, um número maior de parceiros aumenta os custos de monitoramento, mas permite realizar *benchmarkings* e comparações.

▼ Duração — o tempo de duração da relação é outro aspecto importante na determinação da estrutura do arranjo. As evidências empíricas sugerem que as formas híbridas tendem a ser relacionamentos de longo prazo, o que sugere que, quanto maior o tempo de duração, maior o investimento a ser realizado na coordenação das atividades (Dyer, 1996, 1997).

▼ Especificações — os contratos existentes nos arranjos híbridos especificam a quantidade e, sobretudo, a qualidade dos serviços transacionados. A provisão de especificações, além de diminuir os custos associados com o monitoramento do contrato, desempenha, também, um papel na coordenação dos atores, uma vez que o sistema de preços não é suficientemente forte para restringir os agentes legalmente autônomos.

▼ Cláusulas de adaptação — assim como as especificações, as cláusulas de adaptação funcionam como mecanismos de contingência criados em face da impossibilidade de se utilizar o sistema de preços.

▼ Outros mecanismos de salvaguarda — a despeito da importância dos elementos já citados, fazem-se necessários outros mecanismos para salvaguarda das partes. Estes podem ser formais, especificados em contratos, ou informais, baseados em relações (Baker et al., 2002), reputação (Kreps e Wilson, 1982) ou confiança (Axerold, 1984).

O uso de outros mecanismos de salvaguarda em face dos contratos formais na terceirização de serviços de TI é analisado empiricamente por Poppo e Zenger (2002). Seus resultados apontam que esses mecanismos de coordenação funcionam como complementos no gerenciamento da relação. Em especial, os autores verificam que, por um lado, os gerentes adotam os mecanismos informais na medida em que a relação contratual é adaptada, aumentando, assim, a dependência mútua e o risco inerente. Por outro lado, o aumento do uso de mecanismos informais gera um aumento de complexidade dos dispositivos contratuais.

Busca e divisão de rendas

Uma das premissas inerentes à análise econômica é a busca da maximização do lucro pelos agentes econômicos, gerando problemas de busca de renda (*rent seeking*) e divisão de rendas. Ambos os fenômenos aumentam o nível de risco e, conseqüentemente, alteram o arranjo de governança da transação.

Aron et al. (2005) apontam três formas de riscos causados por comportamentos intencionais dos agentes relacionados com a extração de rendas:

▼ *shirking* — nos casos em que os fornecedores não possuem o mesmo objetivo dos clientes ou em que seu monitoramento seja custoso, estes podem trabalhar menos, ou com menor qualidade, e ainda assim exigir pagamento completo;

▼ *poaching* — nos contratos onde a posse de determinada informação (ou conhecimento) possua valor econômico significativo, a parte detentora pode usar seu poder de barganha para impor renegociações que lhe sejam favoráveis;

▼ *hold-up* — nos contratos em que uma das partes não possui outra alternativa de fornecimento do serviço ou a segunda melhor possibilidade de fornecimento representa uma perda significativa dos investimentos realizados, a parte beneficiada possui espaço oportunístico para alterar os dispositivos contratuais.

Obviamente, ao entrar em uma parceria, as firmas esperam extrair rendas dos seus investimentos (Madhok e Tallman, 1998). Nesse cenário, os contratos especificam as regras para distribuir os ganhos (e perdas) resultantes das ações conjuntas; contudo, a possibilidade de não poder reutilizar os investimentos realizados para uma parceria abre espaço para um oportunismo que os contratos não podem antecipar nem monitorar (Ménard, 2004).

O centro do problema reside na existência de direitos de propriedade autônomos (Ménard, 2004), isto é, as partes envolvidas no acordo possuem direitos autônomos de uso dos ativos, capacidade para mudar sua forma e substância, assim como a prerrogativa de apropriar-se dos retornos deles obtidos (Alchian, 1987).

Uma vez que a apropriação de rendas é um dos fatores motivadores da criação dos arranjos híbridos (Ghosh e John, 1999), como evitar oportunismos pós-contratuais na sua apropriação? Ménard (2004) aponta três mecanismos que freqüentemente aparecem na literatura como solução:

- reputação, isto é, a repetição das transações permite formar um juízo acerca das práticas adotadas pelas partes, influenciando, assim, as decisões futuras;
- dispositivos de negociação criados para decidir sobre a distribuição de rendas residuais;
- determinação de um comitê conjunto, dotado de autoridade formal para a tomada de decisão.

Ordenamentos privados

Tradicionalmente, a literatura do campo de economia das organizações trabalhou com a dicotomia entre o ambiente institucional — as regras e crenças, formais e informais, que criam a identidade de uma nação, grupo, sociedade etc. (North, 1991) — e o arranjo institucional — que se refere às estruturas de governança e aos arranjos contratuais de um conjunto de transações (Williamson, 1985, 1996).

Desenvolvimentos recentes desses modelos apontam a necessidade de consideração do conjunto de elementos normativos que existem no intermédio. Brousseau e Raynaud (2006) denominam esses elementos de instituições privadas. Trata-se de mecanismos formados voluntariamente para organizar processos de coordenação e cooperação coletivos; em última instância, esses dispositivos correspondem a processos de auto-regulação.

No caso dos arranjos híbridos, a dependência mútua, característica necessária para a continuidade da relação e conseqüente extração de rendas, somada a incertezas no ambiente institucional e a incompletude dos contratos favorecem o surgimento de instituições privadas visando a implementação de um ordenamento privado de governança das transações.

A governança privada das transações, em contraposição à governança baseada exclusivamente no ordenamento proveniente de fontes públicas, mostra a existência de mecanismos de autoridades, distintos do comando hierárquico, que funcionam como o elemento central das estruturas híbridas de governança (Ménard, 2002, 2004).

Esse mecanismo é dotado de um poder com diversos graus de formalização. Visto no extremo de um contínuo, existem arranjos baseados em confiança, próximo das relações de mercado, e, no outro extremo, arranjos com alto grau de formalização, próximos da estrutura hierárquica de uma firma (Ménard, 2004).

A dimensão cultural da governança da terceirização

A despeito da importância das dimensões econômica, jurídica e gerencial, existem diversos outros elementos humanos e sociais inerentes, mesmo cruciais, para o desenvolvimento de um arranjo de governança de uma iniciativa de terceirização de serviços de TI, daí a necessidade de se adicionar uma dimensão transversal de análise: a dimensão cultural.

A dimensão cultural manifesta-se em, pelo menos, dois aspectos: intra-organizacional e interorganizacional. O aspecto intra-organizacional refere-se aos aspectos de aceitação interna da terceirização e o desenvolvimento de uma cultura interna de trabalho.

Por outro lado, a dimensão interorganizacional refere-se às dinâmicas de adaptação do trabalho entre organizações distintas. Esse aspecto torna-se crítico com o desenvolvimento da terceirização internacional (*offshore outsourcing*). Em cada contexto cultural, há maneiras próprias de responder às questões de poder, hierarquia e práticas gerenciais (Krishna et al., 2004), influenciando, dessa maneira, os procedimentos de comunicação e coordenação entre as partes.

Proposta de um modelo de referência para o desenvolvimento de estruturas de governança da terceirização de serviços de TI

O texto foi iniciado com a constatação da diversidade de tipos e formas de terceirização. Diante desse fato, seria possível dizer que existe um modelo "certo" ou "errado" de se gerenciar a terceirização? Certamente, não. Cada arranjo desenvolve-se para alcançar objetivos específicos; ou influenciado pelas características das transações e do ambiente institucional; ou ambos.

Contudo, como o praticante da terceirização poderia arquitetar os arranjos de governança a serem empregados na sua iniciativa de terceirização?

A proposta dos autores, ainda em desenvolvimento e objeto de validação empírica, é que a definição de um arranjo institucional de governança da terceirização de TI é estabelecida em função da avaliação que os parceiros fazem da interação entre quatro conjuntos de fatores: econômicos, gerenciais, institucionais/jurídicos e culturais (ver figura 1).

Figura 1
Proposta de modelo conceitual

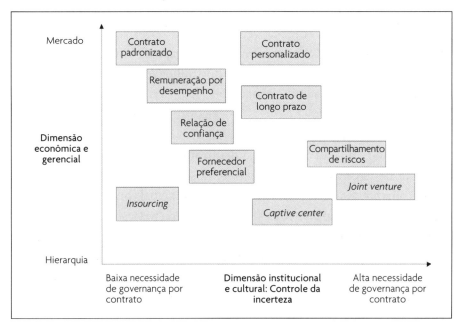

Com o intuito de tornar a exposição dos fatores mais didática, optamos por agregar as dimensões em um plano. As dimensões econômica e gerencial foram agregadas no eixo dos mecanismos de governança, um contínuo que varia das formas ideiais de hierarquia e mercado, refletindo a discussão de Williamson (1985, 1991, 1996).

No outro eixo de análise, buscamos juntar os aspectos institucionais, as regras do jogo (North, 1991), e as questões culturais transversais às interações socioeconômicas. Esse eixo de análise pode ser interpretado através do seu efeito como mecanismo de controle da incerteza, numa conceituação que se aproxima de Hofstede (2005). O indicador adotado é a necessidade de uso de mecanismos de governança específicos nos parceiros para assegurar o cumprimento do contrato.

O racional ora proposto é que as organizações envolvidas na terceirização escolherão o arranjo de governança de acordo com a sua avaliação da interação entre os dois eixos. Por exemplo, na internalização dos recursos para a prestação dos serviços (*insourcing*), haverá a gestão hierárquica por parte do contratante, com uma governança mais simples do contrato; já uma *joint venture* requer um nível maior de governança da relação entre os parceiros.

De outro lado, contratos padronizados indicam uma visão de mercado de *commodities*, com reduzida necessidade de governança, ao passo que contratos personalizados requerem uma governança específica. Os pontos intermediários nesse quadro indicam possibilidades de arranjos híbridos, com características dos dois extremos.

Conclusão

A proposta do trabalho é apresentar contribuições teóricas ao estudo da governança de terceirização, que, no entanto, ainda precisarão ser validadas empiricamente. Na percepção dos autores, a principal contribuição apresentada foi alertar os praticantes e estudiosos da terceirização para a importância de considerar as relações entre as múltiplas dimensões do fenômeno.

Parte da dificuldade em se estabelecer um modelo conceitual integrado está no fato de que o fenômeno é único, cuja decomposição analítica em dimensões é, necessariamente, limitante, embora cumpra a função didática de contribuir para uma compreensão mais rica do fenômeno.

Ademais, cabe enfatizar a importância da análise pela perspectiva institucional. Essa perspectiva fornece uma maneira sistemática de refletir a respeito das instituições que sustentam as transações econômicas, não as considerando coerções herdadas, mas possíveis objetos de atividade humana.

Referências bibliográficas

ALCHIAN, A. A. Property rights. In: EATWELL, J.; MILGATE, M.; NEWMAN, P. (Ed.). *The new palgrave*. London: MacMillan, 1987. p. 1.031-1.034.

APPLEGATE, L.; MONTEALEGRE, R. *Eastman Kodak Organization*: managing information systems through strategic alliances. Boston, Massachusetts: Harvard University Press, 1991. (Harvard Business School Case 9-192-030).

APTE, U.; SOBOL, M. IS outsourcing practices in the USA, Japan and Finland: a comparative study. *Journal of Information Technology*, n. 12, p. 289-304, 1997.

ARON, R.; CLEMONS, E. K.; REDDI, S. Just right outsourcing: understanding and managing risk. HAWAII INTERNATIONAL CONFERENCE ON SYSTEMS SCIENCES, 38. *Proceedings...* 2005.

AXEROLD, R. *The evolution of cooperation.* New York: Basic, 1984.

BAKER, G.; GIBBONS, R.; MURPHY, K. J. Relational contracts and the theory of the firm. *Quartely Journal of Economics*, v. 117, n. 1, p. 39-84, 2002.

BROUSSEAU, E.; RAYNAUD, E. The economics of private institutions: an introduction to the dynamics of institutional frameworks and to the analysis of multilevel multitype governance. Paris, 2006. (Working paper).

CHEON, M. J.; GROVER, V.; TENG, J. T. C. Theoretical perspectives on the outsourcing of information services. *Journal of Information Technology*, n. 10, p. 209-210, 1995.

DIBBERN, J.; GOLES, T.; HIRSCHHEIM, R.; JAYATILAKA, B. Information systems outsourcing: a survey and analysis of the literature. *The Data Base for Advances in Information Systems*, v. 35, n. 4, p. 6-102, 2004.

DYER, J. H. Does governance matter? Keiretsu alliances and asset specificity as sources of Japanese competitive advantage. *Organization Science*, v. 7, p. 649–666, 1996.

_____. Effective interfirm collaboration: how firms minimize transaction costs and maximize transaction value. *Strategic Management Journal*, n. 18, p. 535–556, 1997.

GHOSH, M; JOHN, G. Governance value analysis and market strategy. *Journal of Marketing*, n. 63, p. 131-145, 1999.

GULATI, R.; SINGH, H. The architecture of cooperation: managing coordination costs and appropriation concerns in strategic alliances. *Administrative Science Quarterly*, v. 43, p. 781–814, 1998.

HANCOX, M.; HACKNEY, R. Information technology outsourcing: conceptualizing practice in the public and private sector. ANNUAL HAWAII INTERNATIONAL CONFERENCE ON SYSTEMS SCIENCES, 32. *Proceedings...* Hawaii, 1999. p. 183-191.

HOFSTEDE, G. J. *Culture and organizations.* New York: McGraw-Hill, 2005.

KLEPPER, R.; JONES, W. O. *Outsourcing information technology systems & services.* New Jersey: Prentice Hall, 1998.

KREPS, D.; WILSON, R. Reputation and imperfect information. *Journal of Economic Theory*, n. 27, p. 253-279, 1982.

KRISHNA, S.; SAHAY, S.; WALSHAM, G. Managing cross-cultural issues in global software outsourcing. *Communications of the ACM*, v. 47, n. 4, p. 62-66, 2004.

LACITY, M. C.; HIRSCHHEIM, R. A. *Information systems outsourcing*: myths, metaphors, and realities. Chichester: John Wiley, 1993.

LAFONTAINE, F; SLADE, M. Retail contracting: theory and practice. *Journal of Industrial Economics*, n. 45, p. 1-25, 1997.

LOH, L.; VENKATRAMAN, N. Diffusion of information technology outsourcing: influence sources and the Kodak effect. *Information Systems Research*, p. 334-358, 1992.

MacNEIL, I. The many futures of contracts. *Southern California Law Review*, n. 47, p. 691-816, 1974.

MADHOK, A.; TALLMAN, S. B. Resources, transactions and rents: managing value through interfirm collaborative relationships. *Organization Science*, v. 9, p. 326-339, 1998.

MÉNARD, C. Règles concurrentielles et formes organisationnelles hybrids. In.: BIENAYMÉ, A. (Ed.). *Concurrence*: les nouvelles approches. Paris: Economica, 2002. p. 53-68.

_____. The economics of hybrid organizations. *Journal of Institutional and Theoretical Economics*, n. 160, p. 345-376, 2004.

NORTH, D. C. *Institutions, institutional change and economic performance*. New York: Cambridge University Press, 1991.

OH, W. Why do some firms outsource IT more aggressively than others? The effects of organizational characteristics on IT outsourcing decisions. In: HAWAII INTERNATIONAL CONFERENCE ON SYSTEMS SCIENCES, 38. *Proceedings...* 2005. p. 1-9.

PALAY, T. M. Comparative institutional economics: the governance of the rail freight contract. *Journal of Legal Studies*, n. 13, p. 265-288, 1984.

POPPO, L.; ZENGER, T. Do formal contracts and relational governance function as substitutes or complements? *Strategic Management Journal*, v. 23, p. 707-725, 2002.

WILLCOCKS, L. P.; LACITY, M. C.; CULLEN, S. *Information technology outsourcing*: fifteen years of learning. London: LSE/IS, 2006. (Working paper).

WILLIAMSON, O. E. The economic institutions of capitalism: firms, markets and relational contracting. New York: Free Press, 1985.

_____. Comparative economic organization: the analysis of discrete structural alternatives. *Administrative Science Quarterly*, n. 36, p. 269-296, 1991.

_____. *The mechanisms of governance*. Oxford: Oxford University Press, 1996.

Information technology outsourcing: onto the third wave[*]

RUDY HIRSCHHEIM[**]
BEENA GEORGE[***]

Introduction

Outsourcing as a means of meeting organizational information technology (IT) needs is now a commonly accepted and growing practice, and one that is continually evolving (Dibbern et al., 2004). From its beginnings as a cost-reduction tool, many now feel outsourcing has evolved into a vital component of a firm's overall business strategy (Linder, 2004). It has grown from the domain of IT embodying decisions, such as where and how to source IT, to a much wider set of business functions: logistics, payroll, human resources, legal, and so forth. To be sure, the generic notion of "outsourcing" – making arrangements with an external entity for the pro-

---

[*] The authors are indebted to Heinz Klein for his thoughts on the subject of commoditization, and to Siew Fan Wong for her involvement with an earlier draft of the paper.

[**] Professor da Louisiana State University. Foi professor internacional na Bauer College of Business, University of Houston, e diretor do Centro de Pesquisa de Sistemas de Informações. Editor do John Wiley Series em Sistemas de Informações, editor sênior do *Journal of the Association for Information Systems* e membro do corpo editorial de diversos periódicos. VP para publicações da Association for Information Systems.

[***] Professora assistente da Cameron School of Business da University of St. Thomas (Houston, EUA). Graduada em administração de empresas pelo Indian Institute of Management (Calcutá, Índia), e doutora pela University of Houston. Seu interesse principal de pesquisa é o gerenciamento de fonte de recursos de TI e serviços. Autora de artigos e capítulos de livros sobre gerenciamento de *outsourcing*.

vision of goods or services to supplement or replace internal efforts – has been around for centuries. But IT outsourcing is fundamentally different. IT is pervasive throughout the organization. It is not a homogenous function, but rather is interrelated with practically all organizational activities. It is strategic. And up until the late 1980s, strategic functions were thought to be incapable of being outsourced. Kodak changed all of that as will be described later in the paper. But one thing is clear, whilst we may not know with certainty how the outsourcing industry will evolve, recent statistics show the IT service market growing at a rate of 19.6% per annum through 2004 and an overall market of $792 billion — of which IT outsourcing makes up 67%. This clearly indicates that outsourcing is no passing fad. It also helps to explain the significant interest in the subject.

This chapter offers a brief overview of the evolution of IT outsourcing and its role in the growth of outsourcing of other business functions. We believe that studying IT outsourcing helps one to understand how and why outsourcing is evolving to include other business functions as well as why offshore outsourcing is becoming so prominent. Examining the role of IT in outsourcing, the next section of the paper identifies three waves in the evolution of outsourcing, with the role of IT differing in each. The three sections that follow discuss the evolution of outsourcing through the three different phases. The chapter concludes with some thoughts about where outsourcing might be headed and its likely implications.

The role of IT in outsourcing

Although much has been written on the pros and cons of outsourcing and offshoring, considerably less has been written about the underlying and enabling role of IT in these business practices. While *economics*, in particular improving the profits of a company through cost savings, has clearly been the primary driver for outsourcing and offshoring, it is important to recognize the roles IT has played in making this a possibility.

When organizations first adopted IT, they had to develop capabilities in the areas of software development and IT management to be able to use the technology. However, this state of affairs changed with advances in technology and the accompanying increased capabilities of IT. The standardization in IT that was required for its widespread acceptance led to replicable processes for the creation of technology (Markus, 1996). *The first wave* of outsourcing is a result of this changing nature of IT — the commoditization of IT (Markus, 1996:73). These standardized and replicable processes did not have to be done in-house. In fact, it made economic sense to shift these to vendor organizations where the economies of scale and the efficiencies that could be achieved would ensure the availability of the same technology, but at a lower price. Thus, the commoditization of IT led to the first wave of outsourcing.

In *the second wave* of outsourcing, IT plays an enabling, albeit some would say, a sinister role. It revolves around the way IT has led to the commoditization of work (Clark et al., 1995). The new terms "IT-enabled services" (Kern et al., 2002) and "utility computing" (Westerman and Ross, 2003) are suggestive of an important side effect of technology that has been one of the key characteristics of "modernization" since the beginning of the first industrial revolution – the expropriation of individual skills into explicit methods and techniques that are then coded in specific turn-key technology "solutions". From a systems perspective, the same phenomenon has been labeled as "black-boxing". The operators of these turn-key solutions no longer have to master the detailed craftsmanship to perform the work that the turn-key solution automates, because the original complexity has been hidden behind the levers and buttons of an interface. As a result, the operator of a programmable lathe needs fewer skills than the old blacksmith, or the factory-trained laborer in a semi-automated shoe factory has a fraction of the skills of the old shoemaker. Modern IT has facilitated extending this market logic of commoditization to white-collar work — clerical work initially (e.g., payroll computations), but growing now to encompass business processes in general (business process outsourcing). Hence, IT has served both as a medium and catalyst of turning subjective skills and know-how into a market commodity that can be contracted out to the lowest bidder. It is important to add that whilst commoditization is not wholly dependent on IT (the causes of commoditization are deeply rooted in the progress ideal of the enlightenment and liberalist ethics of market economics), IT does fundamentally extend the reach and speed with which it spreads throughout the economic system.

IT also plays a secondary enabling role in this second wave of outsourcing. The growth of offshoring would have been impossible were it not for the advances in and availability of high speed/high bandwidth, reliable global networks. Businesses have come to rely on such global networks as they offer myriad new strategic options for structuring IT and business operations. These technologically sophisticated networks have opened the door for outsourcing and offshoring. With these global networks, organizations have typically started with smaller projects as a "proof of concept" (e.g., that outsourcing IT to a third party offshore provider could be done). Such projects allowed organizations to feel comfortable with the viability of this option, but also to develop the detailed know-how and skills to broaden its use. Today, most U.S. industry is poised to take full advantage of offshore outsourcing, moving many IT and other knowledge worker jobs from the U.S. to countries such as India and China.

With the increased acceptance of outsourcing, not only have the number of outsourcing deals increased, but also the complexity and importance of the nature of work outsourced. This has led to much-required attention to governance of outsourcing arrangements without which the expected outcomes from these deals would not be fully realized. With sophisticated outsourcing relationship management tools, IT now provides for efficient governance of outsourced operations. In *this third wave* of outsourcing, we see IT transforming the management of outsourcing. While outsourcing managers have relied on IT in the past, the current tools provide hitherto unreachable levels of real-time feedback that could reduce the risk of failure and facilitate the achievement of expected business benefits.

In the following section, a brief history of the first wave of outsourcing as it relates to IT is presented. The fourth section specifically focuses on offshore IT outsourcing and begins with a description of the various models used to implement offshore outsourcing. A brief history of offshore outsourcing is presented next. This is followed by a discussion about the drivers and benefits as well as the challenges of offshore outsourcing. The fifth section briefly presents the events in the third wave of outsourcing, where an increasing attention to outsourcing governance presents another role for IT.

The first wave: outsourcing of IT

Although companies outsource IT for many reasons, industry watchers generally attribute the growth of the IT outsourcing market to two primary phenomena (Lacity et al., 1994). First, interest in IT outsourcing is largely a consequence of a shift in business strategy. Many companies have recently abandoned their diversification strategies – once pursued to mediate risk – to focus on core competencies. Senior executives have come to believe that the most important sustainable competitive advantage is strategic focus by concentrating on what an organization does better than anyone else while outsourcing the rest. As a result of this focus strategy, IT came under scrutiny. Senior executives frequently view the entire IT function as a non-core activity, and believe that IT vendors possess economies of scale and technical expertise to provide IT services more efficiently than internal IT departments. This transfer to external vendors was, of course, made possible by the commodity nature of IT — as explained in the previous section. Second, the growth in outsourcing may also be thought as a function of the unclear value delivered by IT. In many companies, senior executives view IT as an overhead — an essential cost but one to be minimized nevertheless. Thus, if through outsourcing IT can be done less expensively, it is adopted (Hirschheim and Lacity, 2000).

Initially, IT outsourcing consisted of an external vendor providing a single basic function to the customer, exemplified by facilities management arrangements where the vendor assumed operational control over the customer's technology assets, typically a data center. Outsourcing of information systems began to evolve in 1963 when Ross Perot and his company Electronic Data Systems (EDS) signed an agreement with Blue Cross of Pennsylvania for the handling of its data processing services. This was the first time a large business had turned over its entire data processing department to a third party. Such an arrangement was different from other "facilities management" contracts that EDS had entered into because, in the Blue Cross case, EDS took over the responsibility for Blue Cross's IT people. This deal extended the previous use of third parties to supplement a company's IS (e.g., the use of contract programmers, timesharing, the purchasing of packaged software, the management of the data processing facilities, systems integration, and service bureaus). Following on from the

Blue Cross deal, EDS's client base grew during the 1970s to include such noteworthy customers as Frito-Lay and General Motors. However, the real interest in outsourcing occurred during the mid-1980s when EDS signed contracts with Continental Airlines, First City Bank and Enron. These deals signaled an acceptance of outsourcing, which heretofore did not exist.

By the end of the 1980s, IBM entered the outsourcing arena. It formed its ISSC division that would compete directly against EDS. It was an immediate success. ISSC signed its first deal with Kodak in 1989. This deal, for all intents and purposes, signaled the arrival of the IS outsourcing mega-deal. It also legitimized outsourcing. Prior to the Kodak deal, IT outsourcing deals had been entered into, but little interest seemed to be generated by such deals. Kodak's $1 billion outsourcing deal led to the widespread interest in outsourcing. Some have referred to this as "the Kodak effect" (Caldwell, 1995). No longer was it possible to say "IT is strategic and hence can not be turned over to a third party". If Kodak could do it, any organization could do it. Indeed, this became the mantra for IT outsourcing. Following on from the success of the Kodak deal, other well known companies quickly followed suit — General Dynamics, Delta Airlines, Continental Bank, Xerox, McDonnell Douglas, Chevron, Dupont, JP Morgan, and Bell South. Nor is the trend strictly a U.S. phenomenon. Deals by Lufthansa in Germany; Inland Revenue, Rolls Royce, BP and British Aerospace in Britain; KF Group in Sweden; Canada Post in Canada; the South Australia government, Telestra, LendLease, and the Commonwealth Bank of Australia in Australia; Swiss Bank in Switzerland; and Bank di' Roma in Italy signal the rise of outsourcing globally.

Outsourcing has evolved from the one vendor-one client arrangement — where the vendor provides ostensibly all IT services to its client — to complex arrangements involving multiple vendors and multiple clients (Gallivan and Oh, 1999). Outsourcing now embraces significant partnerships and alliances — EDS likes to refer to them as "co-sourcing deals" — where client and vendor share risk and reward. The deals have moved beyond simple cost-savings to include value-based outsourcing, equity-based outsourcing, e-business outsourcing, and business process outsourcing (BPO).

One of the attractions, and indeed a primary reason, that vendors enter into outsourcing arrangements is that it provides them with a relatively long-term revenue stream. This is in contrast to IT consulting engagements, with their attendant uncertainties and fluctuations. Long-term outsourcing arrangements help stabilize vendor business volume and revenue, making planning more predictable, and increase shareholder's comfort levels.

More recently, the industry has seen the growth of several new areas of IT outsourcing (Dibbern et al., 2004). One is web and e-business outsourcing where vendors are contracted to provide web-based applications to enable a firm to move into the e-business era. A second growth area surrounds the emergence of the application services provider (ASP) industry. ASPs buy, install, and manage enterprise applications at remote data centers and host them for customers via a broadband connection, usually over the internet (Kern et al., 2002; Susarla et al., 2003). A third growth area is in backsourcing, where companies who initially outsourced their IT decide to bring it back in-house. This might occur through early contract termination or simply pulling the function back internally after the contract runs out (Hirschheim, 1998; Overby, 2003a). A fourth growth area — which many think will be the next major wave of outsourcing — is in offshore outsourcing or "offshoring" (Robinson and Kalakota, 2004; Morstead and Blount, 2003). This trend is unmistakable and is explored in more depth next in the chapter.

The second wave: offshore outsourcing, business process outsourcing

An outsourcing arrangement is considered "offshore outsourcing" when the responsibility for management and delivery of information technology services is delegated to a vendor who is located in a different country from that of the client (Sabherwal, 1999). Two possible scenarios exist here: near-shore outsourcing and offshore outsourcing;[1] the key difference between the two is the geographical distance between the client and the vendor. For U.S. clients, near-shore refers to Mexico or Canada, and offshore refers to more remote countries such as India, China, Russia, Malaysia, Hungary, Hong Kong, Singapore, the Philippines, Ireland, Israel and Eastern Europe (Apte, 1990; Jones, 2004; Lacity and Willcocks,

---

[1] The term "global outsourcing" is sometimes used to refer to near-shore and offshore outsourcing together.

2001; Rottman and Lacity, 2004). Since these two scenarios are essentially the same in all aspects, except the distance from client location to vendor location, most authors combine these alternatives when referring to offshore outsourcing. In this chapter also, the term "offshore outsourcing" will be used to refer to both scenarios and include any situation where a client contracts with a vendor in another country for the provision of part or all of the IT services.

While offshore outsourcing made up only 1.4% of total outsourcing contracts in 2003, the value of offshore outsourcing contracts rose 890% from the previous year to $1.66 billion (EBusiness Strategies, 2004). Over 50% of Fortune 500 companies have offshore outsourcing as part of their sourcing strategy (EBusiness Strategies, 2004). IT outsourcing dominates offshore outsourcing; the numbers cited for offshore outsourcing of IT services range from 28% (<www.offshoreitoutsourcing.com>) to 50% (<www.neoIT.com>) of all offshore outsourcing. Among the various IT services, applications development, maintenance and support are most likely to be outsourced to offshore locations (<www.neoIT.com>).

A related development has been the outsourcing of IT-enabled services and BPO. Many offshore IT vendors have produced offshoots to manage BPO deals. Examples are Wipro's Spectramind and Infosys' Progeon. The BPO market is making giant strides; it is estimated that the offshore BPO market will grow at a rate of 79% annually to reach a size of $24.2 billion, while the offshore IT outsourcing market is expected to grow at a rate of 43% to $56 billion by 2008 (EBusiness Strategies, 2004). Outsourcing vendors are setting their goals higher up in the value chain to the realm of Knowledge Process Outsourcing (KPO). It is projected that the global KPO market will grow to $16 billion by 2010, with about 75% of it in the hands of Indian vendors (*Times* of India, 2005).

In the following sub-section, different business models for offshore outsourcing of IT are presented. This is followed by a short historical perspective of the offshore outsourcing industry in India and an examination of the business drivers of offshore outsourcing of IT. This section on offshore outsourcing concludes with a discussion of the challenges of offshore outsourcing.

Offshore outsourcing arrangements

Offshore outsourcing comes in a variety of flavors to match the client's desire for ownership and control; these are conventional offshore outsourcing arrangements, joint ventures (JV), build-operate-transfer (BOT) arrangements, and captive center arrangements.

▼ In *conventional offshore outsourcing*, a client enters into a contract with an offshore vendor through either the establishment of a direct relationship with the offshore vendor or through a partner organization established to channel work to the offshore vendor (Khan et al., 2002; Kumar and Willcocks, 1996; Morstead and Blount, 2003; <www.NeoIT.com>). The client pays a determined fee for services provided by the vendor. The offshore vendor usually maintains a small marketing and personnel base in the client's country (Kumar and Willcocks, 1996). An Offshore Development Center (ODC) is a special case of this arrangement, where the client requests the vendor to devote specific resources (both physical and human) to service its account (<www.NeoIT.com>). Examples of organizations using a conventional offshore outsourcing strategy are DoCoMo with Wipro; Johnson Controls with Infosys; Exult with Hexaware; and Nortel with Wipro, TCS, InfoSys and Sasken. A poll at the neoIT.com website conducted in May 2003 showed that clients are quite comfortable with this arrangement and have no qualms in handing over the work to offshore firms.

▼ A *joint venture* is an arrangement where a domestic client and an offshore vendor form a third entity with the goal of creating a synergistic solution (Khan et al., 2002; Kumar and Willcocks, 1996; Morstead and Blount, 2003; Rajkumar and Dawley, 1998; Sobol and Apte, 1995). Examples of offshore JVs are TRW and Satyam, MasterCard and Mascon, Cendant and IGTS, and Carreker and Master.

▼ A *build-operate-transfer* (BOT) is an arrangement where a domestic client contracts with an offshore vendor to set up an offshore center (Morstead and Blount, 2003; <www.NeoIT.com>, 2004). The vendor is responsible for the acquisition of facilities and personnel, and for running the center on predefined terms for a defined period. When the center and the services are properly established, the management and the ownership of the center established are transferred to the client if the client decides to buy the center at that point. Organizations that have entered into BOT arrangements include P&O Lloyd, Peoplesoft, and AIG.

▼ A *captive center* is a subsidiary established by a domestic organization in a foreign country (Anthes, 1993; Khan et al., 2002; Kumar and Willcocks, 1996; Morstead and Blount, 2003; <www.NeoIT.com>, 2004). Examples of organizations using captive centers are GE, Intel, British Airways, Conseco, Citibank, Motorola, and Mattel.

While the client usually has a low to medium level of control on the operation and delivery services in conventional offshore outsourcing, the client retains full ownership and control of the assets, personnel, management, and operations of a captive center. In joint ventures and BOT arrangements, the client is able to take advantage of the vendor's knowledge of the local market, while retaining a certain amount of control. In addition, such shared ownership can reduce the risk of offshore outsourcing.

Conventional offshore outsourcing is implemented using a mix of on-site (at the client's location), on-shore (vendor's office and/or development centers in the client's country), and offshore resources (Kumar and Willcocks, 1996). Pure offshore models call for all the work being done offshore and the finished product being delivered to the client site; often an account manager from the vendor side will be located at the client site. In a second business model, the vendor maintains an office in the client's location which functions as the primary interface between the client and the vendor. In yet another variation of the mix, some of the vendor employees working on the project may be positioned at the client's site or different vendor employees may be rotated through the client's site. The pure offshore model offers the largest cost savings, by way of labor arbitrage (Kumar and Willcocks, 1996; McFarlan, 1995). In fact, some of the earlier offshore outsourcing arrangements were based on this model, as can be observed from the discussion in the next section.

Evolution of offshore outsourcing

While the "Kodak deal" is considered the turning point in the history of domestic IT outsourcing, no similar watershed event occurred in offshore IT outsourcing; it was more a case of "water seeping under the door". Offshore outsourcing is not a new phenomenon; U.S. organizations have been outsourcing to vendors in other countries for more than two decades. Outsourcing consultant, Jag Dalal, shared the story of such an offshore arrangement from the early eighties, with one of the researchers (Dalal, 2004b). While working as director of Management Information Systems at Data General[2] (a manufacturer of information systems storage systems and open systems servers) in the early eighties, Dalal entered into an agreement with an Indian firm called Data Conversion Inc[3] (now known as Patni Computer Systems) for software development. Since the communications infrastructure available today was not in place at that time, requirements and other information were sent to India "in a pouch" on the Air-India flight. The development work was done in India and code was sent back on next day's return flight, and comments and corrections were then sent to India by the same method. The exchanges continued in this manner for each project, until completion.

The origins of offshore outsourcing (in India) can be traced back to the seventies. In the mid-seventies, Tata Consultancy Services (TCS), the IT arm of the industrious Tata Group, entered into an agreement with Burroughs[4] and developed applications for them. TCS also got a contract from Institutional Group & Information Co (IGIC)[5] to maintain and upgrade their information systems in the U.S. Meanwhile, a policy decision by the Indian government limiting foreign investment forced IBM (who had been in India since 1952) to pull out of the country. This sudden exit forced the Indian IT industry to be creative in their software development so that they could extract the most from the aging systems that remained and the limited computer systems that could be put together internally (Rapoport, 1996). The void created by IBM's exit also provided opportunities for firms like Infosys and Patni Computer Systems to enter the IT market. Economic

---

[2] Data General was acquired by EMC in 1999.
[3] Data Conversion Inc. was the distributor for Data General in India at that time.
[4] Now part of Unisys.
[5] A data centre in the banking sector in northeast U.S., in the seventies.

liberalization in the early nineties changed the landscape yet again, and foreign firms that had left and new ones arrived in India to find "a home-grown expertise in elegant, economical software writing" (Rapoport, 1996) and the "India brand" was born.

The current wave of offshore outsourcing got its impetus from the Y2K phenomenon (Reingold, 2004). Faced with a lack of professionals to complete the Y2K remediation work, U.S. organizations looked to foreign shores for professionals capable of doing this work. Many foreign software organizations, who were biding their time to get into foreign and more lucrative markets, saw this as their opportunity to get the proverbial "foot in the door". Simultaneously, the telecommunications infrastructure developed to a level where it was practical and cheaper to do work remotely.

From there, there was no looking back and today offshore outsourcing is a well-accepted practice in business. There are many strong contenders in the offshore IT outsourcing industry from China, Ireland, Philippines, Vietnam, and other countries. In fact, offshore resources have been so well recognized that many U.S. and European IT firms have opened their own centers in India, China, Philippines, and other locations. The offshore outsourcing industry has also evolved in this process with mergers and acquisitions across and within national borders. Foreign firms are trying to firm up their foothold in the U.S. market by acquiring U.S. firms, while U.S. firms are trying to gain access to resources available elsewhere by entering into agreement with local firms in those locations (Currie, 2000) .

All this activity has pushed offshore outsourcing into the limelight recently — unfortunately, not always in a positive vein. The dot-com bust and the resulting loss of jobs intensified the concerns about loss of domestic jobs to foreigners and fuelled public sentiment against outsourcing, particularly in this election year — 2004. A number of reports in the popular media about "outsourcing" — with arguments both "for" and "against" the practice — kept the issue in the public eye. However, if media attention can be considered indicative of public interest, it appears that the uproar has calmed down quite a bit. For instance, *The New York Times* carried close to 50 articles mentioning "outsourcing" in February of this year, but by June, this number had come down to about 20. Similarly, *The Wall Street Journal* had more than 60 articles related to outsourcing in February, but

35 in June. Some are able to see a silver lining on this dark cloud; an Indian vendor firm representative commented that this attention has served to increase the global awareness of the capabilities of IT firms all over the world.

Business drivers of offshore outsourcing

While IT plays an enabling role, it is a complex set of business factors that drive the move towards offshore outsourcing. As in all outsourcing, a major factor is the continued pressure to cut costs associated with IT while maintaining and improving processes. Thus, the availability of less expensive but qualified resources in other countries makes offshore outsourcing quite an attractive option to these client organizations (Apte, 1990; Kumar and Willcocks, 1996; McFarlan, 1995; Nicholson and Sahay, 2001; Rajkumar and Dawley, 1998). Since labor costs in offshore countries are typically much lower, organizations considering offshore outsourcing can potentially save a significant amount of money through offshore outsourcing. In fact, some firms that have outsourced projects offshore claim to have saved 50% to 70% over the cost of outsourcing similar projects to domestic vendors.

Client organizations have also turned to offshore outsourcing because of the lack of IT resources to perform certain IT tasks. Faced with the unavailability of trained professionals, organizations look to foreign shores to gain access to knowledgeable IT personnel and valuable IT assets (Apte et al., 1997; Morstead and Blount, 2003; Terdiman, 2002). Many offshore vendors, especially those from India, have well-trained IT personnel with the requisite technical knowledge and skills that meet clients' needs. These vendors have also recognized the need to train their employees in the latest technologies and have established world-class facilities to do so (Khan et al., 2002).

In addition, offshore vendors have obtained certifications to prove their ability to execute and deliver quality work. These certifications assure the client organizations that the vendor is following quality practices in the management of the project. Initially, vendors aimed to align their practices with the ISO 9000[6] series of standards. Today, the CMM[7] certification has become the industry standard used in assessing a vendor's capability in the offshore outsourcing market. Clients are more likely to choose vendors with a level 3 or higher rating (Qu and Brocklehurst, 2003). Many vendor organizations, particularly those from India, have achieved the highest level of CMM certification, CMM5. Mohnot (2003) reports that of the eighty organizations achieving CMM5 by the end of 2003, sixty were Indian firms. Now, these vendor organizations are taking the next step and aligning their business practices with the People CMM[8] framework; they are also using the Six Sigma[9] methodology to reduce variation and assure quality in operations (NASSCOM). In addition, many vendor firms ensure they meet global security standards and obtain information security certifications such as ISO 17779[10] as well. To the client organization, the certification is a form of guarantee that offshore vendors have the ability to provide comprehensive IT solutions with good documentation methodology (Carmel and Agarwal, 2001, 2002; Ramanujan and Lou, 1997). The certifications also serve to enhance the reputation of the vendor firm by creating the perception that offshore vendors have the ability to provide higher quality services (Elmuti and Kathawala, 2000; Goolsby, 2002; Morstead and Blount, 2003; Pruitt, 2004; Ramarapu et al., 1997; Terdiman, 2002). This assurance of quality at low costs is a major driving factor in the move towards offshore outsourcing.

Business organizations today are driven by the pressures of globalization, where it has become necessary to provide services constantly to customers around the world (Apte et al., 1997). With offshore outsourcing, the time differences between the client and the vendor allow them to have 24x7, "round-the-clock" services. Additionally, the longer work day and

---

[6] ISO 9000 series of standards was developed by the International Standard Organizations. ISO 9001 relates to software development and identifies the requirements for a quality system (Paulk, 1995).

[7] CMM is a standard certification for software development process developed by the Software Engineering Institute at Carnegie Mellon.

[8] People CMM is a process targeted at developing, motivating, and managing an organization's work force and has five levels similar to of the Capability Maturity Model for software (CMM).

[9] Six Sigma is a disciplined data-driven methodology for eliminating defects (<www.isicsigma.com>).

[10] ISO 17779 is an information systems security standard that provides "a comprehensive set of controls comprising best practices in information security" (<www.iso-17799.com>).

Information technology outsourcing 189

efficient distribution of work between the client location and vendor location helps to increase IT productivity (Carmel and Agarwal, 2001, 2002; Goolsby, 2002; Herbsleb and Moitra, 2001; Karamouzis, 2002; Morstead and Blount, 2003; Rajkumar and Dawley, 1998; Terdiman, 2002). Finally, as in domestic outsourcing, the bandwagon effect (Lacity and Hirschheim, 1993) comes to play in offshore outsourcing as well. The sheer fact that these offshore choices are available and that other organizations are taking advantage of those options prompt other organizations to consider offshore outsourcing (Carmel and Agarwal, 2001, 2002; DiamondCluster, 2004; Gopal et al., 2002; Overby, 2003b; Qu and Brocklehurst, 2003).

Challenges of offshore outsourcing

Offshore outsourcing is not without its challenges; in a Gartner survey of 219 clients conducted in 2003, more than half failed to realize the expected value from offshore outsourcing.[11] A similar number was found in research conducted by Ventoro;[12] only 45% of the 5231 client executives polled by Ventoro considered their offshore engagement to be a success (Ventoro Report, 2005). The geographical separation and cultural differences have posed a challenge for clients and offshore vendors in the management of outsourcing arrangements. Additionally, the recent political uproar and public disfavor towards offshore outsourcing has forced many organizations to reconsider their decisions or keep such moves beneath the public radar. The challenges posed by offshore outsourcing can be placed into four categories: cultural factors, geographical distance, infrastructure and security issues, and morale and public opinion issues.

Cultural factors

Different national cultural values mold two distinct organizational cultures which can cause problems in the relationship between the client and the vendor (Karamouzis, 2002; Overby, 2003b; Qu and Brocklehurst, 2003; Ramarapu et al., 1997). If the employees of both firms are not fluent in a common language, it becomes quite difficult to communicate (Apte et al.,

---

[11] Cited in "Shifting work offshore? Outsourcer beware" (*Business Week Online*, Jan. 12, 2004).
[12] Ventoro is an outsourcing research and consulting firm based in Portland, Oregon.

1997; Davison, 2004; Krishna et al., 2004; Morello, 2003b; Patrick, 2004). Even when employees from both organizations speak the same language well enough, the differences in nuances hinder communication. Nicholson and Sahay (2001) narrate the story of Sierra, an UK firm, and its Indian subsidiary. Differences in accent and differences in meanings attached to words caused considerable problems in communication. Additionally, the deference to hierarchy practiced by the Indian employees did not sit well with the employees at the Sierra UK location, who were used to an environment where people shared and shot down ideas regardless of their position in the organization. While the Indian employees delivered the work assigned to them on time, they spent more hours than was assigned to the project, again causing friction between the two organizations. The case exposes various cultural issues organizations venturing offshore need to be aware of — language, language usage, and even work styles. Even differing holiday calendars can contribute to increased complexity of managing offshore projects. To alleviate the problems caused by cultural differences, vendor firms typically invest in cultural training. Krishna et al. (2004) exhort client firms to do the same to create an environment of mutual understanding that will support all the activities required to complete the delivery of the outsourced IT service.

Geographical distance

The physical distance between the client's location and the vendor's location can lead to considerable challenges in the management of the offshore projects (Gopal et al., 2003; Herbsleb and Moitra, 2001). Information and communication technologies that provide conferencing capabilities help overcome some of the problems posed by distance; however, these cannot match the efficacy of face-to-face meetings, especially when problems arise. Most vendor firms, therefore, supplement these tools with face-to-face meetings on a regular basis. These conferencing facilities are not usually available at every location, and thus even electronic conferencing may involve some travel. Organizations sometimes overlook the travel and relocation costs associated with managing an offshore project and thus do not realize the expected savings.

Yet another challenge related to the geographical separation between the client and the vendor stems from the inept handling of the time difference between their locations (Apte et al., 1997; Goolsby, 2002). While this may appear to be a small issue, it generates quite some resentment. Vendor firm employees believe that they are forced to bend over backwards to set meetings at times convenient to client firm employees and client representatives complain that vendor firm employees do not respect their schedules. One large oil company headquartered in Houston (Texas) has outsourced applications development work to an Indian firm; a manager from the oil company recounted how he was woken up by telephone calls from a vendor representative to his cell phone in the middle of the night, sometimes three or four times a night. A vendor firm employee in India presented the other side of the story; she described how she had to stay after work, sometimes for five or six hours, to take calls from the client. Employees at vendor firms in India commented how these long working hours added to the work pressure, creating an untenable situation. Some disruption to personal schedule is inevitable with the time zone difference. If individuals in both client and vendor organizations remain sensitive to the time difference in planning conferences, it would go a long way towards creating a collaborative work environment.

Infrastructure and security

The infrastructure available in the vendor's home country will affect the quality of the outsourced service (Apte et al., 1997; Morstead and Blount, 2003; Rajkumar and Dawley, 1998). Telecommunication services may not be very reliable in some of these countries, compounding the problems associated with managing a long-distance relationship. Even basic services that U.S. companies are used to, such as uninterrupted power supply, may be a problem in some parts of the world. However, in many countries, the government recognizes the need to provide the adequate infrastructure for the growth of this industry. For example, in India, "technoparks" that rival facilities available anywhere in the world have been set up to house high-technology ventures.

Organizations looking to offshore locations to meet their outsourcing needs are troubled by reports in the news of security breaches, and theft of code and sensitive data from the vendor's offices (Davison, 2004; Herbsleb and Moitra, 2001; Morstead and Blount, 2003; Smith et al., 1996). While U.S. firms face newer and more stringent laws for ensuring integrity of records and safe handling of data (for e.g., Sarbanes-Oxley), they find that ensuring security in vendor locations is a challenge. For instance, it is very difficult to do a background check on an employee in India (Cooney, 2004). The political instability and terrorist activities in some of these countries are also a concern for organizations sending sensitive material offshore. To assuage client's concerns, vendor firms are ramping up their security measures and obtaining certifications that prove they adhere to accepted standards. As long as the client remains aware of these potential problems and practices due diligence in selecting a vendor, such risks can be minimized. Gartner research experts do not believe that risks offshore are particularly different from that faced onshore; the client just needs to be mindful of the hurdles posed by the local legal and government systems, when working with a vendor from another country (Willoughby, 2003).

Employee morale and public opinion

The client organization may face resistance from within when employees are confronted with loss of their jobs should offshore outsourcing take place (Baruch and Hind, 2000; DiamondCluster, 2004; Karamouzis, 2002; Morello, 2003a; Morstead and Blount, 2003). While some contend that the U.S. economy as a whole would benefit from offshore outsourcing (ITAA, 2004), that is of small consolation to the employee who has to train his replacement before being terminated. Such tales fuel the opposition from employees and labor unions and bring negative publicity (DiamondCluster, 2004). It may also lead to the occurrence of a "survivor syndrome" among remaining employees that affects their morale, productivity, and performance (Baruch and Hind, 2000; DiamondCluster, 2004; Karamouzis, 2002a; Morello, 2003a; Morstead and Blount, 2003). In addition, organizations are also concerned about their customers' (King, 2004; Patrick, 2004), and stockholders' opinions (Furlonger et al., 2003) towards offshore outsourcing since negative evaluations may result in reduced market share or dropping stock prices (King, 2004). While some displacement of workers is inevitable in all outsourcing, sensitive and responsible handling of job displacement will go a long way to reduce the negative sentiment towards this practice.

At another level, opponents to offshore outsourcing focus on the potential consequences of the displacement of domestic jobs by offshore workers on the economic structure of the country (DiamondCluster, 2004; Elmuti and Kathawala, 2000; Karamouzis, 2003a; Karamouzis et al., 2002). McLaughlin (2003), quoting a recent Forrester research report, suggests that 27,000 U.S. computer and mathematical jobs have moved offshore in 2000, predicting the number to be 180,000 by 2005, growing to 470,000 by 2015. Pretzlik (2003), quoting a financial industry survey done by Deloitte, predicts that at least 2 million jobs are at risk of being offshored as organizations plan to transfer their operations offshore. Similarly, Thottam (2004) predicts that all non core jobs that can be reduced to a contract will be offshored in the coming years and that around 3.3 million U.S. jobs could be gone by 2015. More importantly, at least 11% of all U.S. jobs (approximately 14 million jobs) are at risk of being offshored, with the key areas being: telephone call centers, computer operator, data entry, programming, business and financial support, paralegal and legal support, diagnostic support services, accounting and bookkeeping.

The loss of technical IT knowledge and IT talent to a foreign country has also been raised as a major concern (Koch, 2003; Morello, 2003c). Driven by such public sentiment, new governmental regulations that impose stricter policies against offshore outsourcing have been introduced. For example, Connecticut recently introduced the U.S. Workers Protection Act that prohibits the use of federal funds for offshore work (Thibodeau, 2004). Similarly, Washington State also has regulations that bar state agencies from using offshore vendors (King, 2004). It can also be argued that these laws indirectly convey a government's viewpoint towards offshore outsourcing (DiamondCluster, 2004; Smith et al., 1996).

The management of any outsourcing relationship involves balancing the conflicting needs of the client and vendor organizations while ensuring that the outcome is beneficial and satisfactory to all. The challenges discussed above make the management of offshore outsourcing an even more complex endeavor, and lack of attention to these issues can lead to problems in completing the project as planned or obtaining the expected benefits.

It is critical that an organization considering offshore outsourcing take the time to evaluate the challenges and study how other organizations have handled these challenges. Such an evaluation can help determine which model of offshore outsourcing would fit the organization and would contribute to developing outsourcing management practices that could reduce the risks associated with offshore outsourcing.

The third wave: IT and outsourcing governance

The success of an outsourcing arrangement is critically dependent upon establishing and following an effective governance process, a process for managing the outsourcing arrangement. Unfortunately, this is a premise that many client and vendor organizations are just waking up to. The root cause of a large percentage of outsourcing failures can be traced to the lack of effective governance. Often organizations realize the need for a governance program only after they run into trouble in the outsourcing arrangement (Dalal, 2004a). Outsourcing governance encompasses a complex set of issues, including performance measurement and management, staffing and talent management, and relationship building and development. Outsourcing consultants and researchers estimate that around 8% of the contract value will be spent on governance.

In today's multi-sourced environment, organizations managing multiple vendors and outsourced processes face additional challenges as these relationships become increasingly complex. Client and vendor managers need to analyze and manage huge amounts of information to satisfy the clauses of the contract and service level agreements. Typically, these tasks were completed using spreadsheets and email or homegrown applications. However, as outsourcing projects have increased in complexity and magnitude, there is a need for tools that can manage a range of functions, including performance monitoring and measurement, tracking of changes, and reporting — making governance operational. These tools need to pull data automatically from multiple sources within the organizations and thus must be capable of integration with existing applications and infrastructure in the organization.

Various technology solutions exist in this area — Business Intelligence tools, Business Process Management tools, Enterprise Resource Planning modules that offer performance analytics and reporting, and Service Level Management tools. Vendors of the last set of tools have been pitching them directly to the outsourcing market. Examples of Service Level Management tools include Digital Fuel's ServiceFlow®, Oblicore's Guarantee®, Enlighta's Govern®, and Janeeva's Assurance®, among many. These tools can bring real-time visibility and insight into the performance, quality, responsiveness, and compliance of services delivered by the service providers, as well as by in-house services organizations. The vendors of these new software tools promise considerable savings on costs associated with governance and higher probability of achieving expected outcomes through the management of compliance, performance, and relationship risks. Thus, in this third wave of outsourcing, IT could transform the management of outsourcing and ensure the realization of organizations' expectations from outsourcing.

Conclusion

Given the benefits and the continuing commoditization of IT, outsourcing and particularly offshore outsourcing of IT products and services has become a feasible option for organizations to achieve their IT sourcing objectives. By most estimates, offshore outsourcing is expected to grow dramatically; for instance, Meta Group predicts that offshore outsourcing will grow by at least 20% annually (EBusiness Strategies, 2004). Practitioners and industry observers alike anticipate that offshore outsourcing will soon evolve to a maturation state where all stakeholders would be comfortable with the offshoring model. Once in that comfort zone, offshore outsourcing of IT and IT-enabled services will become an integral part of conducting business. In fact, many industry observers feel that we have reached the "tipping point" in offshore outsourcing of IT.

The continuing debate on offshore outsourcing in the U.S. centers on the loss of domestic jobs. Proponents of offshore outsourcing have argued that offshore outsourcing brings considerable benefits to the organization involved as well as to the economy of their respective countries. Additionally, proponents further assert that the innovativeness that has placed the American industry in the lead position in the global economy will continue to create new opportunities for organizations and new paths for qualified professionals to follow. This advancement would not only contribute to the growth of the American economy, but would stimulate the global economy as well by promoting the development of related IT services industry in various countries. To realize these prospects, it is also important for U.S. universities to step up to the challenge and prepare their IT graduates for working in this new global economy (Hirschheim et al., 2005).

The bottom line is that outsourcing and offshore outsourcing are business practices that are here to stay. Despite what some opponents think or hope, it is not a passing fad. Organizations as well as their employees will have to prepare themselves for this change. Organizations can aid their employees in this preparation by communicating with them on a timely basis and providing opportunities for training and retooling. Meanwhile, organizations have to rethink their sourcing strategy. This examination will help them in selecting the best vendor(s) for their needs, developing a contract that supports their goals and creating a relationship management process that keeps the outsourcing project responsive to their current and changing requirements. Software tools that can assist them in this endeavor are available today; these tools will also continue to evolve. The future won't be easy, but nobody said it would. Although outsourcing creates many challenges and uncertainties for both clients and vendors, it is a trend which is not only here to stay, but will continue to grow.

References

ANTHES, G. In depth; not made in the USA. *Computerworld*, 1993.

APTE, U. Global outsourcing of information systems and processing services. *Information Society*, v. 7, n. 4, p. 287-303, 1990.

_____; SOBOL, M. G.; HANAOKA, S.; SHIMADA, T.; SAARINEN, T.; SALMELA, T.; VEPSALAINEN, A. P. J. IS outsourcing practices in the USA, Japan and Finland: a comparative study. *Journal of Information Technology*, v. 12, n. 4, p. 289-304, 1997.

BARUCH, Y.; HIND, P. "Survivor syndrome" — a management myth? *Journal of Managerial Psychology*, Emerald, p. 29, 2000.

CALDWELL, B. Outsourcing megadeals — more than 60 huge contracts signed since 1989 prove they work. *Information Week*, v. 552, Nov. 6, 1995.

CARMEL, E.; AGARWAL, R. *Offshore sourcing of information technology work by America's largest firms.* Washington, DC: Kogod School, American University, 2000.

_____; _____. Tactical approaches for alleviating distance in global software development. *IEEE Software*, p. 22-29, Mar./Apr. 2001.

_____; _____. The maturation of offshore sourcing of information technology work. *MIS Quarterly Executive*, v. 1, n. 2, p. 65-78, 2002.

CARR, N. IT doesn't matter. *Harvard Business Review*, v. 81, n. 5, May 2003.

CLARK, T.; ZMUD, R.; McCRAY, G. The outsourcing of information services: transforming the nature of business in the information industry. *Journal of Information Technology*, v. 10, p. 221-237, 1995.

COONEY, M. Assessing the offshore outsourcing security risk. June 28, 2004. Disponível em: <http://www.nwfusion.com>. Acesso em: Aug. 12, 2004.

CURRIE, W. The supply-side of IT outsourcing: the trend towards mergers, acquisitions and joint ventures. *International Journal of Physical Distribution & Logistics Management*, v. 30, n. 3/4, p. 238-254, 2000.

DALAL, J. Governance: the secret sauce of outsourcing success. *Offshore Business Sourcing*, p. 5-11, Apr. 2004a.

_____. *Offshore outsourcing.* E-mail to B. G. Aug 11, 2004b.

DAVISON, D. Top 10 risks of offshore outsourcing. *CIO*, 2004.

DIAMONDCLUSTER. *2004 Global IT Outsourcing Study.* DiamondCluster International, 2004.

DIBBERN, J.; GOLES, T.; HIRSCHHEIM, R.; JAYATILAKA, B. Information systems outsourcing: a survey and analysis of the literature. *Database.* Forthcoming.

EBUSINESS STRATEGIES. *Offshoring statistics*: dollar size, job loss, and market potential. Disponível em: <http://www.ebstrategy.com/Outsourcing/trends/>. Acesso em: Aug. 10, 2004.

ELMUTI, D.; KATHAWALA, Y. The effects of global outsourcing strategies on participants' attitudes and organizational effectiveness. *International Journal of Manpower*, v. 21, n. 2, p. 112-128, 2000.

FURLONGER, D.; COURNOYER, S.; COLLINS, K.; REDSHAW, P. *White-collar job loss due to offshore outsourcing inflated.* Gartner, 2003. Note number: QA-20-2590.

GALLIVAN, M. J.; OH, W. Analyzing IT outsourcing relationships as alliances among multiple clients and vendors. ANNUAL INTERNATIONAL CONFERENCE ON SYSTEM SCIENCES, 32. *Proceedings...* Hawaii, 1999.

GOOLSBY, K. *Offshore is not offhand.* Dallas: Everest Group, 2002.

GOPAL, A.; MUKHOPADHYAY, T.; KRISHNAN, M. S. The role of software processes and communication in offshore software development. *Communications of the ACM,* v. 45, n. 4, p. 193-200, 2002.

_____; SIVARAMAKRISHNAN, K.; KRISHNAN, M. S.; MUKHOPADHYAY, T. Contracts in offshore software development: an empirical analysis. *Management Science,* p.1.671-1.683, 2003.

GROSS, G. CEOs defend moving jobs offshore at tech summit. *IDG News Service,* 2003.

GUPTA, U. G.; RAVAL, V. Critical success factors for anchoring offshore projects. *Information Strategy: The Executive's Journal,* v. 15, n. 2, p. 21-27, 1999.

HERBSLEB, J. D.; MOITRA, D. Global software development. *IEEE Software,* v. 18, n. 2, p. 16, 2001.

HIRSCHHEIM, R. A. Backsourcing: an emerging trend? *Infoserver,* Sept. 1998. Disponível em: <http://www.infoserver.com/sep1998/html/academic.html>.

_____; LACITY, M. Information technology insourcing: myths and realities. *Communications of the ACM,* v. 43, n. 2, p. 99-107, Feb. 2000.

_____; LOEBBECKE, C.; NEWMAN, M.; VALOR, J. Offshoring and its implications for the information systems discipline. In: AVISON, D.; GALLETTA, D. (Ed.). INTERNATIONAL CONFERENCE ON INFORMATION SYSTEMS, 26. *Proceedings...* Las Vegas, Dec. 12-14, 2005. p.1.003-1.018.

ITAA. *Executive summary:* the comprehensive impact of offshore IT software and services outsourcing on the U.S. economy and the IT industry. Massachusetts: Global Insight, 2004.

JONES, W. Offshore outsourcing: trends, pitfalls, and practices. *Sourcing and Vendor Relationships,* v. 4, n. 4, 2004.

KARAMOUZIS, F. *Debunking the myths of offshore IT service offerings.* Gartner, 2002. Note number: DF-15-5315.

_____. *The impact on people when going offshore for IT services.* Gartner, 2003. Note number: TG-20-4757.

_____; YOUNG, A.; YOUNG, C.; SINHA, D. Understanding the "human cost" of cost savings. Gartner, 2002. Note number: COM-18-9808.

KERN, T.; LACITY, M. C.; WILLCOCKS, L. *Net sourcing*: renting business applications and services over a network. Upper Saddle River, NJ: Prentice-Hall, 2002.

KHAN, N.; CURRIE, W. L.; WEERAKKODY, V.; DESAI, B. Evaluating offshore IT outsourcing in India: supplier and customer scenarios. HAWAII INTERNATIONAL CONFERENCE ON SYSTEM SCIENCES, 36. *Proceedings...* 2002.

KING, J. Damage control: how to combat offshore outsourcing backlash. *Computerworld*, 2004.

KOCH, C. Offshore outsourcing: the politics. *CIO*, 2003.

KRISHNA, S.; SAHAY, S.; WALSHAM, G. Managing cross-cultural issues in global software outsourcing. *Communications of the ACM*, v. 47, n. 4, p. 62-66, 2004.

KUMAR, K.; WILLCOCKS, L. Offshore outsourcing: a country too far? EUROPEAN CONFERENCE ON INFORMATION SYSTEMS, 4. *Proceedings...* 1996. p. 1.309-1.325.

LACITY, M. C.; HIRSCHHEIM, R. The information systems outsourcing bandwagon. *Mit Sloam Management Review*, v. 35, n. 1, p. 73-86, Fall, 1993.

_____; WILLCOCKS, L. Realizing outsourcing expectations: incredible expectations, credible outcomes. *Information Systems Management*, v. 11, n. 4, p. 7-18, Fall 1994.

_____; WILLCOCKS, L. P. *Global information technology outsourcing*: in search of business advantage. Chichester: John Wiley, 2001.

LINDER, J. *Outsourcing for radical change*. New York: Amacom, 2004.

MARKUS, L. M. The futures of IT management. *The Database for Advances in Information Systems*, v. 27, n. 4, p. 67-84, Fall 1996.

McFARLAN, F. W. Issues in global outsourcing. In: PALVIA, P.; PALVIA, S.; ROCHE, E. (Ed.). *Global information technology and systems management*: key issues and trends. Nashua: Ivy League, 1995. p. 352-364.

McLAUGHLIN, L. An eye on India: outsourcing debate continues. *IEEE Software*, 2003.

MOHNOT, N. Why "India Inside" spells quality? *Dataquest*, Oct. 2003. Disponível em: <www.dqindia.com>.

MORELLO, D. *Offshore outsourcing rattles IT profession in U.S., Europe.* Gartner, 2003a. Note number: SPA-18-9278.

_____. *The organizational implications of offshore outsourcing.* Gartner, 2003b. Note number: AV-21-1610.

_____. *U.S. offshore outsourcing: structural changes, big impact.* Gartner, 2003c. Note number: COM-20-4837.

MORSTEAD, S.; BLOUNT, G. *Offshore ready:* strategies to plan & profit from offshore IT-enabled services. United States of America: Isani Press, 2003.

NASSCOM. *Business in India > quality.* 2004. Disponível em: <www.nasscom. org>. Acesso em: Aug 15, 2004.

NICHOLSON, B.; SAHAY, S. Some political and cultural issues in the globalization of software development: case experience from Britain and India. *Information and Organization,* n. 11, p. 25-43, 2001.

OFFSHORE IT OUTSOURCING. *IT leading as most active area of outsourcing.* Disponível em: <http://offshoreitoutsourcing.com/Pages/outsourcing_statistics. asp>. Acesso em: Aug. 10, 2004.

OVERBY, S. Bringing IT back home. *CIO,* n. 1, Mar. 2003a.

_____. The hidden costs of offshore outsourcing. *CIO Magazine,* 2003b.

PATRICK, R. B. Signs of offshore backlash growing. *Computerworld Canada,* 2004.

PAULK, M. C. How ISO 9001 compares with the CMM. *IEEE Software,* v. 12, n. 1, p. 74-83, Jan., 1995.

PRETZLIK, C. Finance companies plan shift to low cost countries. *Financial Times,* London, p. 14, Apr. 9, 2003.

PRUITT, S. Survey: 275,000 telecom jobs to go offshore by 2008. *Computerworld,* 2004.

QU, Z.; BROCKLEHURST, M. What will it take for China to become a competitive force in offshore outsourcing? An analysis of the role of transaction costs in supplier selection. *Journal of Information Technology,* v. 18, n. 1, p. 53-67, 2003.

RAJKUMAR, T. M.; DAWLEY, D. L. Problems and issues in offshore development of software. In: WILLCOCKS, L. P.; LACITY, M. C. (Eds.). *Strategic sourcing of information systems.* Chichester: John Wiley, 1998.

RAMANUJAN, S.; LOU, H. Outsourcing maintenance operations to offshore vendors: some lessons from the field. *Journal of Global Information Management*, v. 5, n. 2, 1997.

RAMARAPU, N.; PARZINGER, M.; LADO, A. Issues in foreign outsourcing. *Information Systems Management*, p. 7-31, 1997.

RAPOPORT, R. Bangalore. *Wired*, n. 4, Feb. 2, 1996.

REINGOLD, J. A brief (recent) history of offshoring. *FastCompany*, n. 81, Apr. 2004. Disponível em: <http://www.fastcompany.com/magazine/81/offshore_extra.html>.

ROBINSON, M.; KALAKOTA, R. *Offshore outsourcing*: business models, ROI and best practices. New York: Milvar Press, 2004.

ROTTMAN, J.; LACITY, M. Offshore sourcing: twenty practices for swift learning, risk mitigation, supplier management, cost control, and quality assurance. *MISQ Executive*. Forthcoming.

SABHERWAL, R. The role of trust in outsourced IS development projects. *Communications of the ACM*, v. 42, n. 2, p. 80-86, 1999.

SAHAY, S.; NICHOLSON, B.; KRISHNA S. *Global software work*: micro-studies across borders. Cambridge: Cambridge University Press, 2003.

SMITH, M. A.; MITRA, S.; NARASIMHAN, S. Offshore outsourcing of software development and maintenance: a framework for issues. *Information & Management*, v. 31, n. 3, p. 165-175, Dec. 1996.

SOBOL, M. G.; APTE, U. Domestic and global outsourcing practices of America's most effective IS users. *Journal of Information Technology*, v. 10, n. 4, p. 269-280, 1995.

SUSARLA, A.: BARUA, A.; WHINSTON, A. B. Understanding the service component of application service provision: an empirical analysis of satisfaction with ASP services. *Management Information Systems Quarterly*, v. 27, n. 1, p. 91-123, 2003.

TERDIMAN, R. *Offshore outsourcing can achieve more than cost savings*. Gartner, 2002. Note number: CS-16-3520.

THE ASSOCIATED PRESS. *Tech firms defend moving U.S. jobs overseas*. 2004.

THE CAPTIVE OWNERSHIP OPTION IN OFFSHORING: challenges & opportunities. San Ramon, CA: NeoIT, 2004. Visited in 9 May 2008 on the World Wide Web: <http://jobfunctions.bnet.com/abstract.aspx?docid=144642>

THIBODEAU, P. Anti-offshore-outsourcing groups banding together. *Computerworld*, Feb. 24, 2004.

THOTTAM, J. Is your job going abroad? *Time Magazine*, Mar. 01, 2004.

VENTORO INSTITUTE. *Offshore Outsourcing Research Report 2005.* Jan. 22, 2005. Disponível em: <http://www.ventoro.com>. Acesso em: May 15, 2006.

WADE, W. Offshoring grows, along with a backlash. *American Banker*, v. 169, n. 4, p. 13, Jan. 7, 2004.

WESTERMAN, G.; ROSS, J. Utility computing and the future of IT outsourcing. *IBM Systems Journal*, 2003.

WILLOUGHBY, M. Offshore security: considering the risks. *Computerworld*, Sept. 15, 2003.

Alignment of supply and demand in the information technology outsourcing market of an emerging economy

Jaime Caiceo*
Marcos Sepúlveda**

Introduction

The development of information technologies (IT) in recent years has helped drive a redefinition of organizational processes, enabling businesses to deal with the continual changes in the marketplace sparked by globalization. The need to adapt to these changes, improve organizational efficiency and boost levels of customer satisfaction has led firms to consider new work practices and methods of collaboration. In this sense, IT is producing a significant impact in the internal structure of organizations and the way they relate to their environment.

Against this background, the phenomenon of IT outsourcing has arisen as a way of effectively satisfying companies' IT requirements. One of the most widely accepted definitions of the outsourcing concept, and the one used as the basis for the analysis to be presented here, is the fol-

---

* Co-fundador e líder de pesquisa e desenvolvimento da Metric Arts, uma empresa de inteligência de negócio especialista em soluções de suporte a decisão. Professor associado no Departamento de Ciência da Computação da Pontifícia Universidad Católica de Chile, desde 2006. Professor na Faculdade de Economia e Negócios da Universidad de Chile. Bacharel e mestre em Ciência da Computação pela PUC do Chile.
** Formado em engenharia civil com especialização em computação pela Pontifícia Universidad Católica de Chile, é diretor do Departamento de Ciências da Computação da Escola de Engenharia da mesma universidade e diretor do Centro de Estudios de Tecnologías de la Información. Possui interesse nas seguintes áreas: uso estratégico de TI, *e-government*, *business intelligence* e modelagem de processos de negócio.

lowing: "outsourcing is the practice of contracting computer center operations, telecommunication networks, or applications development to external vendors" (Laudon and Laudon, 2000). The basic principle is that any area of a company that is not considered to be its core business may be externalized, thus allowing the organization to concentrate efforts on its essential activities and achieve higher productivity.

Many researchers have analyzed the effects of variables such as trust, risk and cost reduction on the success of an outsourcing experience (Nam et al., 1996; Slaughter and Ang, 1996; Sabherwal, 1999; Aubert et al., 2001; Aubert, Patry and Rivard, 2002; Aubert et al., 2003; Kishore et al., 2003; Görg and Hanley, 2004; Aron, Clemons and Reddi, 2005). However, these studies have not considered the possibility that the parties involved in an outsourcing relationship may have different visions regarding the significance of these factors.

The fundamental objective of this chapter is to analyze the extent to which the strategic visions of providers (supply) and clients or contractors (demand) in the Chilean market are in alignment with each other. Chile, it should be noted, is a country with a stable and open economy, as is reflected in its current GDP growth projections of 5.8% (IMF, 2005) and the various free-trade treaties it has signed over the last few years, most notably with the European Union and the United States. In setting the aforementioned objective, the authors were motivated by an analysis of various studies (Gurbaxani, 1996; Kern, 1997; Beulen and Ribbers, 2002; Lee and Kim, 2002; Lee et al., 2003) suggesting that the success of an outsourcing experience depends both on the provider's knowledge and capabilities and the contractor's clarity about what, why and how to externalize.

The method chosen for this analysis was to conduct an empirical investigation using the procedure of hypothesis testing. This involved gathering data by means of two surveys, the first one including 139 major Chilean companies, and the second covering the 20 largest IT outsourcing providers in Chile, whether domestic or international. Both surveys were taken between January and September of 2005. With the information so collected, a critical analysis could be carried out of the factors determining outsourcing strategies and the main problems and challenges in the outsourcing process.

The remainder of the chapter is structured as follows: the second section reviews the theoretical framework behind outsourcing strategies, comparing the major contributions of various microeconomic and business strategy theories; the third section details the working hypothesis of this study; the fourth section outlines the research methodology employed; the fifth section sets out the results together with a discussion of them; and finally, the sixth section presents the main conclusions and ends with some comments regarding possible lines of future research.

Theoretical basis of outsourcing

The externalization practices of organizations' services find their theoretical underpinnings in various currents of thought ranging from approaches based on economic efficiency to theories about strategy. Transaction cost theory, incomplete contract theory and agency theory all ground the externalization decision on the achievement of economic efficiencies internal to the organization, while both resource dependence theory and resource-based view of the firm provide strategic arguments for externalizing a service.

It was Ronald Coase who first proposed transactions as a focus of analysis for economic activity (Coase, 1937). The market and the firm are the two governance structures within which transactions may be undertaken, and the costs associated with each of them will determine which of the two is chosen. On this approach, a firm will tend to opt for outsourcing if the transactions cost associated with internal supply are greater than those incurred by resorting to the market structure.

Coase's contribution was picked up by Oliver Williamson, who introduced the concept of opportunism into the analysis of transactions. This posits that transactions costs originate in opportunistic behavior to avoid compliance with contractual obligations, thus giving rise to the need for monitoring and control (Williamson, 1979). According to Williamson, there are three critical dimensions that describe a transaction and determine the existence of opportunism: the specificity of the asset transacted, the frequency of the transaction and the uncertainty associated with it (Williamson, 1981).

This approach complements Coase's assertions, leading to the conclusion that the likelihood a firm will externalize a given internal system is greater the lower is the level of opportunism involved, that is, the lower is the probability one of the contracting can take advantage of the other. This probability will be lower the lower are the system's specificity and associated uncertainty and the higher is the transactions frequency. What should particularly be noted is that as the probability of opportunism rises, so do transactions costs, because of the consequent need to draw up contracts that anticipate a relatively high number of contingencies in order to reduce risk. Along similar lines to transaction cost theory is the theory of incomplete contracts.

According to this view, contracts are always incomplete because of the difficulties inherent in specifying every future contingency, and even if they could all be specified, the task of defining solutions in advance would be even more difficult. Thus, in the real world transactions costs will never be zero (Hart, 1988, 1989; Hart and Moore, 1990; Brynjolfsson, 1994). In such a context, the frontier between outsourcing client and provider, which can be defined in terms of who own which assets, becomes a relevant issue that can influence bargaining power and the distribution of the earnings attributable to the outsourcing relationship (Hart, 1989; Hart and Moore, 1990).

Erik Brynjolfsson extends the incomplete contract theory, which is centered on material goods, to human capital, and in particular to the knowledge possessed by an agent. He asserts that the greater is an agent's information on an asset, the more likely transferring ownership of the asset to that agent is to be optimal, provided that the information is not fully alienable (Brynjolfsson, 1994). Based on this argument, we can say that the likelihood an internal system is externalized is lower the greater is the knowledge needed for its proper functioning, as long as the organization's internal agents possess that knowledge.

As for the economic agency theory, this approach has emerged from studies by authors on how firms are affected by market forces (Ross, 1973; Jensen and Meckling, 1976; Eisenhart, 1989). An agent relationship arises from a contract in which a client commits an agent to provide a service in the client's name, thereby delegating responsibility for decision-making.

Jensen and Meckling state that if both parties try to maximize their profit, there may be occasions in which the agent does not maximize the client's profit, thus generating agency costs (Jensen and Meckling, 1976). These costs are given by the sum of monitoring and surety arrangement expenses plus the decrease in wealth experienced by the client due to agent decisions that do not maximize the former's profit.

Although the transactions cost, incomplete contracts and agency theories all enable us to reason on the issue of whether an organization should perform a given function internally or resort to the market, the factors they cite are not the only ones to be considered when making outsourcing decisions. In particular, they do not take into account a firm's strategic vision. Resource-based view of the firm theory, on the other hand, recognizes the major strategic potential of specific resources and capabilities that are difficult for other organizations to imitate, substitute for, or obtain by simple transfer (Wernerfelt, 1984; Barney, 1991; Grant, 1991; Amit and Schoemaker, 1993; Peteraf, 1993). Thus, on this theory, a firm will retain internally only those resources and capabilities that are, or could become, a source of competitive advantage, particularly if it is sustainable over time. A company should therefore concentrate on its essential competencies and the main focus of its business, while externalizing all other activities. Whereas resource-based view of the firm theory is based on an internal analysis of the organization, resource dependence theory maintains that all organizations are dependent to a certain extent on factors exterior to themselves. For this reason, firms are clearly affected by their environment, which provides or withholds the resources it needs (Aldrich, 1976; Pfeffer and Salanzick, 1978). Organizations must therefore complement their own competencies with those developed by others. In this way, organizations establish relationships with others to ensure access to capabilities they lack but which may be critical to their business.

Working hypothesis

Within the paradigm of perfect competition, we may assert that both clients and providers of IT outsourcing should have at their disposal all relevant information on the services being provided, a fundamental requirement if the process is to be transparent. Given the high growth rate projected for the industry within the technology-based markets of an emerging country like Chile, where spending on such services by major domestic companies will be close to 31.2% of the IT budget in 2006 (Csaszar and Sepúlveda, 2004), the degree of strategic alignment of both supply and demand (i.e., among both providers and clients) will be a significant indicator of the amount of transparency and competitiveness in the IT outsourcing industry.

We believe that the foregoing is fundamental, given that the deepening of market competitiveness and transparency leads to improvements in the quality and availability of services, the promotion of good practices and a reduction of information asymmetries between IT outsourcing clients and providers. In what follows, various research hypotheses will be proposed. The first one refers to the analysis of how IT outsourcing is related to value generation in IT departments. This is followed by a set of hypotheses on the key factors impacting the extent to which organizations resort to IT outsourcing. A further group of hypotheses has to do with the time devoted by a company's chief information officer (CIO) to strategic labors, and finally, the remaining hypotheses relate to the analysis of the degree of strategic alignment existing between the relevant actors in the IT outsourcing market.

Value generation

In their search for ways of maximizing an organization's profits, a number of authors have examined the relationship between outsourcing and the consequent variations in company profitability. Some have discovered a positive association between the two (Senn and Gefen, 1999), others found the evidence to be inconclusive, while still others have reported a negative relationship (Brynjolfsson and Hitt, 1996; Strassmann, 1998).

As regards this last finding, Brynjolfsson and Hitt found that firms who externalized a significant portion of their functions experienced a profitability lower than what would have been expected had they not resorted to outsourcing (Brynjolfsson and Hitt, 1996). Lastly, Strassmann's results reveal that companies with more than 60% of their IT budget externalized reported financial losses (Strassmann, 1998).

The findings of these various studies suggest that the issue is still very much open to debate. This being the case, we may state that given a strategic vision of IT, and to the extent these technologies can generate value for a company when used appropriately (Brynjolfsson, 1996), such value generation should depend more on good internal practices and methodologies than an IT outsourcing process. It is on this basis that we formulate our first hypothesis.

▼ *Hypothesis 1*: there is no relationship between the profitability of IT projects and the proportion of the IT department budget devoted to IT outsourcing.

The degree of adoption of IT outsourcing by an organization

According to the incomplete contract theory, the presence of uncertainty due to phenomena difficult to predict leads firms to prefer keeping their systems internal (Nam et al., 1996). In such a scenario, trust plays a fundamental role, given that the balance between trust and control mechanisms will impact the performance of outsourced services (Sabherwal, 1999). Some authors insist that the success of an outsourcing relationship will depend on the degree of trust in the relationship, which in turn will be reflected in the perception of quality of service provided and compliance with service level agreements (Sabherwal, 1999; Kishore et al., 2003; Fairchild, 2004). This observation leads to our next two hypotheses.

▼ *Hypothesis 2*: the better is the perception of the quality of service provided, the larger will be the portion of the IT department budget devoted to outsourcing.
▼ *Hypothesis 3*: the better is the perception of compliance with service level agreements, the larger will be the portion of the IT department budget devoted to outsourcing.

Although quality of service is significant, when it comes to choosing an IT outsourcing provider the price of the service also plays a role. Various studies emphasize the importance of price as a criteria for choosing between IT providers in the market (Bakos and Brynjolfsson, 1993). Some authors point out that a price reduction may mean a reduction in service quality, but they also recognize that a lower price could reflect a provider's cost efficiencies, economies of scale or standardization (Hirschheim and Lacity, 2000). In this light, we formulate the following hypothesis.

▼ *Hypothesis 4*: the lower is the price of IT outsourcing, the larger will be the portion of the IT department budget devoted to it.

Strategic labors of the CIO

In terms of resource-based view of the firm theory, we may assert that outsourcing enables an organization to concentrate on its operations, that is, to stay centered on the essence of its business. Thus, the firm can redirect human, operational and economic resources towards its principal activities or simply those that generate greater value. The CIO can then focus on more strategic tasks, handing over responsibility for IT department operational work to a service provider (Gurbaxani, 1996). This leads to our next hypothesis.

▼ *Hypothesis 5*: the larger is the portion of the IT department budget devoted to IT outsourcing, the greater will be the time devoted by the CIO to the firm's strategic tasks.

The CIO's labors within an organization will also depend on the power he or she holds. Pfeffer posits the importance of power and politics in the analysis of organizations, given that power capacitates actors to wield their influence in decision-making while politics defines the way this power is used to influence it (Pfeffer, 1981). Thus, the power of each department relative to the others takes on considerable importance as they all attempt to protect their own interests. This reasoning suggests that the CIO will devote more time to strategic matters the greater is the IT department's relative power.

▼ *Hypothesis 6*: the greater is the power of the IT department within an organization, the greater will be the proportion of time devoted by the CIO to strategic tasks, given that his or her ability to influence decisions will be that much larger.

This hypothesis raises the problem of how to measure power. For the purpose of this study, we will use one of the indicators advocated by Pfeffer for measuring the power of one department relative to another, which is the proportion of the organization's resources the department controls (Pfeffer, 1981). We can then reformulate hypothesis 6 as follows.

Alignment of supply and demand in the information technology

▼ *Hypothesis 6a*: the greater is the percentage of the firm's total budget devoted to the IT department, the greater will be the proportion of time the CIO devotes to strategic tasks.

Strategic alignment

Turning now to agency theory, Eisenhart asserts that the smaller is the divergence between a provider's decisions and those of the firm, the lower will be the agency costs (Eisenhart, 1989) due to the consequently lower costs associated with monitoring, surety arrangements and residual losses.

In this context, strategic alignment between client and provider takes on great significance, given that the smaller is the divergence of visions, the smaller will be the differences between their decisions.

In this sense, an alignment between supply and demand in the IT outsourcing market is crucially important as regards the key factors determining why and to whom the firm outsources (Gurbaxani, 1996; Rao, Nam and Chaudhury, 1996). If the justifications and objectives for externalizing are not clear at the time the outsourcing decision is made, expectations will not adequately reflect the organization's needs and later attempts to manage the situation will likely become chaotic. It is therefore imperative that both parties are aligned, enabling them to work together on the basis of a clear understanding of the reasons and objectives behind the externalization of part or all of the IT department.

In similar fashion, it is essential that the chosen service provider has the performance capacity to meet the strategic objectives and needs of the firm. This leads us to the formulation of two more hypotheses.

▼ *Hypothesis 7*: supply and demand in the IT outsourcing market display a high degree of alignment as regards the fundamental factors that justify externalization.
▼ *Hypothesis 8*: supply and demand in the IT outsourcing market display a high degree of alignment as regards the identification of the essential factors for choosing a provider.

Some authors assert that the relationship between the organization and the provider must be balanced if the effectiveness of the outsourcing service is not to be adversely affected (Bakos and Brynjolfsson, 1993; Mc-

Farlan and Nolan, 1995; Kishore et al., 2003). In this sense, the relationship must be considered as a strategic alliance (Gallivan and Oh, 1999), given that the success of an outsourcing experience depends in large measure on associating the provider with the firm's structure in such a way that the provider becomes part of the business and its objectives are aligned with those of the firm. It is fundamental that both parties are clear on potential areas of conflict so they can be prepared for dealing with them and avoid damaging the effectiveness of the outsourcing process and the relationship itself. This is the basis for the following hypothesis.

- ▼ *Hypothesis 9*: supply and demand in the IT outsourcing market display a high degree of alignment as regards the identification of the most common areas of conflict in the externalization relationship.

Some case studies in the literature note that when the IT outsourcing experience delivers positive results, organizations tend to externalize more of their systems (Rao et al., 1996; McFarlan and Delacey, 2004), thus indicating a positive relationship between the proportion externalized and how successful the outsourcing experience has been. The importance of strategic alignment in these relationships has already been noted, and in this sense the different visions that are found in the market acquire greater significance. It is likely that organizations with a high degree of IT outsourcing will be found to have a vision that is relatively close to that of their providers as regards the justifications and objectives behind these services, a coincidence that is the fruit of experience and joint efforts. From this observation, we derive our last hypothesis.

- ▼ *Hypothesis 10*: organizations that have a relatively high proportion of their budgets devoted to IT outsourcing have a vision of the justifications for it that is relatively highly aligned with their provider's vision.

As regards a criterion for determining which firms display a high degree of IT outsourcing, the delimiting factor was defined as the average budget proportion devoted to the activity by the sample of firms studied. This proportion was found to be 26% of their total IT budgets. To determine what were the critical factors in hypotheses 7, 8 and 9, we employed an adaptation of the factors considered in studies published by The Outsourcing Institute (Casale, 2001; The Outsourcing Institute, 2002).

Based on hypotheses 2 through 6, we can now construct two equations. The first refers to the key factors that affect the degree of an organization's adoption of outsourcing, while the second relates to the CIO's strategic work time, that is, the time devoted by the CIO to strategic labors.

The first equation is as follows:

$$ITO = F(Q, SL, P) \tag{1}$$

where ITO is the percentage of the IT department budget devoted to outsourcing, Q is the perception of quality of service provided, SL is the compliance with the service level agreements, and P is price.

The second equation based on the preceding hypotheses is:

$$ST = F(ITO, ITB) \tag{2}$$

where ST is the proportion of time the CIO devotes to strategic tasks, ITO is the percentage of the IT department budget devoted to outsourcing, and ITB is the percentage of the firm's total budget devoted to the IT department.

To verify hypothesis 1, we analyze both the coefficient of linear correlation and the coefficient of linear determination (R2) between the variables involved in order to establish the degree of relationship between them. For equations 1 and 2, we conduct a multiple linear regression analysis with a significance level α of .05. Note the use in equation 2 of ordered pairs of clients and providers for establishing the indicated relationship. As for the study of the hypotheses on strategic alignment, a graphic analysis will be used as it yields more valuable information than a regression analysis due to the nature of the hypotheses themselves.

Research methodology

In order to determine the degree of alignment between the strategic bases of supply and demand in the IT outsourcing market, which is the main objective of this study, we conducted an empirical study to test the hypotheses formulated above. For this purpose, we first gathered the necessary data from both the supply and demand sides and then performed an analysis of them.

The universe of the study as regards the demand for IT outsourcing services involved 300 domestic and foreign companies present in Chile whose annual revenues are at least US$2.5 million, chosen on the basis of information available from the Superintendent of Securities and Insurance[1] plus certain government entities. On the other hand, the universe considered 35 IT outsourcing service providers whose annual billings are at least US$1.5 million and who are members of the Chilean Association of Information Technology Companies.

The choice of entities for the demand sample was based on 11 economic sectors as given in table 1. Eleven mutually exclusive sub-universes were thus constructed, and a final sample of 139 companies was obtained using the quota sampling method. Table 1 also indicates the percentage breakdown of companies in each sector. For the supply sample, three mutually exclusive sub-universes were created, and are listed in table 2. Quota sampling was used to obtain a final sample of 20 companies.

Table 1

Companies in the demand sample, by economic sector

Sector	Percent
Agriculture and food/forestry/fishing	12.2
Banking and financial services	12.9
Retail	11.5
Energy	6.5
Government	7.2
Media/transport	6.5
Mining	7.9
Social security/insurance	9.4
Manufacturing	12.9
Health	7.9
Telecommunications	5.0
Total	100

---

[1] In Spanish: *Superintendencia de Valores y Seguros,* or SVS.

Table 2
Service providers in the supply sample, by type of IT outsourcing

Type of IT outsourcing	Percent
Software development	25
Hardware and infrastructure	45
Comprehensive IT services	30
Total	100

Two surveys were devised, one for gathering data on demand, and the other for collecting data on supply. The surveys were taken between January and September of 2005, by means of personal interviews with CIOs or their equivalents at the various companies in the demand sample, and CEOs, sales directors or other executive directors of the IT outsourcing providers in the supply sample.

Analysis and discussion of results

The results for hypothesis 1 on the generation of value in IT departments are shown in table 3. They indicate that the degree of IT outsourcing is not related to the profitability of IT projects. This means that hypothesis 1 is confirmed, and we may therefore state that an IT outsourcing process does not automatically imply an increase in the profitability of IT department projects. Such increases should rather be linked to internal processes and the use of good practices that seek out competitive advantages to boost earnings.

Table 3
Relationship between outsourcing and profitability of IT projects

Coefficient	Value
Pearson's correlation coefficient	−0.0127
R^2 coefficient	0.0002

As regards the degree of IT outsourcing by companies, the results are displayed in table 4. They indicate that price is not significant for explaining the extent to which firms resort to externalization, which means that hypothesis 4 is rejected. On the other hand, quality of service and compliance with service level agreements both turn out to be significant, thus confirming hypotheses 2 and 3. These findings demonstrate that companies increase their IT outsourcing expenses to the extent their providers deliver a quality service with a high degree of agreed service levels compliance.

The fact that price is not significant in explaining the degree of adoption of IT outsourcing leads us to conclude that firms are beginning to see such services as a strategy rather than simply as a tactic. In the past, companies would externalize their processes primarily in search of cost reductions (McFarlan and Nolan, 1995), but today, as our results show, the justifications are changing. Rather than being economic in nature, the main explanatory factors for outsourcing are strategic, with a view to adding value to the business.

Table 4

Regression results for the degree of IT outsourcing equation

Variable	Estimated parameters	Standard error	T	P
Intercept	0.14078	0.02361	5.96303	0.00000
Quality of service	0.26065	0.04911	5.30710	0.00000
Compliance with service level agreements	0.14753	0.05020	2.93899	0.00350
Price of service	−0.07071	0.03018	−2.34303	0.01966
F: 60.5248				
Multiple correlation coefficient: 0.5737				
R^2: 0.3291				

Furthermore, the lack of significance of price as opposed to quality may indicate that the market is open to foreign entrepreneurs or providers who start up IT outsourcing operations in Chile with a strong commitment to quality and service levels compliance. The results of the analysis of the time devoted by the CIO to the firm's strategic tasks are shown in table 5. They are not conclusive in the sense that no relationship was found between the degree of adoption of IT outsourcing by companies and the explained variable, and hypothesis 5 could therefore not be confirmed. As for hypothesis 6a, the estimated parameter would seem to indicate that there is in fact an inverse relationship, but in any case the significance level and low correlation coefficient are such that the hypothesis must be rejected.

Table 5

Regression results for the CIO strategic work time equation

Variable	Estimated parameters	Standard error	T	P
Intercept	0.24581	0.03107	7.91214	0.00000
IT budget for outsourcing	−0.01000	0.08492	−0.11781	0.90649
IT department budget	20.28381	0.57131	−0.49677	0.62059
F: 0.1306				
Multiple correlation coefficient: 0.0544				
R^2: 0.0029				

This result is worrying because it suggests outsourcing is not freeing CIOs from routine tasks, and we cannot therefore conclude their role is adding value to the organization. This may be due to the fact that CIOs are overburdened with operational and control tasks stemming from the outsourcing contract and their participation in long-term decision-making is therefore limited.

In regard to the hypotheses on the strategic alignment of actors in the IT outsourcing market, the results are more promising. They are presented here graphically in figure 1 in terms of the joint perception of the supply and demand sides, allowing an analysis of the degree to which they are aligned and which factors are essential in outsourcing decision-making. As can be seen, there is an agreement on the five principal reasons for externalizing: to concentrate on main business activity, improve services, reduce and control costs, access capabilities unavailable internally, and access world-class capabilities. The fact that only one of these reasons is economic while all the others are strategic in nature clearly confirms what was said here earlier.

Figure 1
Strategic factors justifying IT outsourcing

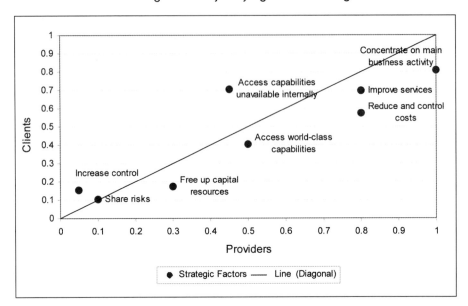

In figure 1 we also observe that the market shows a high level of alignment as regards the motivational factors for the outsourcing decision, thus confirming hypothesis 7. Thanks to this coincidence of visions between provider and client, collaboration between the resources of both parties is greatly facilitated. The provider can adapt its resources to the specific needs of the client, enabling them to combine forces and both internal and external experience to achieve a high degree of flexibility for the business. In figure 2 we observe that the three main factors for choosing an IT outsourcing provider on which there is agreement are clearly related to the quality of service provided. Price and geographic scope are the two factors that stand out for the divergence of visions regarding their importance. On price, the explanation may be found in the positioning strategies of the providers, who attempt to differentiate themselves on quality of service. Clients, on the other hand, attach considerable importance to price when choosing a provider, even though, as we saw in table 4, this does not affect the extent to which firms resort to IT outsourcing.

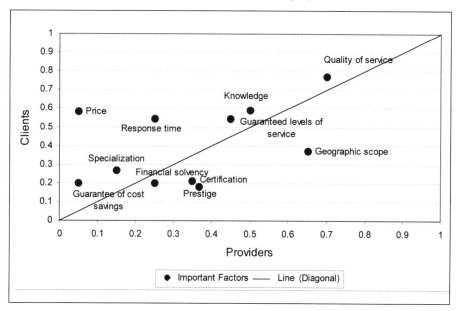

Figure 2
Fundamental factors for choosing a provider

As for geographic scope, the divergence may be due to the vision of multinational providers who emphasize this factor as a competitive advantage. This view is not fully shared by the demand side, a phenomenon explainable by the fact that there are still relatively few companies, other than the transnationals, who decide outsourcing issues on a regional basis (for example, at the Southern Cone level). Both supply and demand sides do agree, however, that quality of service, knowledge and guaranteed service levels are essential factors in choosing between the alternatives available in the outsourcing market. This confirms hypothesis 8. The findings also confirm hypothesis 2, and we can thus state that quality of service is the key factor when it comes to analyzing the success of an IT outsourcing relationship.

These results permit us to further conclude that the main reason for externalizing an IT function or a portion of the IT department is to obtain a better quality of service, which is key to the success of such strategies. The explanation may be found in the analyses of the firms themselves: if better services can be found externally through providers who specialize in them and also have the advantages of economies of scale and highly qualified personnel, company managers will see that externalizing the service is the best option.

In terms of the results presented in figure 3, it should be noted that only lack of control, contract, and service levels were found to be areas of conflict whose importance both parties agreed on. For this reason, it is important that IT outsourcing contracts are implemented with greater control and incorporate clear service level agreements. This can be done through some form of regular performance measurement on this factor. Nevertheless, the high degree of divergence on factors such as costs, personnel and flexibility leads us to reject hypothesis 9. This explains to a certain extent the difficulties involved in ensuring outsourcing is successful.

Figure 3
Areas of conflict in IT outsourcing relationships

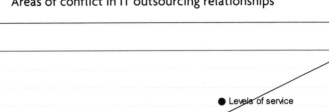

The results summarized in figures 1, 2 and 3 confirm that IT departments should concentrate on adding value to the business and attempt to externalize operational tasks that fall outside the strategic focus of the or-

Alignment of supply and demand in the information technology

ganization. It is essential, however, that the outsourcing be entrusted to specialist providers who can guarantee critical services so that their quality and availability is not impaired or otherwise put at risk. Finally, the analysis of hypothesis 10 centered on three factors identified by providers as of key importance in justifying IT outsourcing, and involved comparing their vision with that of firms that display high and low levels of adoption of outsourcing services. The results, as shown in figure 4, clearly indicate that companies with high levels of outsourcing have strategic visions that are closer to those of providers than do those with lower levels. Such findings permit us to confirm hypothesis 10 and attest to the maturity of the Chilean IT outsourcing market, in which the actors involved are aligning their visions and channeling their efforts towards a common objective.

Figure 4
Relationship between the visions of providers and clients with high and low

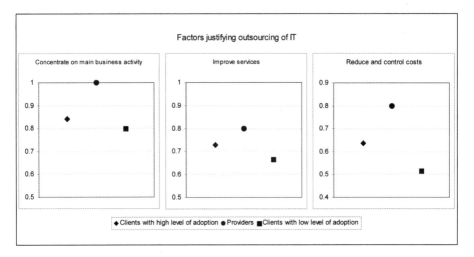

Conclusions and future research

The growing resort to organizational agreements based on cooperation, among which IT outsourcing arrangements feature prominently, implies that it is no longer appropriate for organizations to attempt to face an ever more competitive and rapidly changing environment individually, and that alliances with other organizations are becoming ever more necessary.

There can be no doubt that in recent years, IT outsourcing as a strategy has positioned itself as a real alternative for companies. It is essential to understand, however, that as was demonstrated in this study, an IT outsourcing process will not improve the profitability of IT projects or generate value by itself. In order for such a strategy to be successful, the knowledge and quality of service of the provider are fundamental, as are the client's ability to decide what, why, how and to whom it should externalize. Companies must be fully prepared to face the challenges involved in a strategic decision like outsourcing.

In the light of the findings presented here, we may conclude that the degree of adoption of IT outsourcing is fundamentally linked to the quality of service and the commitments on service levels offered by the provider.

The role of price and its impact on outsourcing decision-making is particularly interesting, for as our results also indicate, though it is a preponderant factor for clients choosing a service provider, it is not significant in explaining the level of resources organizations devote to IT outsourcing. In other words, price is important in determining who to outsource to, but not how much one outsources.

As regards the labors of CIOs, our results suggest that an IT outsourcing process does not increase the amount of time they devote to strategic tasks due to the excessive work load they bear in terms of operational tasks and supervising outsourcing contracts. The supply and demand sides in the IT outsourcing market were found to display a high degree of alignment as regards those factors that form the basis for the externalization decision as well as the essential factors for choosing a provider. The coincidence is even stronger among organizations with a relatively high degree of adoption of outsourcing services. This may be explained by the cooperation that is essential in IT outsourcing relationships, which require the companies involved to align their visions over the course of the process despite differing notions of strategy, if they are to achieve their objectives.

As regards future research, a fruitful line of inquiry might be to analyze the extent to which supply and demand side visions are in alignment on the issue of contracts, a key element according to various researchers (Beulen and Ribbers, 2002; Aubert et al., 2003; Kishore et al., 2003) in evaluating the success of an IT outsourcing experience.

References

ALDRICH, H. Resource dependence and interorganizational relations: relations between local employment service office and social services sector organizations. *Administration and Society*, v. 7, n. 4, p. 419-455, 1976.

AMIT, R.; SCHOEMAKER, P. J. Strategic assets and organizational rent. *Strategic Management Journal*, v. 14, n. 1, p. 33-46, 1993.

ARON, R.; CLEMONS, E. K.; REDDI, S. Just right outsourcing: understanding and managing risk. *Journal of Management Information Systems*, v. 22, n. 2, p. 37-56, 2005.

AUBERT, B.; HOUDE, J. F.; PATRY, M.; RIVARD, S. *Characteristics of IT outsourcing contracts*. Paper presented to the 36th Annual Hawaii International Conference on System Sciences. Hawaii: IEEE Computer Society, 2003.

_____; PATRY, M.; RIVARD, S. Managing IT outsourcing risk: lessons learned. In: HIRSCHHEIM, R.; HEINZL, A. (Ed.). Information systems outsourcing in the new economy: enduring themes, emergent patterns and future directions. Berlin: Springer-Verlag, 2002. p. 155-176.

_____; _____; _____; SMITH, H. IT outsourcing risk management at British Petroleum. Paper presented to the 34th Annual Hawaii International Conference on System Sciences. Hawaii: IEEE Computer Society, 2001.

BAKOS, J. Y.; BRYNJOLFSSON, E. From vendors to partners: information technology and incomplete contracts in buyer-supplier relationships. *Journal of Organizational Computing*, v. 10, n. 2, p. 301-328, 1993.

BARNEY, J. B. Firm resources and sustained competitive advantage. *Journal of Management*, v. 17, n. 1, p. 99-120, 1991.

BEULEN, E.; RIBBERS, P. Managing complex IT outsourcing partnerships. Paper presented to the 35th Annual Hawaii International Conference on System Sciences. Hawaii: IEEE Computer Society, 2002.

BRYNJOLFSSON, E. Information assets, technology, and organization. *Management Science*, v. 40, n. 12, p.1.645-1.662, 1994.

_____. The contribution of information technology to consumer welfare. *Information Systems Research*, v. 7, n. 3, p. 281-300, 1996.

_____; HITT, L. Paradox lost? Firm-level evidence of high returns to information systems spending. *Management Science*, v. 42, n. 4, p. 541-558, 1996.

CASALE, F. Now, more than ever – IT outsourcing: the state of the art. *The Outsourcing Institute´s IT Index*, p. 1-7, 2001.

COASE, R. H. The nature of the firm. *Economica*, n. 4, p. 386-405, 1937.

CSASZAR, F.; SEPÚLVEDA, M. *Estudio nacional sobre tecnologías de la información*. Santiago: Centro de Estudios de Tecnologías de la Información de la Pontificia Universidad Católica de Chile, 2004.

EISENHART, K. M. Agency theory: an assesment and review. *Academy of Management Review*, v. 14, n. 1, p. 57-74, 1989.

FAIRCHILD, A. M. *Information technology outsourcing (ITO) governance*: an examination of the outsourcing management maturity model. Paper presented to the 37th Hawaii International Conference on System Sciences. Hawaii: IEEE Computer Society, 2004.

GALLIVAN, M. J.; OH, W. *Analyzing IT outsourcing relationships as alliances among multiple clients and vendors*. Paper presented to the 32th Annual Hawaii International Conference on System Sciences. Hawaii: IEEE Computer Society, 1999.

GÖRG, H.; HANLEY, A. Does outsourcing increase profitability? *The Economic and Social Review*, v. 35, n. 3, p. 267-288, 2004.

GRANT, R. M. The resource-based theory of competitive advantage: implications for strategy formulation. *California Management Review*, v. 33, n. 3, p. 114-135, 1991.

GURBAXANI, V. The new world of information technology outsourcing. *Communications of the ACM*, v. 39, n. 7, p. 45-46, 1996.

HART, O. Incomplete contracts and the theory of the firm. *Journal of Law, Economics and Organization*, v. 4, n. 11, p. 119-139, 1988.

_____. An economist's perspective on the theory of the firm. *Columbia Law Review*, v. 89, n. 7, p. 1.757-1.774, 1989.

_____; MOORE, J. Property rights and the nature of the firm. *Journal of Political Economy*, v. 98, n. 4, p. 1.119-1.158, 1990.

HIRSCHHEIM, R.; LACITY, M. The myths and realities of information technology insourcing. *Communications of the ACM*, v. 43, n. 2, p. 99-107, 2000.

IMF, International Monetary Fund. *World Economic Outlook*: Building Institutions Report. 2005. Disponível em: <http://www.imf.org/external/pubs/ft/weo/2005/02/index.htm>.

JENSEN, M. C.; MECKLING, W. H. Theory of the firm: managerial behavior, agency cost and ownership structure. *Journal of Financial Economics*, v. 3, n. 3, p. 305-360, 1976.

KERN, T. *The Gestalt of an information technology outsourcing relationship*: an exploratory analysis. Paper presented to the 18th International Conference on Information Systems. Atlanta, USA, 1997. p. 37-58.

KISHORE, R.; RAO, H. R.; NAM, K.; RAJAGOPALAN, S.; CHAUDHURY, A. A relationship perspective on IT outsourcing. *Communications of the ACM*, v. 46, n. 12, p. 87-92, 2003

LAUDON, K. C.; LAUDON, J. P. *Management information systems*. 6. ed. New Jersey: Prentice Hall, 2000.

LEE, J.-N.; HUYNH, M. Q.; KWOK, R. C.-W.; PI, S.-M. IT outsourcing evolution: past, present, and future. *Communications of the ACM*, v. 46, n. 5, p. 84-89, 2003.

LEE, J.-N.; KIM, Y.-G. *Exploring a causal model for the understanding of outsourcing partnership*. Paper presented to the 36th Hawaii International Conference on System Sciences. Hawaii: IEEE Computer Society, 2002.

McFARLAN, F. W.; DELACEY, B. J. Outsourcing IT: the global landscape in 2004. Harvard Business School On-line Publishing, 2004

_____; NOLAN, R. L. How to manage an IT outsourcing alliance. *Sloan Management Review*, v. 36, n. 2, p. 9-23, 1995.

NAM, K.; RAJAGOPALAN, S.; RAO, H. R.; CHAUDHURY, A. A two-level investigation of information systems outsourcing. *Communications of the ACM*, v. 39, n. 7, p. 36-44, 1996.

PETERAF, M. A. The cornerstones of competitive advantage: a resource-based view. *Strategic Management Journal*, v. 14, n. 3, p. 179-191, 1993.

PFEFFER, J. *Power in organizations*. Marshfield, Massachusetts: Pitman, 1981.

_____; SALANZICK, G. R. *The external control of organizations*: a resource dependence perspective. New York: Harper and Row, 1978.

RAO, H. R.; NAM, K.; CHAUDHURY, A. Information systems outsourcing. *Communications of the ACM*, v. 39, n. 7, p. 27-28, 1996.

ROSS, S. The economic theory of agency: the principal's problem. *American Economic Review*, v. 63, n. 2, p. 134-139, 1973.

SABHERWAL, R. The role of trust in outsourced IS development projects. *Communications of the ACM*, v. 42, n. 2, p. 80-86, 1999.

SENN, J. A.; GEFEN, D. *The relation between outsourcing and the return from corporate IT spending: perceptions from practitioners.* Paper presented to the 32nd Hawaii International Conference on Systems Sciences. Hawaii: IEEE Computer Society, 1999.

SLAUGHTER, S.; ANG, S. Employment outsourcing in information systems. *Communications of the ACM*, v. 39, n. 7, p. 47-54, 1996.

STRASSMANN, P. A. Outsourcing IT: miracle cure or emetic? Excerpted from The Squandered Computer, published in Across The Board. 1998. Disponível em: <http://www.strassmann.com/pubs/outsourcing.shtml>.

THE OUTSOURCING INSTITUTE. 5th Annual Outsourcing Index. 2002. Disponível em: <http://www.outsourcing.com>.

WERNERFELT, B. A resource-based view of the firm. *Strategic Management Journal*, v. 5, n. 2, p. 171-181, 1984.

WILLIAMSON, O. Transaction-cost economics: the governance of the contractual relations. *Journal of Law and Economics*, v. 22, n. 2, p. 233-261, 1979.

_____. The economics of organization: the transaction cost approach. *American Journal of Sociology*, v. 87, n. 3, p. 548-577, 1981.

Caso de logística

DINO JAKUBOVIC*

O caso a seguir mostra os dilemas enfrentados e as barreiras que precisaram ser superadas pela empresa 3PL, bem como os bastidores de um processo de tomada de decisão sobre a terceirização ou não de um sistema para controle de operações logísticas (WMS).

O escopo da terceirização sob análise incluía a aquisição de um software, associada à prestação permanente de serviços de suporte aos usuários, customizações regulares e atualizações periódicas do sistema.

A denominação 3PL (do inglês *third party logistics provider* — prestador de serviços terceirizados de logística) é utilizada para identificar a empresa analisada, sem comprometimento de sua identidade.

Pelo mesmo motivo, será utilizada também a denominação WMS (do inglês *warehousing management system* — sistema de gerenciamento ou gestão de operações de armazenagem) proprietário, para identificar o software da empresa cuja terceirização estava sendo analisada.

---

* Gerente de engenharia logística. Formado em engenharia naval pela Poli-USP e pós-graduado em administração de empresas pela FGV, nos últimos sete anos tem desenvolvido e implementado soluções e projetos logísticos para empresas nacionais e multinacionais dos segmentos alimentício, produtos químicos, autopeças, tecnologia e telefonia, vestuário, cosmético, entre outros.

O caso em questão é bastante interessante por ilustrar como a empresa 3PL, cuja competência central consiste na prestação de serviços terceirizados de logística (e, portanto, está habituada a tratar diariamente do tema *outsourcing*), se comportou quando precisou enfrentar a difícil decisão de terceirizar ou não um serviço imprescindível para o sucesso e o crescimento da empresa.

A empresa

O objeto de análise deste estudo de caso é uma empresa de origem familiar, cujo faturamento anual a classifica como de médio porte, com capital fechado, havendo sido fundada no início do século XX.

No momento em que ocorreu o processo relativo à viabilidade ou não do *outsourcing* de seu WMS, 3PL contava com mais de 1.000 colaboradores espalhados por unidades distribuídas por todo o território nacional.

Em se tratando de um operador logístico, os principais serviços prestados pela empresa consistiam em:

- ▼ armazenagem;
- ▼ transporte (incluindo diferentes modalidades: coleta, transferência entre fábricas e centros de distribuição, abastecimento de linhas de produção industriais e distribuição nacional para clientes finais);
- ▼ serviços adicionais (tais como: etiquetagem, embalagem, montagem de kits promocionais, configurações e programação de equipamentos eletrônicos, entre outros).

Dentro do mercado brasileiro de operadores logísticos, 3PL atuava no segmento de carga seca, que inclui produtos diversos cuja armazenagem e transporte podem ocorrer em temperatura ambiente.

Os principais segmentos de mercado explorados pela empresa eram:

- ▼ eletroeletrônicos;
- ▼ produtos de tecnologia e telefonia;
- ▼ partes e peças de reposição (segmento automotivo, entre outros);
- ▼ gêneros alimentícios;
- ▼ cosméticos;
- ▼ produtos farmacêuticos e correlatos.

No momento em que a decisão sobre o *outsourcing* de seu WMS proprietário precisava ser tomada, 3PL já desenvolvia uma prática de terceirização de serviços não-centrais, entre os quais se podem destacar:

▼ serviços de limpeza;
▼ serviços de segurança patrimonial;
▼ serviços de escolta;
▼ serviços relativos à contratação de mão-de-obra temporária;
▼ serviços relativos à locação e manutenção de equipamentos para movimentação interna de materiais (empilhadeiras).

Apesar da importância individual de cada um dos serviços citados, nenhum deles podia ser comparado, em termos de complexidade e de impacto sobre a organização como um todo, ao eventual *outsourcing* do sistema de gestão de operações de armazenagem.

O escopo do *outsourcing*

Conforme citado anteriormente, o escopo do *outsourcing* em questão consistia na aquisição de sistema para gerenciamento de operações de armazenagem, associada à prestação regular de serviços de suporte aos usuários, customizações regulares e atualizações periódicas do sistema.

O WMS pode ser entendido como o "coração" de um armazém ou centro de distribuição. O controle e o registro de todas as movimentações de produtos e documentos fiscais realizados dentro de um armazém são geridos por esse sistema.

Quando 3PL iniciou a prestação de serviços de armazenagem no Brasil, não existiam "softwares de prateleira" que pudessem atender às necessidades das operações que se iniciavam. Assim, a empresa partiu para o desenvolvimento de uma solução proprietária através da contratação e gestão de uma equipe de TI focada no desenvolvimento do WMS.

O WMS desenvolvido internamente por 3PL foi fonte de vantagem competitiva durante vários anos, principalmente em virtude da dificuldade enfrentada por fornecedores de softwares estrangeiros para adaptar suas soluções às exigências fiscais e tributárias da legislação brasileira no que se refere a operações realizadas em regime de armazém-geral.

As funcionalidades primárias de um WMS estão associadas às principais atividades realizadas em um armazém: recebimento de produtos, movimentação interna de materiais, controle de estoque e realização de inventários (cíclicos e gerais), separação e expedição de produtos.

Todo o fluxo fiscal associado ao recebimento, armazenamento e expedição de produtos também é gerido por um WMS. Assim, o recolhimento dos impostos e a emissão dos livros fiscais relativos à prestação dos serviços são feitos com base nos registros do banco de dados de um WMS.

Do ponto de vista fiscal, as operações podem ser realizadas sob o regime de armazém-geral ou de filial do cliente estabelecida no armazém de 3PL.

A acuracidade e a produtividade das operações realizadas dentro de um centro de distribuição estão diretamente associadas à aderência das funcionalidades de um WMS às particularidades e características operacionais da operação realizada para cada um dos clientes.

É através do módulo de cadastro e da parametrização de um WMS que a área operacional de um operador logístico é capaz de identificar onde os produtos devem ser armazenados, de que forma, qual deles deve ser expedido primeiro (o mais antigo, o mais novo etc.), tipo de rastreabilidade exigido (número de série/lote de fabricação enviado para cada cliente), entre outros.

O 3PL possuía mais de 100 clientes distintos, de diferentes segmentos de mercado, com necessidades de controle operacional associadas às peculiaridades de cada segmento e à forma como cada um dos clientes conduzia seus negócios.

Alguns clientes distribuíam seus produtos através de atacadistas, outros por intermédio de varejistas, ou até mesmo utilizando o canal de venda direta aos consumidores finais. A natureza fiscal das operações realizadas pelos clientes variava desde uma simples venda a operações de remessa em regime de consignação, a qual implicava a realização de atividades relacionadas à logística reversa dos produtos devolvidos: conferência, triagem, inspeção, eventuais testes e controle de qualidade.

Algumas operações envolviam a armazenagem de mais de 5 mil paletes (estrados de madeira padronizados nos quais são acondicionados os produtos para facilitar sua armazenagem e movimentação) no centro de distribuição de 3PL, enquanto outras exigiam a expedição, em um único

Caso de logística

dia, de produtos constantes em mais de 3 mil notas fiscais emitidas por apenas um cliente.

É correto afirmar que, apesar de as necessidades básicas das operações prestadas para os diferentes clientes serem praticamente as mesmas, 3PL não possuía duas operações rigorosamente iguais.

Um WMS precisa possuir também interface com os principais ERPs de mercado, que são utilizados pelos clientes no processo de emissão de documentos fiscais. Dada a variedade e quantidade de clientes de 3PL, praticamente todos os principais ERPs disponíveis no mercado brasileiro eram utilizados por pelo menos um de seus clientes.

A existência de interface entre os sistemas utilizados pelos clientes (ERPs) e um operador logístico (WMS) faz-se necessária para eliminar retrabalhos e erros associados à digitação de documentos fiscais nos dois sistemas, reduzir custos e o tempo necessário para emissão de uma lista de separação[1] e para possibilitar a troca eficiente de informações associadas a armazenagem e movimentação de produtos.

Além de possuir interface com os ERPs dos clientes, o WMS proprietário de 3PL possuía interface com o TMS (do inglês *transportation management system* — sistema para gestão de operações de transporte) e com o portal da própria empresa.

O contexto histórico

O WMS utilizado pela empresa — desenvolvido por uma equipe interna que chegou a ser composta por até 30 colaboradores — era fruto de duas décadas de esforços na concepção do sistema a partir de uma folha em branco. A empresa havia optado pelo caminho do desenvolvimento interno por entender que, na época, não existia nenhum software no mercado que pudesse atender a suas necessidades, tanto em termos de complexidade quanto de variedade.

---

[1] Uma lista de separação (ou *picking-list*) é um documento interno gerado por um operador logístico a partir de uma nota fiscal emitida por um de seus clientes. Na lista de separação, são mostradas apenas as informações relevantes ao processo de separação e de expedição de produtos (por exemplo: são excluídos os valores dos produtos e incluídas informações sobre os endereços de armazenagem de cada um deles).

O diretor responsável pela concepção inicial do sistema e pelo seu desenvolvimento e atualização ao longo dos anos ainda pertencia ao quadro de diretores de 3PL quando a empresa estava avaliando o *outsourcing* de seu WMS.

Os funcionários da empresa citavam freqüentemente, como as principais vantagens da utilização de um software proprietário, a facilidade para o desenvolvimento de customizações e a qualidade e presteza da equipe de suporte.

No entanto, existiam críticas contundentes de inúmeras áreas da empresa. As principais delas referiam-se ao fato de a estrutura de TI ser cara, de não existir critério para a definição das prioridades de desenvolvimento, de não ser justo o critério utilizado para a depreciação e o rateio de custos relativos ao WMS, e de o sistema não ser de fácil utilização.

Nos últimos anos, principalmente após a implantação do Plano Real, o segmento do ramo de operadores logísticos no Brasil sofreu forte crescimento, uma vez que as empresas os consideravam importantes elementos para a redução de custos e fortalecimento de sua competitividade.

No final da década de 1990 e início da seguinte, os principais fabricantes de softwares já haviam desenvolvido ou adaptado, para as características e exigências do mercado brasileiro, módulos de seus ERPs ou soluções específicas para gestão das atividades realizadas em um armazém.

O recente amadurecimento e o crescimento do mercado brasileiro atraíram a atenção de grandes *players* mundiais, que criaram estruturas locais para atuar no mercado brasileiro. Algumas dessas empresas, com forte presença no segmento de pequenas encomendas, criaram no Brasil um novo patamar de operação através da implementação de ferramentas sofisticadas de gerenciamento e rastreabilidade de processos (já existentes no exterior).

No momento em que a decisão sobre o *outsourcing* de seu WMS precisava ser tomada, 3PL passava por um importante processo de reestruturação interna. Dentro desse processo, o gerenciamento adequado da informação era tido como fundamental para assegurar agilidade e competitividade para a empresa num ambiente de crescente complexidade e competitividade.

A motivação inicial

Funcionários de diferentes áreas da empresa, que tiveram contato com ferramentas do tipo WMS disponíveis no mercado, entendiam que o WMS proprietário de 3PL possuía funcionalidades muito aquém das de algumas "soluções prontas", especialmente no tangente a relatórios gerenciais e visualizações gráficas de processos e atividades.

Genericamente, percebia-se a necessidade de buscar uma ferramenta que pudesse melhorar o fluxo de informações com os clientes e proporcionar melhores condições para o processo de tomada de decisão das gerências operacionais da empresa (as quais faziam repetidas críticas ao WMS).

Apesar das inúmeras vantagens que um processo de *outsourcing* poderia trazer (incluindo a redução de custos, foco no *core business*, conversão de custos fixos em variáveis etc.), as quais eram usualmente utilizadas por 3PL como argumentos comerciais na venda de serviços terceirizados de logística, a principal motivação para terceirizar o WMS e os serviços a ele associados consistia na necessidade de dispor, no menor espaço de tempo, de uma ferramenta adequada à nova realidade dos negócios.

Alguns anos antes, visando racionalizar e organizar as solicitações internas de diferentes unidades para desenvolvimento e implementação de novas funcionalidades e customizações do sistema, havia sido criado um comitê do WMS. O que deveria ser um instrumento para evitar que o WMS se transformasse numa "colcha de retalhos" ainda maior acabou por burocratizar o processo de solicitação de customizações, as quais passaram a aguardar a realização da reunião seguinte do comitê (realizada a cada dois meses) antes que qualquer decisão pudesse ser tomada.

Adicionalmente, em virtude de sucessivos cortes de pessoal, a área de desenvolvimento de WMS havia sido reduzida a algumas poucas pessoas.

Assim, e devido à ausência de perspectiva de curto prazo para a adoção das medidas necessárias em relação ao WMS, a diretoria de distribuição de 3PL decidiu que deveria ser criado um grupo de estudo para avaliar a viabilidade de terceirização do sistema utilizado até então (solução proprietária).

Num primeiro momento, visando minimizar resistências dentro da empresa, seria comunicado internamente que o grupo de estudo formado teria a responsabilidade principal de conduzir um estudo de *benchmarking* de WMS, de modo a identificar melhorias a serem implementadas futuramente na solução proprietária.

A diretoria de distribuição, que compreendia as áreas de operações, comercial e projetos, decidiu que o estudo seria conduzido pela área de projetos da empresa, uma vez que esta era usuária-chave do sistema e tinha uma visão global dos processos de 3PL. A área de projetos estava permanentemente envolvida nas seguintes atividades:

- ▼ suporte técnico à equipe comercial;
- ▼ desenvolvimento de projetos e soluções logísticas;
- ▼ implantação de novas operações;
- ▼ reavaliação de operações antigas (revisão de processos e fluxos operacionais).

Assim, entendia-se que a área de projetos era capaz de compreender tanto as necessidades e as exigências dos clientes (atuais e em prospecção) quanto das áreas comercial, fiscal e operacional da empresa.

Foi formado um grupo de estudo composto por três integrantes permanentes: analista sênior da área de projetos, gerente da área de projetos e gerente de tecnologia da informação. Esse grupo seria responsável pela condução do processo de modo geral, centralizando as informações e envolvendo as demais áreas da empresa quando necessário (atendimento a clientes, financeiro, fiscal, comercial e operações).

A formação do grupo de estudo e o início dos trabalhos foram divulgados internamente através de um e-mail geral, enviado pela diretoria de distribuição a todos os gerentes e diretores de 3PL.

As etapas do processo

O grupo de estudo responsável pela avaliação do *outsourcing* do WMS de 3PL, por estar rotineiramente envolvido com editais de concorrência de portes e segmentos diversos, não teve grandes dificuldades em definir quais deveriam ser as principais etapas do processo a ser conduzido.

Após a divulgação interna da formação do grupo de estudo, realizada pela diretoria de distribuição através de um e-mail dirigido aos diretores e gerentes da empresa, foram definidas as seguintes etapas:

Caso de logística

- preparação dos documentos e do edital de concorrência;
- identificação das empresas a serem convidadas;
- divulgação do processo para o mercado:
  - carta de apresentação — contendo convite para participação do processo de *outsourcing*, com indicação do cronograma estabelecido;
  - declaração de participação — formulário através do qual o fornecedor deveria manifestar seu interesse em participar do edital de concorrência;
  - termo de confidencialidade — assegurando a confidencialidade das informações a serem disponibilizadas por 3PL;
  - questionário de avaliação da empresa e do produto — primeiras informações sobre a empresa, o produto (software) e o serviço a serem oferecidos;
  - documentação necessária — relação de todos os documentos que deveriam ser apresentados para ingresso no processo de concorrência;
- levantamento das necessidades junto às áreas das diferentes filiais de 3PL espalhadas pelo Brasil;
- envio do RFQ (do inglês *request for proposal* — solicitação de cotação ou proposta) para as empresas que manifestaram interesse no processo de concorrência:
- carta de apresentação;
- introdução — pequeno histórico sobre a empresa;
- objetivos — descrição qualitativa dos resultados desejados;
- esclarecimentos iniciais — normas e procedimentos a serem observados pelos potenciais fornecedores;
- descrição das operações — resumo das operações gerenciadas pelo WMS e das interfaces deste com outros sistemas;
- descrição das necessidades — planilha contendo uma série de funcionalidades desejadas, num total de 138, na qual o fornecedor deveria indicar se seu produto as atendia, não as atendia ou as atendia parcialmente (havia um campo para observações);
- condições da proposta — relação dos itens que deveriam ser abordados na proposta técnico-comercial a ser encaminhada, bem como o cronograma a ser seguido;

- período para esclarecimento de dúvidas (perguntas e respostas);
- recebimento das propostas técnico-comerciais;
- análise das propostas e solicitação de esclarecimentos adicionais;
- definição de "máscara" para equalização das propostas;
- definição de metodologia para análise comparativa das propostas;
- identificação dos finalistas;
- apresentação dos resultados parciais para a diretoria e a presidência;
- divulgação dos resultados parciais ao mercado (identificação dos finalistas);
- visitas técnicas a pelo menos dois clientes de cada empresa finalista;
- realização de visita técnica, por parte dos finalistas, ao maior e mais complexo centro de distribuição de 3PL;
- revisão das propostas apresentadas anteriormente;
- apresentação individual das propostas revisadas para um grupo ampliado de funcionários de 3PL (formado por oito funcionários, representantes de diferentes áreas da empresa de diferentes áreas), a qual deveria conter uma demonstração prática (simplificada) das principais funcionalidades;
- análise das propostas revisadas e identificação do vencedor;
- comunicação do resultado do edital a todos os participantes do processo;
- definição de cronograma para terceirização dos serviços relacionados a aquisição do WMS.

Considerações gerais sobre o processo

O fato de ser um prestador de serviços terceirizados de logística e lidar diariamente com editais de concorrência credenciava 3PL a conduzir um processo de *outsourcing* sem a necessidade de contratação de uma consultoria especializada nesse segmento. A sistemática de um processo dessa natureza era bastante conhecida pelos seus funcionários.

O 3PL também possuía a vantagem de conhecer relativamente bem o mercado de soluções em WMS e, portanto, não havia dificuldade em identificar quais as empresas que deveriam ser convidadas para participar do edital de concorrência. O grupo de empresas participantes do processo de cotação incluiria grande multinacionais, cuja solução em WMS era representada por um módulo de seus ERPs, empresas especializadas em sistemas para gestão de armazéns, além da própria área de tecnologia de 3PL.

O fato de "convidar" a área de tecnologia da própria empresa para participar do processo de cotação tinha o intuito de obter desta uma posição concreta e formal a respeito do custo e do prazo necessários para o desenvolvimento de uma solução em WMS com forte aderência às especificações do edital de concorrência.

Durante a etapa de desenvolvimento do edital de concorrência, foram discutidas duas alternativas com relação ao formato como os preços deveriam ser apresentados: fixar de antemão uma forma padronizada (solicitar o preenchimento de uma "máscara" preestabelecida) ou permitir que cada fornecedor tivesse total flexibilidade para definir a forma de cobrança que considerasse mais adequada.

Foi definido que a segunda opção seria adotada, apesar de ela dificultar a análise comparativa de diferentes propostas num primeiro momento. No entanto, por desconhecer quais formas de cobrança poderiam ser propostas pelos fornecedores em potencial, o grupo de estudo entendia que receber propostas com diferentes sugestões a respeito da forma de cobrança permitiria uma melhor compreensão das possibilidades existentes. Num segundo momento, 3PL poderia definir qual a forma de cobrança mais adequada e solicitar aos participantes a revisão de suas propostas iniciais.

Após a definição das empresas finalistas, que formavam um grupo com quatro das 20 empresas convidadas inicialmente, foram realizadas visitas técnicas a dois clientes de cada uma delas. Foi extremamente valioso verificar *in loco* o funcionamento das soluções propostas, esclarecer dúvidas, "experimentar" o sistema e poder trocar informações e experiências com pessoas que haviam participado dos processos de *outsourcing* conduzidos por suas respectivas empresas.

Por outro lado, após a definição de um grupo restrito de empresas finalistas, foi possível viabilizar visitas individuais de cada uma delas ao maior e mais complexo centro de distribuição de 3PL. Durante a visita, cuja duração máxima foi estipulada em oito horas, um grupo de até quatro funcionários de cada empresa fornecedora tinha permissão para acompanhar quaisquer operações, processos e atividades que estivessem sendo realizados no momento.

Apesar do extremo cuidado tomado na elaboração de um RFQ que descrevia detalhadamente as necessidades e as funcionalidades desejadas, a visita às operações de 3PL permitiu que os fornecedores pudessem ampliar sua compreensão e entendimento do escopo do edital de concorrência. Assim, os fornecedores em potencial sentiram-se mais à vontade para revisar suas propostas e encaminhá-las a 3PL.

Finalmente, foi de grande valia exigir uma apresentação prática das soluções que cada participante propunha. Durante a apresentação, com duração de um dia, cada fornecedor deveria seguir um roteiro previamente estabelecido, composto por: apresentação institucional da empresa e simulação de processos de recebimento de produtos, armazenagem (endereçamento e movimentação interna), expedição (emissão de listas de separação e de notas fiscais de naturezas diversas), faturamento, inventário (rotativo e geral), demonstração do módulo fiscal, relatórios e indicadores de performance. Os participantes montaram ambientes de teste, compostos por microcomputadores, impressora térmica, impressora a laser e coletor de dados para captura de códigos de barras.

As principais dificuldades

A resistência interna a uma eventual terceirização do WMS proprietário foi subestimada pela diretoria responsável pela condução desse processo, que optou por enviar um e-mail em vez de convocar uma reunião geral.

Os processos de *outsourcing*, por implicarem a substituição de recursos próprios pelos de terceiros, são encarados, na maioria dos casos, como ameaças por um determinado grupo ou departamento da empresa. Como conseqüência, podem surgir obstáculos, implícitos ou explícitos, e problemas que podem variar da falta de comprometimento e colaboração até a sabotagem.

Dificuldades diversas precisaram ser superadas pelo grupo de estudo, em virtude da reduzida transparência do processo como um todo e do envolvimento restrito da diretoria.

Em virtude da importância de um WMS em relação às atividades executadas por diferentes departamentos da empresa (financeiro, fiscal, atendimento a clientes, operação etc.), a eventual substituição do WMS criou um ambiente de insegurança generalizada.

Como a adoção de um novo WMS alteraria a rotina de inúmeros departamentos, estes procuraram interferir no processo de escolha, de modo a assegurar que a empresa finalista fosse aquela que apresentasse a melhor solução local. Tais interferências precisaram ser filtradas pelo grupo de estudo.

Apesar da complexidade do escopo do edital de terceirização, existia uma forte pressão para que a decisão sobre o *outsourcing* ou não do WMS fosse tomada por 3PL até o final do primeiro trimestre do ano subseqüente. Isso implicava que o grupo de estudo formado tinha um prazo total de cinco meses, desde a data da sua formação, para concluir o processo.

Assim, o mapeamento detalhado das peculiaridades de cada uma das mais de 100 operações executadas por 3PL não pôde ser concluído antes do lançamento do edital de concorrência, o que gerava certo desconforto no grupo de estudo, que tinha ciência da importância dessa etapa e do seu impacto sobre o prazo e o custo de eventuais customizações nos WMS sob análise.

No momento em que os resultados parciais do processo de *outsourcing* foram apresentados em uma reunião da diretoria de 3PL, surgiram mais questionamentos e dificuldades a serem superadas.

Apesar de a realidade do segmento de operadores logísticos ter mudado radicalmente nos 10 anos anteriores, parte da diretoria entendia que o WMS proprietário era fonte de vantagem competitiva pelo simples fato de nenhum concorrente dispor de uma ferramenta idêntica.

Alguns membros da diretoria também demonstraram excessiva preocupação com relação a itens de naturezas diversas, tais como: recusa ao convite para participar do edital por parte de alguns fornecedores, aspectos fiscais e legais (vínculo empregatício entre funcionários terceirizados e 3PL, entre outros), acesso aos códigos-fonte do programa em situações extremas (por exemplo, falência do fornecedor) e a sistemática adotada para análise comparativa das propostas recebidas e definição dos finalistas.

A análise de critérios múltiplos realizada pelo grupo de estudo, baseada nos critérios e pesos indicados na figura 1, apesar de clara e transparente, gerou certo desconforto nos membros da diretoria, pois não havia consenso em relação aos pesos relativos dos itens e subitens.

Figura 1
Critérios e pesos adotados na avaliação

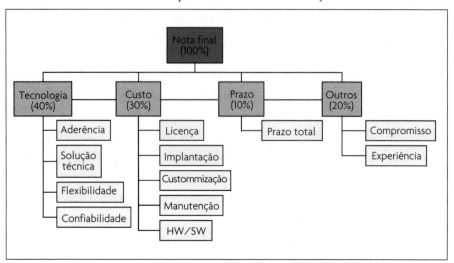

Na apresentação dos resultados parciais para a diretoria, ficou clara a necessidade de ter existido uma etapa anterior, interna, para discussão prévia e apresentação da totalidade dos benefícios que poderiam ser obtidos através do processo de *outsourcing* do WMS, os quais incluíam: foco no *core business*, maior flexibilidade operacional, conversão de custos fixos em semivariáveis, otimização dos recursos da empresa, aumento da satisfação dos clientes internos, maior controle e gestão sobre o processo, acesso a novas funcionalidades e tecnologias.

Cabe ressaltar também que softwares de mercado, por apresentarem soluções globais para uma imensa variedade de situações e organizações (em face das necessidades específicas das cadeias de abastecimento de cada ramo de atividade), além das vantagens já listadas, possibilitariam a 3PL o acesso imediato a soluções voltadas para segmentos de mercado ainda não explorados, abrindo assim um leque de oportunidades comerciais.

Finalmente, a estratégia sugerida pelos finalistas do processo de concorrência para a implantação da solução terceirizada de WMS nas diferentes unidades de 3PL era considerada ousada demais e precisaria ser negociada com a empresa vencedora do processo de concorrência durante a rodada final de negociações.

Enquanto os fornecedores indicavam que a implementação nas unidades deveria começar pela maior e mais complexa delas, antes da "explosão" para os demais armazéns espalhados pelo Brasil (com o argumento de que o início pelo centro de distribuição mais complexo possibilitaria o levantamento de todos os obstáculos e customizações e facilitaria o restante da implementação), 3PL entendia que os riscos envolvidos eram muito elevados e que deveria ser adotada outra estratégia: identificar uma operação de porte intermediário, que representasse um nível médio de desafio, porém com baixo risco, e utilizá-la como piloto para, a partir dos conhecimentos adquiridos, fazer os devidos ajustes antes da implementação da solução nas operações mais importantes e complexas.

Considerações finais

A análise crítica do caso demonstra que conhecimentos técnicos sobre o escopo de um processo de *outsourcing* são fundamentais, porém insuficientes para assegurar a obtenção de sucesso na condução e implantação de um processo dessa natureza.

A condução do processo de *outsourcing* pode ser classificada como cautelosa e conservadora, porém excessivamente técnica e focada nas características e funcionalidades do produto (e serviços a ele associados) objeto do *outsourcing*. Aspectos fundamentais associados à cultura do eventual fornecedor, aos mecanismos de controle que precisariam ser implementados, ao formato do relacionamento a ser estabelecido e à necessidade de assegurar o alinhamento estratégico permanente entre as empresas não receberam igual atenção.

Em virtude da complexidade, da abrangência e dos riscos apresentados pelo processo de *outsourcing* para a organização, este precisaria ter sido conduzido estrategicamente pela empresa, maximizando dessa forma a probabilidade de se atingirem as metas e objetivos definidos inicialmente.

Caso Transportes – *insourcing* x *outsourcing*

Lucia Nunes Pereira[*]

Distribuidora

A distribuidora de combustíveis atua em todo o território nacional há mais de 50 anos. Seu faturamento anual é de R$2,9 bilhões e ela conta com cerca de 3.500 funcionários.

Sua operação consiste basicamente em envasar derivados de petróleo e entregá-los a seus milhares de revendedores espalhados pelo Brasil. Outra forma de atuação é a entrega a granel, onde o produto é distribuído através de caminhões-tanques para grandes clientes.

Para suportar a operação, a empresa possui em torno de 1.000 veículos, espalhados em mais de 50 unidades em todo país. Além dos veículos próprios, parte da distribuição é terceirizada.

A empresa vive atualmente um ambiente altamente competitivo, seus produtos concorrem com outras fontes de energia, também eficientes e em

---

[*] Engenheira química pela Mauá e pós-graduada em administração de empresas pela FGV. Atua há 10 anos em projetos de implantação de centros de serviços compartilhados (CSC), implantação do sistema ERP e reestruturação de processos organizacionais. Atualmente é consultora da empresa Bureau Veritas, desenvolvendo projetos relacionados a sistemas de gestão da qualidade, meio ambiente, saúde e segurança no trabalho e responsabilidade social.

alguns casos mais viáveis economicamente. Nos últimos anos, novos entrantes mudaram o perfil do mercado e empresas multinacionais tornaram o ambiente ainda mais competitivo.

Para atuar nesse novo cenário, a empresa revê seu modelo de gestão, provocando mudanças em toda a organização.

O desafio

Carlos é o novo gerente corporativo de logística, área criada recentemente. A empresa já possuía esse departamento em suas unidades, mas não existia uma figura central que alinhasse as ações corporativamente.

Em sua contratação, ficou clara a necessidade que a empresa reconhecia em melhorar a eficiência desse processo. Carlos gostava de desafios e se considerava competente para tal empreitada.

Durante o período de "reconhecimento de campo", Carlos percebeu o quanto as áreas de logística e frota eram descentralizadas e independentes. A única relação com o corporativo era no cumprimento de políticas e solicitações de mudanças no sistema de gestão (software). A gestão e as diretrizes de operação, principalmente em logística, eram dadas pelo gerente comercial, o responsável pela unidade.

Logo no início dos trabalhos, a diretoria expôs o resultado de uma avaliação realizada por uma empresa independente. Esse relatório apontava, como um dos pontos críticos, a gestão de frota.

Na análise do relatório, percebia-se que as deficiências apresentadas iam desde práticas de manutenção sem padronização, em que havia planos de manutenção diferentes entre as unidades para os mesmos equipamentos, até a descentralização na contratação de serviço, apesar da centralização de compras na respectiva área corporativa.

O relatório abordava ainda a questão da visibilidade dos custos totais, verificando que não era possível garantir a alocação correta dos custos no modelo atual, pois não ficavam claros os fatores que explicassem as diferenças entre as filiais.

Diante dessa situação, a diretoria exigia que Carlos e sua equipe apresentassem uma solução.

Antecedentes

Na década de 1990, a empresa passou por um período de crescimento e expansão. Suas operações começaram a ampliar-se para outros estados, ocupando as áreas "brancas" e conquistando mercado.

A estrutura organizacional era centralizada na matriz e as diretorias eram divididas em áreas, tais como produção, comercial, logística. Com a expansão, percebeu-se que o modelo estava esgotado, pois a operação havia crescido muito, exigindo que as diretorias fossem divididas. Além disso, a centralização de alguns processos na matriz não proporcionava a agilidade e proximidade necessárias para competir no mercado.

Diante dessa situação, a empresa revisou seu modelo e descentralizou alguns processos. As operações foram divididas entre as diretorias comerciais regionais, ligadas hierarquicamente ao diretor superintendente. Entretanto, essas diretorias possuíam autonomia total sobre a sua região, tendo a matriz apenas um papel de apoio à operação.

Essa alteração de estrutura, aliada a outros fatores, fez com que a empresa obtivesse um crescimento maior que suas expectativas. Com velocidade e inovação, a partir de 1996 entrou no mercado de distribuição a granel, tornando-se mais agressiva.

Para suportar o crescimento e manter-se competitiva, a organização percebeu a necessidade de aprimorar a sua gestão e, para isso, concebeu o projeto Excelência em Gestão.

O projeto reorganizou os processos, visando aprimorar sua gestão, contemplando desde planejamento estratégico até gestão de ativos. Para suportar esse modelo, identificou-se a necessidade da implantação de ferramentas de análise estratégica e de suporte a gestão dos processos, além de um sistema transacional (ERP). Seria preciso ainda trabalhar as pessoas para as novas competências necessárias nesse modelo de gestão.

O sistema de gestão da manutenção

Entre os processos reestruturados, a manutenção foi tratada na frente de gestão de infra-estrutura. Esse grupo era responsável pelo desenho do modelo de gestão de manutenção das unidades produtivas, manutenção da frota e manutenção dos clientes (equipamentos comodatados).

A primeira etapa trabalhada foi a manutenção da frota. Paulo, líder desse grupo, tinha o desafio de desenvolver um novo modelo que fosse aderente ao negócio. Para sustentar o modelo proposto, era necessário a implantação de uma ferramenta que auxiliasse a gestão. A ferramenta escolhida deveria ser aderente às três categorias de manutenção: clientes, infraestrutura e frota.

Formou-se uma equipe de projeto para seleção e desenvolvimento dessa ferramenta. A equipe foi selecionada pelo gestor do projeto, juntamente com os gerentes locais. Foram escolhidas pessoas experientes nas três categorias de manutenção.

As equipes que trabalhavam no sistema ERP e no novo sistema de manutenção eram integradas, inclusive fisicamente. Havia sinergia entre as equipes e o clima de trabalho era bom.

A organização passava por uma série de mudanças. Além dos sistemas de manutenção e ERP, havia uma equipe desenvolvendo a centralização de serviços administrativos.

Para administrar os impactos organizacionais, havia uma equipe dedicada a gerenciar a mudança. Essa equipe trabalhava a motivação das pessoas do projeto, as novas competências necessárias na organização, a comunicação interna, além de identificar os possíveis conflitos e seu tratamento.

As mudanças trazidas pelo novo modelo adotado geraram incômodo nas unidades. Reclamava-se de falta de participação no projeto, falta de visão de campo por parte da matriz e, para cada tema, cada unidade tinha sua proposta segundo a ótica local.

Durante o desenvolvimento da ferramenta de manutenção, Paulo esbarrou em algumas barreiras culturais, como a informalidade. Os apontamentos avaliados como necessários para a gestão do processo eram interpretados como burocracia e, portanto, tinham baixa aceitação nas unidades.

As questões técnicas eram definidas com base nas determinações do fabricante e realidade de operação das unidades produtivas; posteriormente, promovia-se um fórum de discussão com os principais formadores de opinião do processo. A dificuldade nesse ponto era o consenso — em alguns casos, não se chegava a um padrão comum, apenas a um padrão mínimo obrigatório.

Para amenizar o impacto das alterações e promover a aceitação da ferramenta, a equipe cedeu à pressão e definiu um padrão técnico mínimo, dando autonomia para que as filiais pudessem inserir suas particularidades.

Essa alteração no escopo técnico do projeto foi apresentada ao *sponsor* do projeto, que concordou com o fato de a medida ser emergencial e necessária, mas que posteriormente deveria ser corrigida.

Nesse momento, o projeto estava próximo da etapa de *roll-out*, as equipes trabalhavam exaustivamente para conseguir atender aos prazos acordados. As angústias começaram a aparecer, algumas pessoas deslocadas para o projeto não tinham mais lugar em sua filial de origem e começavam a se preocupar com seu futuro na organização. A área de frota corporativa já existente temia ser substituída pela equipe do projeto liderada por Paulo.

À medida que os fóruns de validação ocorriam, as correções possíveis eram realizadas, questões que exigiam apontamentos mais apurados sofriam maior rejeição, mas, para atender aos objetivos do sistema, não era possível abrir mão de alguns controles.

Uma das grandes barreiras era a conseqüente padronização corporativa das operações, pois se esperava que o sistema auxiliasse a rotina de trabalho, mas a expectativa gerada era de que se continuaria trabalhando da mesma maneira. Outro fator foi que — como as filiais eram dirigidas pelas áreas comerciais e o mercado era diferente entre as regiões do país, precisando portanto de uma abordagem mercadológica diferente — criou-se o mito de que não era possível operar da mesma forma. Acreditava-se que, assim como os mercados, a operação era diferente, no entanto tratava-se do mesmo produto e dos mesmos processos.

O roll-out

O modelo definido mantinha as oficinas de frotas locais e estas eram responsáveis pela gestão da manutenção da sua região, inclusive filiais menores. Essas oficinas continuariam subordinadas conforme definição do gerente local, sendo a área de frota corporativa uma área de apoio e controle da operação.

Pouco antes da previsão de finalização do projeto, os treinamentos requeridos foram realizados com todos os usuários. As questões de rejeição ao sistema eram identificadas pelo instrutor e a equipe de gerenciamento de mudança era envolvida, para tratar a questão da melhor forma.

Os *roll-outs* do projeto de manutenção não atenderam ao prazo estipulado. Durante sua execução, diversos problemas foram encontrados, alguns relacionados ao software e seu uso.

Outros problemas encontrados estavam relacionados ao quadro de funcionários. Algumas unidades que não possuíam oficinas, mas tinham veículos, iriam utilizar o software e, portanto, deveriam inserir os dados no sistema. No projeto, foi previsto o dimensionamento do pessoal para realizar a tarefa. Com o objetivo de não demitir os funcionários e aproveitá-los internamente, algumas pessoas que não eram especialistas em manutenção de frota foram designadas para essa empreitada. Além do despreparo técnico, constatou-se que o número de pessoas não era suficiente, devido ao detalhamento dos apontamentos. Esse conjunto de fatores gerou problemas na operação do sistema. Por outro lado, a forte pressão que havia para implantação do sistema fazia com que as pessoas, sentindo-se pressionadas, dissessem que o sistema não funcionava. Na maioria dos chamados atendidos, constatava-se que o problema era a utilização inadequada.

Durante o *roll-out*, alguns integrantes da equipe de Paulo foram convidados a trabalhar em outras áreas. Todos aceitaram, ficando apenas Paulo, após a finalização do *roll-out*.

A área corporativa

A área de frotas foi criada antes do projeto Excelência em Gestão e estava participando ativamente do redesenho, liderando a princípio a frente de manutenção de frota.

Essa área responsabilizava-se basicamente pelo desenvolvimento de novas tecnologias para caminhão, desde dispositivos de segurança a implantação de controles de combustível. Era responsável ainda pela documentação legal do veículo, além do apoio técnico às oficinas locais.

O novo modelo de gestão foi desenhado e acompanhado por essa área. Durante o *roll-out* do sistema, a área de frota compartilhava a responsabilidade de gestão das oficinas com Paulo. Os relatórios com os indicadores de gestão eram emitidos pela área de Paulo, e este apresentava às gerências o ocorrido. As ações a serem empreendidas, quando envolviam corpora-

Caso Transportes — *insourcing x outsourcing*

tivamente as unidades, eram implantadas pela coordenação de frota, que estava subordinada à gerência de engenharia, sendo a área de Paulo responsável pelo monitoramento.

Periodicamente, eram promovidos fóruns para discutir os assuntos pendentes, indicadores de gestão, bem como a utilização. Apesar de o *rollout* ter sido finalizado, ainda havia certa resistência em sua utilização e o sistema ainda apresentava alguns problemas.

Após a entrada da nova diretoria, viu-se que esse modelo de gestão não era ideal, que a área de frotas deveria estar mais direcionada para gestão, além do aspecto técnico. Percebia-se, pelos indicadores, que os custos com manutenção eram um componente importante no custo logístico e que deveriam ser mais bem geridos. Além disso, era necessário estabelecer diretrizes e controlar os trabalhos realizados nas oficinas próprias.

O novo diretor reestruturou a área de operações, o trabalho de Paulo foi direcionado para manutenção de infra-estrutura, e a área de frota assumiu todo o processo, inclusive a gestão dos indicadores.

Com a criação da gerência de logística, o departamento de frotas foi deslocado da engenharia para essa área e o gestor também foi substituído.

O novo gestor de frota renovou sua equipe e começou a visitar todas as unidades, para conhecer o processo.

Para obter uma avaliação independente, o diretor de operações de logística contratou uma empresa externa para diagnosticar a situação.

A análise de campo

A equipe de Carlos visitou todas as oficinas do Brasil, avaliando sua operação e comparando-a com o relatório da diretoria. Sua operação consistia em gerenciar e executar a manutenção dos veículos conforme algumas diretrizes definidas corporativamente. Entre as atividades, podemos destacar a compra de peças e acessórios, contratação de serviços, realização da manutenção preventiva e corretiva nos veículos.

Algumas diretorias não possuíam oficinas próprias, mas havia um gestor local e, portanto, a manutenção era realizada por oficinas terceirizadas.

As compras de peças eram centralizadas na matriz, com exceção das que ocorriam em regime de urgência, que então eram compradas localmente.

A aquisição de serviços era realizada localmente. Isso se devia à distribuição geográfica e, principalmente nos casos de manutenção corretiva, era necessário que o fornecedor fosse acessível, estivesse próximo. Não havia um critério claro para contratação, definindo parâmetros de seleção desse fornecedor, até porque em algumas regiões do país se encontra dificuldade em desenvolver um fornecedor. Assim, cada oficina utilizava seu *know-how* técnico para definir e, consequentemente, os próprios mecânicos tinham muita influência na escolha.

Nas oficinas próprias, verificava-se que o serviço era tecnicamente bem executado e havia uma disparidade na utilização do sistema. Algumas faziam os lançamentos como estabelecido, outras não apontavam as informações detalhadamente como era necessário para o nível de análise desejado. A justificativa para essa ocorrência era falta de tempo para desempenhar tal atividade, mas a equipe percebia que, além da necessidade de mão-de obra, faltava conscientização ou comprometimento para com a regra estabelecida. Esse apontamento proporcionava a comparabilidade entre as unidades quanto aos indicadores de manutenção (custos, horas de manutenção, eficiência da equipe etc.).

Outro fator observado foi a região geográfica que cada oficina abrangia. Havia oficinas situadas a 300km de cada filial atendida e, para realização das manutenções preventivas, era necessário que o caminhão se deslocasse até a oficina e lá permanecesse por algum tempo. Além de deslocar o caminhão e um motorista nessa distância, era necessário manter alguns caminhões de reserva para cobrir a região. Esse fator dificultava a realização das manutenções mecânicas com a quantidade de quilômetros estipulado. A manutenção do vaso de pressão do caminhão não sofria o mesmo problema, pois era programada periodicamente e não dependia da quantidade de quilômetros rodados.

O perfil dos gestores locais de frota era técnico e estavam ligado a questões mais operacionais. Os aspectos de gestão das áreas teriam de ser aprimorados, bem como o próprio sistema, que ainda não fornecia esses dados para consulta direta local.

A subordinação aos gerentes locais também era um fato relevante, uma vez que essa estrutura facilitava o não cumprimento das diretrizes corporativas.

Quanto à execução dos serviços, o sistema possibilitava que diferentes roteiros de manutenção fossem cadastrados para um mesmo tipo de veículo.

A decisão

A equipe reuniu-se com Carlos para discutir três propostas: *insourcing*, *outsourcing* com gestão de frota centralizada e *outsourcing* da distribuição.

Insourcing

Para resolver os três pontos mais críticos relacionados à falta de padronização, contratação de serviços e gestão, a equipe propõe que os gestores de frota fiquem subordinados ao corporativo, facilitando assim o alinhamento entre as oficinas.

O ajuste do quadro de funcionários dessa área seria necessário para atender o nível de controle e apuração de dados desejados. Além disso, a capacitação dos gestores será imprescindível e, em alguns casos, será necessário a troca de funcionários.

O sistema de manutenção deve sofrer ajustes, a fim de não permitir que dados sejam lançados incorretamente, fazendo a integração com outros sistemas necessários.

Esse modelo proporciona um alinhamento maior com as diretrizes corporativas, bem como proporciona um melhor processo de gestão, melhorando a apuração dos indicadores, possibilitando *benchmarking* entre as unidades.

O aspecto negativo analisado é o impacto organizacional com essa alteração na hierarquia. Em toda a empresa, nenhuma área que opera nas unidades é subordinada à matriz; isso "bate de frente" com a hierarquia local. Outros dois fatores são o aumento de quadro e as customizações no sistema. A empresa tem como diretriz reduzir custos e essas duas ações estão na contramão das diretrizes da superintendência.

A necessidade de especialização dos gestores atuais de frota também deve ser outro fator a ser considerado, pois a empresa teria de investir nesses funcionários.

Outsourcing *com gestão de frota centralizada*

Nesse modelo, a manutenção corretiva e preventiva dos veículos seria gerenciada por uma empresa de gestão de frotas, e a gestão desse prestador de serviço seria realizada pela área de logística central ou local.

O objetivo desse modelo seria contratar uma empresa especialista em gestão de frotas, não tendo assim de manter as oficinas de frotas próprias.

Impactos possíveis seriam a resistência das unidades à proposta, uma vez que esta causaria demissões, e futuramente uma grande resistência à gerência de logística, um departamento novo na organização e que teria como próximo passo reorganizar a área de logística.

No desenho elaborado, não há necessidade do software de gestão adquirido, uma vez que o fornecedor já possui software próprio, acarretando assim abortar a utilização do software no qual já houve um alto investimento.

Outro fator importante a ser considerado é a gestão do trabalho desse fornecedor, uma vez que este pode sucatear a frota a longo prazo, utilizando peças nas manutenções que não garantam a vida útil do veículo. Portanto, a redução de pessoal com o fechamento das oficinas não seria tão grande, já que seria necessário criar uma equipe de auditoria para verificar a condição dos veículos.

Para diminuir o risco, além das auditorias, a equipe sugere que o pagamento seja atrelado à quilometragem rodada do caminhão, a fim de assegurar que a disponibilidade dos veículos não seja afetada. Esse item é crítico, pois sem os veículos não é possível efetuar a venda.

Outsourcing *da distribuição*

Atualmente, para revendedores e clientes com grande consumo, a empresa já terceiriza a distribuição do produto. No caso do produto envasado, há um *trade off* com o revendedor. Este arca com as despesas do frete e, por outro lado, a companhia garante um desconto no produto.

Como esse processo funciona bem e é economicamente viável, a terceira proposta analisada é contratar operadores logísticos para realizar as entregas, sendo geridos pelo departamento de logística local.

A vantagem do modelo proposto é a redução dos ativos, proporcionando assim um impacto positivo no EVA. A empresa focalizaria seu negócio em vendas, deixando a distribuição para um especialista, não tendo assim de investir em licenças de sistema, especialização do pessoal, manutenção de veículos, como já acontece com a frota utilizada pela gerência e

Caso Transportes — *insourcing x outsourcing*

diretoria. Haveria uma potencial redução de custos, uma vez que o quadro de funcionários diminuiria.

Por outro lado, a equipe não se sentia satisfeita devido às características operacionais. Como, para alguns clientes, trata-se de um produto essencial, a garantia de abastecimento era firmada em contrato; caso o prestador não funcionasse bem, isso poderia acarretar prejuízos financeiros e perda de clientes.

Outro fator é que a diretoria considerava a distribuição *core business* da empresa e, assim, não se terceirizaria justamente essa área.

A segurança dos seus produtos era um dos grandes componentes na construção de sua marca e um dos pilares da empresa. Por se tratar de um produto combustível, a manutenção inadequada do vaso de pressão do veículo, bem como a operação inadequada deste, poderia causar acidentes aos clientes e, consequentemente, gerar muitas indenizações e afetar sua marca.

Para os clientes de grande porte, via-se que a terceirização era economicamente viável. Já para os de pequeno porte, a equipe não estava certa ainda, pois seria necessário realizar muitas entregas pequenas em vários locais e em todas regiões do país. Conseguir um fornecedor que atendesse as regiões também não seria uma tarefa fácil.

Essa proposta, como a anterior, também inviabilizaria a utilização do sistema atual, que teria de ser abortado.

No que diz respeito a aspectos organizacionais, a área comercial não iria apoiar a proposta, uma vez que esta poderia ameaçar a flexibilidade que a área tem com logística, na priorização das entregas. Outro fator seria a grande demissão que haveria na empresa, podendo afetar a motivação do pessoal e enfraquecer a área de logística.

Carlos analisava cada proposta, mas ainda não tomou sua decisão.

Caso de TI

FLAVIO PELOSI ADORNO[*]

Introdução

Este trabalho tem o objetivo de analisar o processo de terceirização do serviço de atendimento e cobrança (*call center*) do Banco X (devido à confidencialidade do negócio, o nome do banco não pode ser aqui mencionado), através de uma abordagem crítica, com base nas decisões tomadas pela empresa, e analítica, com base nas teorias aprendidas e discutidas em aula durante o curso.

Banco X

O Banco X começou sua história como braço financeiro de uma rede varejista há 20 anos. Desde 14-8-2000, é uma instituição financeira independente, presente hoje em outros países da América Latina como México e Argentina, que tem como objetivo proporcionar a seus clientes as melhores soluções financeiras. A partir de dezembro de 2002, iniciou as atividades

---

[*] Pós-graduado pela FGV como especialista em administração e formado em comércio exterior pela Umesp. Atua há 11 anos na área de logística, tendo trabalhado em empresas multinacionais, como Ford e Iveco. Atualmente, é responsável pela célula de logística para a América Latina, no Global Shared Services da Siemens Ltda., setor responsável por projetos e soluções logísticas, com foco em otimização/redução de custos logísticos para as unidades de negócios.

de financiamento de cartões de crédito. Atualmente, o Banco X financia clientes portadores de cartões Mastercard e Visa. Também financia, em regime de exclusividade, a carteira de portadores de cartões de compra de uma rede varejista.

Estratégia de negócio

O Banco X possui pontos de venda e atendimento independentes e também dentro da rede varejista que atende. Seu objetivo é a redução da dependência das operações originadas na rede varejista que atende, através de uma diversificação de canais por convênios com outros lojistas, além do crescimento das operações de crédito pessoal. O Banco X está focado no crédito à pessoa física e as suas operações estão concentradas em clientes com renda inferior a R$1 mil.

O Banco X possui 45 pontos de venda e atendimento independentes, destinados à comercialização de crédito pessoal, e mais 98 pontos de atendimento dentro das lojas de uma rede varejista. Ao final de 2003, seu quadro de funcionários contava com 7.122 pessoas.

Para os próximos anos, a estratégia do Banco X é continuar operando sob o alicerce dos 12 milhões de cartões de compra da rede varejista, dos quais 5 milhões estão ativos. Entretanto, o plano contempla a redução da dependência das operações originadas na rede, a partir de maior diversificação de canais, possivelmente com novos convênios com outros lojistas, além do crescimento das operações de crédito pessoal, com abertura de 77 novas lojas com a marca do Banco X até o final do ano de 2006.

Produtos do Banco X

Os produtos do Banco X são:

- cartão de crédito;
- consórcio;
- seguros;
- plano odontológico;
- capitalização;
- investimentos;
- empréstimo pessoal;
- empréstimo com desconto em folha de pagamento.

Situação anterior à terceirização

Assim como todos os demais participantes do mercado financeiro, o Banco X não conta com uma única central de atendimento. Para poder atender os clientes diretamente e oferecer a todas as suas lojas o atendimento especializado, o Banco X estabeleceu que seria necessário três centrais de atendimento: duas para os clientes e uma exclusiva para a cobrança. Uma central com foco único em cobrança é fundamental no processo de concessão de crédito. Para dar conta de tais necessidades, foram montadas centrais para atendimento em São Bernardo do Campo (SP) e Rio de Janeiro (RJ) e uma central em São Paulo (SP) para realização de cobrança.

Além do atendimento por telefone, a atividade bancária exige grandes centros de processamento, para a realização das suas rotinas essenciais. Além de fazer o processamento, tais centros devem ser interligados às lojas a fim de propiciar o acesso a base de dados, possibilitando que as lojas e mesmo as centrais acessem as informações necessárias para prover os serviços aos clientes. Para tal, o Banco X mantém dois centros de computação, ambos localizados em Alphaville (Barueri, SP), sendo um centro da própria instituição, onde opera um *mainframe* e, outro, da HP, na qual opera apenas um servidor.

A rede liga as 45 lojas do banco, bem como as 98 lojas do varejista, de modo a processar as transações que atualizam os sistemas centrais, que, por sua vez, alimentam os *call centers*. Toda a operação de atendimento e cobrança sempre foi feita internamente, ou seja, tudo gerenciado pelo Banco X, dentro da própria estrutura.

Mesmo mantendo interna a infra-estrutura de atendimento e hardware, os softwares, principalmente alguns aplicativos utilizados nas centrais de atendimento telefônico, são licenciados, isto é, providos por outras empresas. Entre esses aplicativos, o banco não possui acesso ao código-fonte de todos, sendo, nesse caso, impossível o trabalho de customização próprio. Há, entretanto, casos de aplicativos desenvolvidos pela própria empresa. Para poder atender a demanda interna desses softwares, o Banco X utilizou-se de mais de um fornecedor, tanto para suas plataformas quanto para seus aplicativos.

Cenário de *outsourcing* para o Banco X

A estratégia para expansão dos negócios do Banco X baseou-se no crescimento das operações de crédito pessoal. Esse tipo de expansão implica um aumento de sua rede de atendimento, seja através de novas lojas e novas parcerias, seja por convênio com outras redes varejistas. É simplesmente impossível passar a atender cada vez mais clientes sem poder sustentar o atendimento a eles. Obviamente, essa expansão demanda que as centrais tanto de atendimento como de cobrança também se expandam, de modo a atender o futuro aumento de acionamentos de seus serviços. Além disso, sua infra-estrutura se encontra dividida em cinco sites diferentes.

Nesse cenário, o Banco X considerou a possibilidade de comprar o serviço, em vez de fazê-lo pelos seus próprios *call centers*, de modo a ajudar na alavancagem de sua estratégia de expansão, bem como aumentar a eficiência e reduzir o custo desses serviços.

A utilização da estratégia de *outsourcing* para esse caso não seria a primeira a ser vista na história das instituições financeiras no Brasil. Embora muitas vezes possa ser considerada uma das atividades mais essenciais para as instituições financeiras, o atendimento ao cliente não precisa ser tão especializado, e bons contratos e monitoramentos garantem a necessidade de confidencialidade das informações no nível desejado. Desde os primeiros anos da década de 1980, já são observados movimentos dessas instituições para a terceirização de canais remotos para atendimento, desde informações de pessoas físicas para crédito até máquinas ATM.

Para análise da estratégia a ser adotada, de *insourcing* ou *outsourcing*, trazemos aqui modelos para melhor descrever as vantagens e desvantagens que tal processo poderia deter.

Análise através do modelo de Insinga e Werle

O primeiro modelo empregado é o Insinga e Werle. Através desse modelo, é possível avaliar a vantagem que a estratégia traria, comparando-a com o mercado e a concorrência. Devido ao fato de os demais competidores do mercado já apresentarem atividades realizadas por empresas prestadoras de serviço (EPS), em alguns casos, mas não em todos, a capacidade interna em relação aos competidores pode ser considerada apenas moderada. O potencial da vantagem competitiva propiciada por tal atividade, embora fundamental no processo de oferta de serviços financeiros, não pode isoladamente ser considerada absoluta, porém não pode também ser considerada improvável. A figura 1 ilustra o posicionamento do Banco X na matriz de Insinga e Werle.

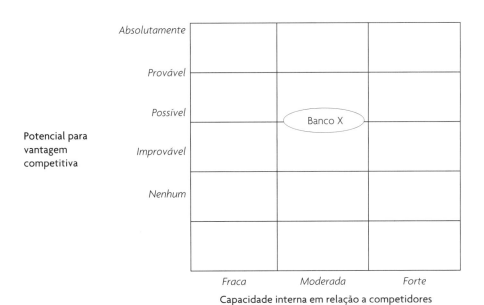

Figura 1
Análise pelo modelo de Insinga e Werle

Análise através do modelo de Gottfredson, Puryear e Philllips

O modelo de Gottfredson, Puryear e Phillips leva a uma análise similar à anteriormente apresentada (modelo de Insinga e Werle). O processo de negócio tem avançado entre os competidores, tornando-se cada vez mais comum dentro desse setor. Quanto à natureza proprietária do processo, embora os dados sejam particulares, o processo de negócio se dá em todas as empresas do setor. A figura 2 dá a dimensão do posicionamento do Banco X em relação a tais critérios.

Figura 2
Análise pelo modelo de Gottfredson, Puryear e Phillips

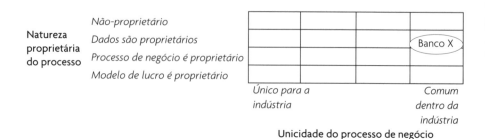

Análise através do modelo de Venkatraman e Henderson

Figura 3
Análise pelo modelo de Venkatraman e Henderson

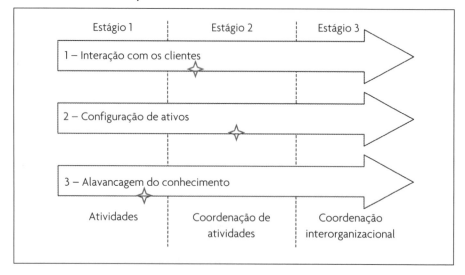

Interação com os clientes

O Banco X herdou da empresa varejista que o originou a prática de manter sempre alta a interação com os clientes (internos e externos), independentemente de seu objetivo estratégico. E, com relação às operações abordadas neste estudo, os processos exigiam que houvesse essa interação, devido à alta sensibilidade do relacionamento dos clientes com o desempenho comercial. Porém, essa interação não atingia a sinergia necessária para que os processos atingissem o estágio de coordenação interorganizacional, e o modelo de *outsourcing* não alteraria esse quadro.

Configuração de ativos

Essas operações possuíam tecnologia e equipamentos capazes de atender às suas necessidades. Porém, há de se ressaltar que a renovação desses ativos sempre foi e continuaria sendo onerosa para o banco, uma vez que, não sendo esse o *core business*, a capacidade de esses investimentos serem diluídos com ganho de produtividade ficava restrita. Com a opção pelo *outsourcing*, praticamente garantia-se a utilização de equipamentos e tecnologia de ponta, sem que o ônus fosse repassado integralmente.

Alavancagem do conhecimento

Desde sua formação, e principalmente após seu terceiro ano de existência, o Banco X optou por recrutar e capacitar os melhores profissionais do mercado, ainda que isso representasse um gasto maior. Assim, o *outsourcing* traria pouca alavancagem de conhecimento, mesmo porque a estratégia das operações não seria terceirizada.

Análise através do modelo de Linder, Cole e Jacobson (novos modelos de negócio)

O modelo de *outsourcing* do Banco X se encaixa no nível de *outsourcing* convencional. Isso porque a opção pelo *outsourcing* não previa um extraordinário ganho de desempenho nas operações, mas sim um ganho na administração dessas operações, que eram grandes e, na visão do banco, não faziam parte do *core business*.

Ao analisarmos os riscos envolvidos no *outsourcing*, observa-se claramente que não havia riscos sérios para o desempenho do Banco X. Ainda que o início das operações nos sites terceirizados não ocorressem de forma transparente para os clientes, não haveria sério comprometimento nas operações e processos do banco. Era uma questão de evitar problemas trabalhistas que pudessem arranhar a imagem do banco e não perder mais do que um dia na operação. Ou seja, não haveria profundas modificações na estrutura do banco.

Figura 4
Análise pelo modelo de Linder, Cole e Jacobson

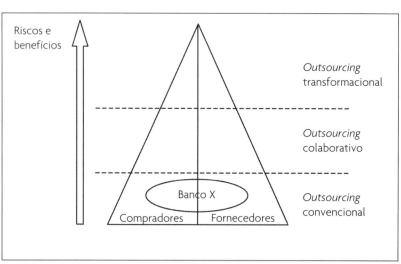

O que fez o Banco X?

O Banco X decidiu-se por fazer o *outsourcing* dos serviços de *call centers* de atendimento e cobrança. Com o *outsourcing*, o Banco X pôde obter vários benefícios como:

- fatores organizacionais — melhorar a efetividade ao focar naquilo que se faz melhor: a competência principal do Banco X está no marketing de seus serviços;
- busca por melhorias — otimização de seu desempenho operacional e redução de riscos em sua estratégia de expansão;
- aspectos financeiros — reduzir o montante de investimentos e ativos ou liberar recursos para outros objetivos (expansão de sua rede); gerar caixa através da transferência de ativos ao provedor;
- aumento de receita — acelerar a expansão através de capacidades do provedor como processos e tecnologia;
- redução de custos — reduzir custos através do desempenho superior do fornecedor.

Nesse processo de *outsourcing*, foi contratada uma empresa de consultoria para efetuar a qualificação de fornecedores para prestação de serviços de *call centers* de atendimento e cobrança e ajudar no processo de contratação e elaboração do contrato.

O tipo de *outsourcing* escolhido foi o convencional, com escopo de serviços bem definido, tempo definido e mecanismos de proteção para garantir níveis de serviços e preços competitivos para o Banco X.

Contratação de um fornecedor

A direção do Banco X criou uma empresa para a prestação dos serviços dos *call centers* de atendimento e cobrança. Nessa empresa estarão todos os recursos humanos (com seus respectivos passivos trabalhistas), instalações, ativos e contratos envolvidos nos serviços a serem terceirizados dos *call centers* de atendimento e cobrança (São Paulo, São Bernardo do Campo e Rio de Janeiro). Simultaneamente à venda dessa empresa, serão contratados os serviços dos *call centers.*

Foi elaborado um *request for proposal* (RPF) para contratação do fornecedor de serviços de *call centers* de atendimento e cobrança. As propostas recebidas serão avaliadas segundo os seguintes critérios:

▼ oferta para compra dos meios para fornecer os serviços e preços dos serviços;

▼ conteúdo e qualidade da proposta do fornecedor (neste item, incluem-se aspectos como planos do fornecedor para promover a melhoria contínua dos serviços, nível de profissionalismo da solução do fornecedor, plano de implantação, requisitos e custos, com ênfase em evitar possíveis interrupções ou degradação de serviços durante a implantação);

▼ capacidade do fornecedor para prestar os serviços (capacidade para atingir os requisitos de performance, registros do fornecedor demonstrando execução de serviços semelhantes, registros do fornecedor demonstrando completa satisfação do cliente, registros do fornecedor comprovando capacidade física e operacional disponível para prestação dos serviços contratados, documentação e qualificação econômico-financeira do fornecedor e de seus principais acionistas, garantia de que não haverá conflito de interesses decorrentes de outros clientes, qualificação técnica e reputação do fornecedor, capacidade do fornecedor para atender os requisitos das práticas do Banco X);

▼ flexibilidade oferecida pelo fornecedor (flexibilidade durante o processo de contratação, opção para aumentar ou reduzir o escopo dos serviços, competência do fornecedor para reduzir riscos na adoção de novas tecnologias relacionadas com os serviços prestados, serviços de valor agregados pelo fornecedor, direitos para rescisão e renegociação do contrato).

Gerenciamento do contrato com o fornecedor

No contrato, foram incluídas várias cláusulas que permitem ao Banco X monitorar o desempenho de seu fornecedor e empreender as ações necessárias para o atendimento de seus objetivos estratégicos. Após a compra dos ativos relativos aos *call centers* do Banco X, o fornecedor passa a ser responsável pela adequação da infra-estrutura necessária para o fornecimento dos serviços ao Banco X.

Como forma de manter o nível e preço dos serviços prestados pelo fornecedor, o Banco X reserva-se o direito de realizar pesquisas de *benchmarking* sempre que julgar necessário. Através dessas pesquisas, preço e qualidade dos serviços seriam avaliados, podendo resultar em ajustes de preços.

Dentro do contrato, o Banco X criou mecanismos para fazer o gerenciamento de seu fornecedor, cobrindo os seguintes aspectos:

▼ gerenciamento do relacionamento com o fornecedor: um sistema formal de relatórios e comunicações é definido, além de se estabelecer um valor máximo de rotatividade, para que se mantenha uma consistência do serviço fornecido e se diminuam impactos devido à curva de aprendizado;

▼ gerenciamento de mudança: o fornecedor deverá prover um plano para minimizar riscos de interrupção ou degradação dos serviços;

▼ gerenciamento de problemas: o fornecedor deverá ter um processo de registro de problemas, resolução de problemas, acompanhamento de problemas não solucionados, procedimentos para escalação hierárquica, encerramento e práticas para relato dos problemas;

Caso de TI

- ▼ gerenciamento de qualidade: o fornecedor deverá ter um processo contínuo de melhorias;
- ▼ gerenciamento de pessoal: o fornecedor será responsável pela infra-estrutura da organização para fornecer suporte ao serviço contratado, tendo padrões internos, políticas e procedimentos para contratação, desenvolvimento de pessoal e gerenciamento de recursos humanos;
- ▼ gerenciamento de performance: o fornecedor deve propor como ele desenvolve, modifica, monitora e reporta os níveis de serviços e performance;
- ▼ gerenciamento da segurança: o fornecedor deve especificar como ele manterá a segurança física e lógistica para os serviços fornecidos, incluindo uma visão geral das políticas, procedimentos e práticas para prevenção, detecção e solução de falhas na segurança, tais como sigilo bancário, fraude interna, segurança da informação, *log* de acesso, verificação dos antecedentes dos recursos humanos etc.;
- ▼ gerenciamento da continuidade dos serviços: o fornecedor deve descrever as políticas e procedimentos para fornecer serviços ininterruptos, incluindo descrições de planos de recuperação de desastres, testes de capacidades, gerenciamento de sites de recuperação (incluindo o uso de sites de contingência de terceiros);
- ▼ gerenciamento de projetos: o fornecedor deve descrever a metodologia usada para a execução de projetos, desde os requisitos até a entrega dos produtos finais, incluindo o gerenciamento de projetos, pontos de controle, relatórios de posição para o Banco X, informando as políticas e procedimentos empregados para garantir a conclusão das tarefas no prazo e com qualidade;
- ▼ projeto tecnológico: o fornecedor deve informar detalhadamente a tecnologia a ser utilizada para os serviços dos *call centers* de atendimento e cobrança do Banco X, fornecendo o plano de implantação e evolução com os respectivos prazos.

Considerações finais

A terceirização do *call center* do Banco X estava se tornando necessária, principalmente porque representava uma vantagem competitiva no setor.

A expansão da carteira de clientes poderia provocar uma crise dentro da empresa, caso esta não fosse capaz de acompanhar o crescimento em suas centrais de atendimento. Trata-se de um ponto relevante dentro do processo, que poderia tornar-se um gargalo. A estratégia de terceirização foi acertada e em boa hora para o Banco X.

O modelo adotado para terceirização foi adequado para o caso. Com esse modelo, o Banco X conseguiu manter o *call center* em atividade sem comprometer a qualidade dos serviços prestados. Da forma como foi feito, gerou menos traumas para os funcionários, já que partiu para a separação do setor da organização, para posterior venda ao prestador de serviços selecionado. Se esses cuidados não houvessem sido tomados, por exemplo, contratando uma empresa que absorvesse o serviço sem os passivos trabalhistas, recursos já disponíveis etc., poderia significar não-aproveitamento de equipamentos úteis e já disponíveis, processos judiciais trabalhistas, tempo maior para a transição para o prestador de serviços, custos adicionais na aquisição de equipamentos etc.

Mesmo com a opção por uma terceirização que prezou a manutenção dos empregos já existentes no *call center*, é inevitável o questionamento pelos funcionários sobre as vantagens e desvantagens do processo. Os funcionários que passaram a ser prestadores de serviços externos, ou seja, passaram a ser funcionários da empresa fornecedora dos serviços, seguramente questionaram a decisão do Banco X. Isso pode provocar desestabilidade dentro do grupo de funcionários, terminando em demissões e sentimento de traição por parte da empresa. Porém, apesar de não estar detalhado no caso estudado, aparentemente o Banco X não foi prejudicado com esse tipo de decisão. O fator de sucesso para a concretização desse tipo de mudança é a comunicação com a equipe e a manutenção das condições de trabalho.

Os fatores considerados para a escolha do parceiro foram complexos e completos. Foram adotados critérios que vão desde a saúde financeira da empresa até a sua capacidade técnica de atender às necessidades do Banco X. Foi exigido dos fornecedores que apresentassem planos de melhoria contínua, o que é muito importante para a evolução do serviço prestado; porém, para um melhor resultado, é necessário que se estabeleçam SLAs e objetivos de performance, para que através destes, respectivamente, se mantenha o nível mínimo de serviço e se obtenham, de forma gradual, as melhorias desejadas pela empresa. Um ponto muito importante a ser ressaltado é que o Banco X partiu para uma escolha bastante profissional, quando decidiu contratar uma empresa de consultoria especializada para a contratação de seu novo prestador de serviços.

Dessa forma, com base nas análises realizadas, o grupo conclui concordando com a decisão de terceirização e com a forma como ela foi elaborada.

Referências bibliográficas

GOTTFREDSON M.; PURYEAR R.; PHILLIPS S. *Sourcing* estratégico: da periferia para o centro. São Paulo: Harvard Business Review, fev., 2005.

INSINGA R. C.; WERLE M. J. Linking outsourcing to business strategy. *Academy of Management Executive*, v. 14, n. 4, 2000.

LINDER, Jane C. *Outsourcing for radical change*: a bold approach to enterprise transformation. New York: Anacom, 2004.

_____; COLE, Martin I.; JACOBSON, Alvin L. Outlook special edition: partners in change: how to achieve business transformation through outsourcing. New York: ebook Accenture LLP, 2004.

_____ et al. *Metrics and incentives in outsourcing*: driving peak performance. New York: ebook Accenture LLP, 2004.

VENKATRAMAN; HENDERSON. Real strategies for virtual organizations. *Sloan Management Review*, Fall 1998.

Case JIT: full circle outsourcing

NATALIA LEVINA*

VALERIE JAISWAL**

John Smith, director of Information Technology (IT), looked out of the window of his corner office on the 43rd floor of the New York City high-rise. It was 8:30 p.m. and most people on Madison Avenue were just tourists strolling and gazing at the store window displays. He had to have his presentation for the Japanese management ready by 9 a.m. tomorrow, and he was still struggling with answers to the numerous questions that were running through his mind.

A year ago he had presented to the same management group the benefits of outsourcing. He had been very excited about his new strategic direction for the IT Department. There had been unanimous approval for his proposed plan. After that, it had been a tumultuous year of highs and lows. Now he had to justify his new proposal, especially those parts that were the complete opposite from his prior proposed plan.

---

* Professora assistente na Stern School of Business, New York University. Graduada pela Boston University, doutora pelo Massachusetts Institute of Technology, seu foco atual de pesquisa é fonte global de recursos de TI e comparações entre projetos com fontes provenientes de diferentes regiões mundiais. Nos seus estudos, usa teorias organizacionais e econômicas para entender as complexidades das relações de colaboração entre várias fontes de recursos.

** Vice-presidente de uma empresa global de resseguro. Graduada na Índia, mestre pela Miami University, Ohio, e MBA pela New York University's Stern School of Business. Experiência em iniciativas com relacionamentos de várias fontes de recursos e multiculturais. Anteriormente, trabalhou como gerente de projetos de uma empresa japonesa, liderando várias iniciativas de *outsourcing* globais.

Jico – a keiretsu

Zaibatsu's were large capitalist enterprises of Japan developed between Meiji Restoration (1868) and World War II, similar to cartels or trusts but usually organized around a single family. They operated companies in all-important areas of economic and industrial activity and owned banks for mobilizing capital. The war in the Pacific ended on September 2, 1945, with the signing of the peace treaty on board the USS Missouri, in Tokyo Bay. The American occupation of Japan lasted until 1952. During this occupation, the Anti-Monopoly Law was passed whereby the zaibatsu's were to be divided into new smaller companies. By the mid-1950's, the zaibatsu's had reconstituted themselves into "groups" with many of the characteristics of their prewar predecessors. These semiformal groupings are today called keiretsu's.

Jico is one such keiretsu. It has an extensive business background, experience in acquiring foreign raw materials and in importing technology, association with foreign banks and investors, and comprehensive manufacturing skills. During the post-war period, Jico grew 15%-17% annually, with its price/earnings ratio reaching 14.1.

During the latter part of 1989, inflation in Japan began to rise. The consumer price index was increasing at more than 3% per annum. This was the first sign of an economic slowdown. The next couple of years saw a 76% plunge in the Japanese stock market, real estate crashes, soaring bankruptcies, acute recession, and a growing unemployed population. Jico suffered huge losses in Japan and began focusing attention on its wholly owned subsidiary in the United States, JIT. JIT became Jico's flagship company. It tried to fuel growth by encouraging JIT to expand and invest more in US markets. In 2000 JIT reported a record $40 million profit after tax.

The dot com crash, followed by September 9, 2001, severely affected JIT's revenues. In 2002, JIT began trimming down its work force and cutting down expenses. New capital investments greater than $350,000 required approval from Jico. The business and administrative divisions were forced to cut their annual budgets by at least 10%. JIT's IT Department was greatly affected by this. Being a cost center left it with few options. Personnel expense was the only way to reduce expenses by 10%. Table 1 shows JIT's IT budget in 2001.

Case JIT

Table 1
JIT's IT budget in 2001 (in US$ thousands)

	2001
ADMINISTRATIVE EXPENSES	
Salaries	$1,452
Benefits	$160
Travel	$40
Employee Relocation	$5
Office Maintenance	$17
Insurance	$32
Book/ Subscription	$3
Stationery/ Supply	$26
Postage	$4
Business Entertainment	$9
Training and Education	$73
TOTAL ADMINISTRATIVE EXPENSES	$1,821
OPERATIONAL EXPENSES	
Data Center & IT Infrastructure	
Office Rent	$287
Telephone	$163
Computer Maintenance	$438
Computer Parts	$28
Total Data Center & IT Infrastructure	**$916**
Consultants	$100
Depreciation	$867
TOTAL OPERATIONAL EXPENSES	$1,883
TOTAL EXPENSES	$ 3,704
INCOME	
Charge per PC(400 PC's)	
pre-outsourcing @$180/PC	
post-outsourcing @$200/PC	
TOTAL INCOME	($ 864)
TOTAL JIT OPERATING RESULT	$ 2,840

JIT

The company

JIT had five trading divisions, each involved in trading commodities between the East and North America. In addition, it had a portfolio of 50 subsidiaries and affiliates spread out all over North America. These subsidiaries and affiliates operated independently and were only responsible for rolling up their financial numbers to JIT at the end of each quarter.

JIT had 350 employees. Fifty percent of the employees were Japanese, who were originally employees of Jico, but now on a two to five year international assignment in United States. At the end of their assignment, they would either be rotated back to Jico or to another of its subsidiaries anywhere in the world. This helped them develop a broad range of experience and skills. The rotational staff primarily mingled with their counterparts at JIT or with other rotational employees at other keiretsu's in the United States. The common keiretsu culture tended to be bonding a force not only in their private and personal lives, but also in their business dealings and relationships. There were two very distinct cultures at JIT — the Japanese culture and the local culture

The IT Department

Sharad Patel and Amy White were the managers of the Infrastructure Section and the Application Section respectively. Each section consisted of five team members. Figure 1 shows the organizational structure of IT and each member's job responsibilities. The Application Section maintained and configured the various business applications. In addition, they also worked closely with the business divisions, gathering requirements for existing application enhancements and new application development. The Infrastructure Section was responsible for maintaining JIT's LAN/WAN infrastructure and supporting the PC Helpdesk. In order to support the rotational staff, at any point in time at least one person manning the PC Helpdesk had to be bilingual, speaking Japanese and English. The LAN consisted of 40 servers comprising the email server, file servers, print servers and the servers running the various business applications. All the servers were housed in the Datacenter located in JIT's corporate headquarters.

Figure 1
Organizational structure of IT and each members' job responsibilities

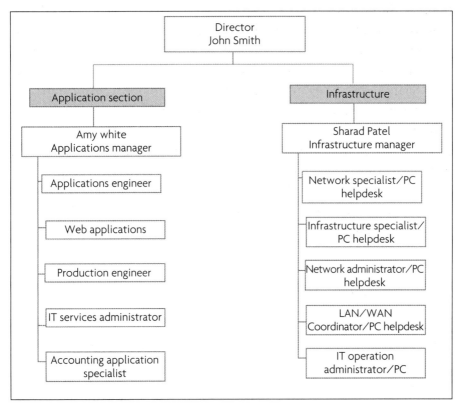

All the members of the IT Department were well qualified. They were degree holders with an average of five to seven years of industry experience. They were passionate about information technology and were always looking to learn new technology. Members of the Infrastructure Section often disliked working on the PC Helpdesk. They considered it a mundane and thankless job. Most people called the PC Helpdesk only when they had a problem and almost always needed immediate assistance. John Smith constantly received complaints from dissatisfied customers about the performance of the PC Helpdesk. Sometimes people came up to him at the water fountain or coffee machine and complained about their bad experience with the PC Helpdesk. A recent survey conducted by the Corporate Communications Department (table 2) revealed that the average experience of JIT's employees with the PC Helpdesk was unsatisfactory. This was a big problem for John Smith. He had been thinking of ways to improve the quality of the PC Helpdesk. The IT Department charged each user $180/PC/month (through the company's internal allocation system) to support and maintain a PC. Since users were charged for services, it was John Smith's responsibility to provide quality services. At the same time Sharad was struggling with employee retention in his section. The Infrastructure Section often got so tied up with day-to-day maintenance and operation that they almost never had the time to spend on infrastructure upgrade/enhancement projects. This de-motivated them and resulted in a high turnover. This also affected JIT's infrastructure, causing it to be several versions behind the latest releases and in dire need of upgrades. The recent expense reduction mandate made things worse for the Infrastructure Section and the IT Department as a whole.

Table 2

Summary of the results of the PC Helpdesk survey – 2001

Please rate the following	Unsatisfactory	Satisfactory	Excellent
Our response time	10	100	15
Time to fix problem	100	20	5
Knowledge of technician	10	90	25
Overall experience	10	85	30
Please let us know		**YES**	**NO**
Did your problem get resolved?		100	25
Did your problem get resolved in a timely manner?		10	115
Was the technician respectful of your time constraints?		100	25
Did your problem need a follow-up call after being fixed?		50	75

IT outsourcing

JIT's first experience with IT outsourcing

JIT had only one outsourced application, the Corporate Intranet. In 2000, hoping to foster a cohesive culture, senior management at JIT decided to introduce a Corporate Intranet. This was highly essential because of the fifty percent spilt between rotational and national staff. Management made the decision that all news articles and items on the Intranet would be in English. This would force the rotational staff to communicate in English. As opposed to building the Intranet from scratch, a package called Quik Intra was purchased from a company called Web Communicator. This package provided core functionality like news and announcements, job boards, employee directory, bulletin boards, forms bin etc. Its design and layout could be customized and configured. The Application Section worked closely with the Intranet task force team (consisting of a member from each business and administrative division in JIT) to come up with a suitable and appealing design. The Quik Intra package was then configured to incorporate the design. The Human Resources Department was responsible for content creation and upload. For a monthly fee of $3,150 Web Communicator hosted the Intranet, providing maintenance and data backups. They could also be contracted for system enhancements or functional upgrades that were based on requirements from the business divisions. The contract was structured on a retainer basis where JIT purchased a block of hours upfront for $10,000 and could use the hours during the course of a year. Table 3 shows the initial and recurring costs for the Intranet. The outsourced Corporate Intranet was a success. All parties were pleased and satisfied; management, business and administrative divisional employees and IT employees.

Table 3

Initial and recurring costs for the intranet (US$)

Capital costs	
Hardware	
Linux Servers (located at host-5000x2+tax)	10,862.50
Software	
Quik Intra Basic Modules	123,012.50
Quik Intra Customized Modules (Workflow; File Room)	20,000.00
Staff Activity Report Application	5,000.00

Annual maintenance expense	
SSL Certificate (https)	1,500.00
Quik Intra License Maintenance	10,000.00
Quik Intra Software Maintenance (retainer)	10,000.00
Annual hosting costs	
Fully redundant hosting (3150/mo)	37,989.00
CD backup (216.67/mo)	2,600.00

Future outsourcing strategy

John Smith felt that IT outsourcing might be the key solution to his dilemma. While he decided not to involve consultants specifically in his decision, he did ask Michael Cunningham of Ask IT Professional IT Advisory Services Company) for his insight on IT outsourcing. John Smith received an email from Michael Cunningham saying:

> The term outsourcing refers to letting a third party run the IT operation. Selective outsourcing has become a dominant model. Many IT organizations will outsource the entire infrastructure or send applications offshore, but others outsource specific functions such as storage, helpdesk or security. IT outsourcing is significantly less mature than other outsourcing sectors (e.g., manufacturing), lacking well-defined products, consistent market definitions, and standard pricing. Effective outsourcing depends on the current capabilities of the IT organization (e.g., an effective IT shop might save nothing by outsourcing). IT outsourcing decisions must consider internal skills and competencies and target a specific objective (e.g., save money, overcome obstacles, improve quality, increase time to market). Attempts to simultaneously achieve these objectives will result in severe disappointment.

Given the success of the Corporate Intranet, John Smith began to design his outsourcing strategy with the aim to steer the IT Department towards lower costs, improved quality and a challenging professional life. Working together with Amy White and Sharad Patel, John decided that the IT Department would:

Case JIT   277

- ▼ move the Datacenter to a third party location. The third party would maintain the servers and be responsible for day-to-day backup;
- ▼ outsource the PC Helpdesk to a third party, thereby improving quality and increasing the internal allocation charge to $200/PC/month.

In doing so, the Infrastructure Section could be downsized from five members to two members, who would be responsible for maintaining the infrastructure (upgrading to the latest service pack releases, virus control programs, etc.) as well as for special projects like software upgrades, new technology research, etc. Table 4 shows the positions that would be eliminated with the downsizing. Dedicated PC Helpdesk people could possibly improve the quality of service. The IT Department now had to find appropriate outsourcing vendors and select based on cost, quality of service and experience.

Table 4

Positions eliminated with downsizing

Salaries	Salary + Bonus	Benefits	Total
Director	200	22	222
Applications Manager	135	15	150
Infrastructure Manager	128	14	142
Accounting Application Specialist	115	13	128
Applications Eng	102	11	113
Web Applications	105	12	117
Production Engineer	100	11	111
Network Specialist/PC Helpdesk	100	11	111
Infrastructure Specialist/PC Helpdesk*	99	11	110
Network Administrator/PC Helpdesk*	99	11	110
LAN/WAN Coordinator/PC Helpdesk*	99	11	110
IT Operations	85	9	94
IT Services Administrator	85	9	94
	1,452	160	1,612

* To be outsourced.

Move the Datacenter

The scope of the move involved relocating 40 servers to a hardened, disaster proof Datacenter. The outsourced vendor would be responsible for doing nightly tape backups on each server and performing basic ping services on the servers (checking to see if the servers were alive). If any of the servers were found to be inoperative, a predefined list of JIT Infrastructure Section employees would be paged. Application maintenance would continue to be under the responsibility of Amy's team. From five prospective vendors, the search was narrowed down to two, DR Solutions and Yoshiko Hosting. Table 5 shows the cost-benefit analysis between the two vendors and compares them to current costs. Table 6 shows details on the proposed service levels.

Table 5

Cost-benefit analysis between DR Solutions and Yoshiko Hosting

COSTS

	Current	DR Solutions	Yoshiko Hosting
One time			
Project management		$80,000.00	$43,000.00
Move/migration			
Cabinets/shelves		$0.00	$2,600.00
Remote monitoring		$0.00	$5,000.00
Leased lines		$0.00	$4,951.00
LAN hardware		$0.00	$15,000.00
DS3 router		$0.00	$3,300.00
Travel to Datacenter		$1,000.00	$12,000.00
Total	NA	$81,000.00	$85,851.00
Monthly recurring (not including personnel costs)			
Datacenter			
Rent - space/cabinets	$10,000.00		$6,720.00
Maintenance	$800.00	$15,860.00	NA
AC/power	$1,263.33		$3,798.00

	Current	DR Solutions	Yoshiko Hosting
Disaster recovery	$11,000.00	NA	NA
Management			
Monitoring	$2,200.00		$960.00
Remote hands	NA	$0.00	$960.00
Tape backup	$1,000.00		
Network			
Current internet service provider	$2,100.00	$0.00	$0.00
Datacenter - internet	NA		$664.00
Datacenter- NYC	NA	$7,610.00	$8,852.00
Cross connects			$345.00
Rental router	NA		$1,068.00
Total	**$28,363.33**	**$23,470.00**	**$23,367.00**

SERVICES

	Current	DR Solutions	Yoshiko Hosting
Cabinets		8	13
Tape backup support	In-house	62 hrs/month	10 hrs/month
Remote hands (24x7)	NA	40 hrs/month	6 hrs/month
Internet	1.5 Mbps	1 to 5 Mbps	2 Mbps
Network connectivity	NA	Private Point to Point	Private Point to Point

Table 6

Service levels proposed by DR Solutions and Yoshiko Hosting

	Internet	Packet delivery	Latency	Notification
DR Solutions	99.99%	99%	15 ms	15 min
Yoshiko Hosting	100%	99%	85 ms	30 min

DR Solutions

They were leaders in the IT datacenter hosting industry with revenue of $2.7 billion. They provided a wide range of hosting services. The minimum service would involve just renting a "live" cage with redundant power supply and network connectivity. The services could get as sophisticated as application maintenance. A number of the Fortune 500 companies had their datacenters at DR Solutions. After September 11, 2001, DR Solutions had seen its business grow by 30%. JIT was a small company not counting the size of Jico and not many people had heard of it. The DR Solutions sales representative assigned to the JIT account was responsible for small to medium sized companies. This did not give JIT the recognition and special service it was used to from Japanese vendors. However, the DR Solutions sales team was very professional and it soon become evident why they were the leaders in the market. They had a standard basic template with cost and services that they provided. Based on your requirements, you could add and remove services. They had worked with so many different types of clients across varied industries that it was easy for them to recommend what services would be required and what you could do without. At each meeting, DR Solutions was always able to answer outstanding questions or connect JIT to the appropriate channel to have the questions answered.

Yoshiko Hosting

This company was the wholly owned subsidiary of Sumimato, another Japanese keiretsu. Sumimato was the second largest keiretsu in Japan. Jico and Sumimato had close business relations; in fact, over the past two years these two keiretsu's had together launched 10 joint ventures. The Japanese executives at these two keiretsu socialized and played golf. In the United States, their rotational staff socialized and played golf. So it was only natural that Yoshiko Hosting came forward with a proposal to host JIT's Datacenter.

In 2000 Yoshiko was established in the United States to primarily host the web sites of small Japanese B-to-C companies. Over the next two years, it had grown by the acquisition of Verify, a US-based datacenter hosting company with $30 million in revenues. Yoshiko seemed confident that its business relationship with JIT was enough to get the business. Their proposal was a rough draft. They almost always sent only Japanese employees for meetings to discuss the proposal. Whenever questions came up at the meetings that could not be answered, Verify employees were connected via teleconference. It was very evident during these phone conversations that there were huge communication gaps between Verify and Yoshiko. Even though it was six months since the acquisition, the two companies did not

Case JIT 281

appear to have been merged together into one cohesive company. Also, back in Japan, Sumimato was putting a lot of pressure on Jico to give the business to Yoshiko. A few times, they even threatened to severe business relationships going forward.

The decision

The proposed costs of both companies were nearly the same. DR Solutions was a reputed firm in the datacenter outsourcing industry. Yoshiko was closely tied to Jico and choosing it would further cement the relationship. John Smith and his team did a number of presentations to senior management at JIT. At these presentations they went through the pros and cons of each vendor. The IT recommendation to JIT was to go with DR Solutions. Quality and past performance is critical in the IT service business. At the quarterly board meeting in Japan, JIT's chief administrative officer presented the two proposed plans and IT's recommendation. John Smith was highly respected in the company, so management at both JIT and Jico were willing to accept his recommendation. Ultimately, John Smith himself would be responsible for dealing with the outsourced vendor and providing quality service to the company. JIT signed a three-year contract with DR Solutions. Every year DR Solutions would be permitted to increase the cost by up to a maximum of 8%. Renewal notice was required 90 days prior to the three-year expiration date.

Outsource the PC Helpdesk

To support employees on the East coast and West coast, JIT's PC Helpdesk required coverage from 8 a.m. to 8 p.m., Monday through Friday. The long hours enabled it to support its West coast employees. On average, the PC Helpdesk received 500 calls per month. Sixty percent of the calls were quick fixes related to printing problems, email access problems, network share drive mapping problems, etc. Twenty percent required more troubleshooting and often took time to fix. The remaining twenty percent were application specific and pertained to the business applications at JIT. Due to the bilingual requirement, finding vendors to outsource the PC Helpdesk was challenging. A search in the industry came up with only two vendors, CMPI and Outsourcing Solutions.

CMPI

CMPI was a small company providing PC helpdesk services to 20 companies in New York City. Its office housed a call center of highly skilled IT technicians. CMPI's business model involved staffing the PC helpdesk in the ratio of one PC helpdesk technician per eight calls per day. The on-site staff was qualified as level 1 or level 2. Calls would be resolved within four hours. If they were not resolved within four hours, they were escalated to the CMPI call center. All calls would be tracked in a database. Monthly reports would be generated and handed over to John Smith and Sharad Patel. Figure 2 shows sample reports and charts. CMPI charged a fixed cost per month. Any hours worked outside the range of 8 a.m. to 8 p.m. were to be billed at $125/hour. Only 45% of the calls could be escalated without penalty. CMPI was not willing to give an upper limit on the amount of time it would take to resolve an escalated call. Table 7 shows details on the services proposed.

Table 7

Service proposed by CMPI

Current situation	
Call volume	500 calls/month (25 calls/day)
Call breakup	60% quick fixes
	20% level 2 calls
	20% application related
Proposed service	
No of level 1 staff @ $60/hr	2
No of level 2 staff @ $78/hr	1
Annual charge (@ 2000 hrs / staff)	$396,000
Hours of operation	8 a.m. to 8 p.m. (EST)
Outside hrs of operation	$125/hr (in 1/2 hr incrementals)
On-site calls resolved within	4 hrs
Calls escalated to downtown call center	45%
Fee for escalation beyond 45%	$200/hr
Contract term	1 yr
Termination	Would require 90 days notice

Case JIT

Figure 2
Sample reports and charts from CMPI's call tracking system

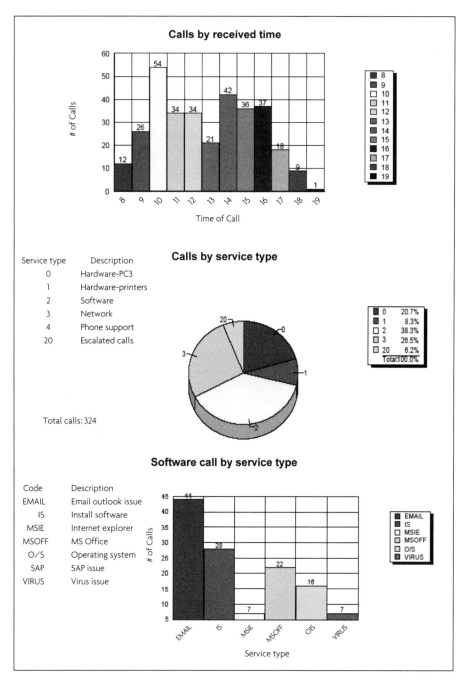

Outsourcing Solutions

Outsourcing Solutions was a leading IT service provider company. It boasted a client roster of Fortune 500 companies in the United States. PC helpdesk service was just one of the services it provided among various others, like IT software and hardware consultants, programmer analysts, etc. Outsourcing Solutions proposed a business model to provide JIT with four PC helpdesk technicians (two level 1's, one level 2 and one level 3). One of the level 1's would be a Japanese national, fluent in Japanese and English. The level 1 technicians would also be responsible to track calls, monitor open calls, and prepare monthly performance statistics. The level 3 technician would manage the team. The technicians came with excellent resumes and a very good list of references. Since JIT did not have any formal call tracking system prior to the outsourcing initiative, Outsourcing Solutions had no point of reference to base service levels and was not willing to put down service levels in the contract for the first year. They said that the resumes and client refe rences were an attestation of their level of service and experience. Table 8 shows details on the services proposed by Outsourcing Solutions.

Table 8

Service proposed by Outsourcing Solutions ($)

2 level 1 staff @ $90/hr	180
1 level 2 staff @ $110/hr	110
1 level 3 staff @ $125/hr	125
Total hourly cost	415

The decision

There was a huge cost difference between CMPI and Outsourcing Solutions. The risk with CMPI was that JIT was its biggest customer. Would it be able to handle the volume of calls that JIT received per day? The reference companies that CMPI provided had good things to say about the company; however, none were handling as many calls as JIT received per day. John Smith thought it was worth taking a risk since cutting costs was the key driver of the outsourcing initiative. He went ahead and signed a one-year contract with CMPI. With 90 days of notice, the contract could

Case JIT   285

be extended for another term after the expiration of the one-year contract.
Table 9 shows JIT's proposed IT budget post-outsourcing.

Table 9

JIT's proposed IT budget post-outsourcing ($)

Administrative expenses	
Salaries	1,155
Benefits	127
Travel	31
Employee relocation	4
Office maintenance	13
Insurance	25
Book/subscription	2
Stationery/supply	20
Postage	3
Business entertainment	7
Training and education	56
Total administrative expenses	**1,443**
Operational expenses	
Data Center & IT Infrastructure	
Office rent	
Telephone	
Computer maintenance	
Computer parts	
Total Data Center & IT Infrastructure	857
Consultants	396
Depreciation	867
Total operational expenses	**2,120**
Total expenses	**3,563**
Income	
Charge per PC (400 PC's)	
Pre-outsourcing @ $180/PC	
Post-outsourcing @ $200/PC	
Total income	**(960)**
Total JIT operating result	**2,603**

Moving the Datacenter

At the initial planning meetings, the idea of doing the move in two phases was discussed. Phase one would be a pilot: move test servers and set up a pilot network. Based on the lessons learned from the pilot, the production servers would be moved in phase two. However, only two applications had test servers. Procuring and creating test servers for other applications would require a significant investment of time and resources. John Smith could not afford to devote the time and resources to do the move in two phases. Hence the idea was shelved and it was decided to move the Datacenter in one phase.

The Datacenter was moved to DR Solutions during the Labor Day weekend of 2003. DR Solutions deployed a team of five specialists for the move, a move specialist, a Windows hardware specialist, a SUN hardware specialist, a network technician, and an overall project manager. A detailed plan was laid out outlining each step of the move. The move specialist was responsible for coordinating the logistics of the move; how many special conditioned trucks would be needed, how would the servers be loaded/stacked into the truck, how would they be unloaded on arrival, how would the data be backed up prior to the move, etc. The Windows and SUN specialists were responsible for shutting down each server, unplugging them and packing them as per standard Windows and SUN operating procedures. The network technician was responsible to connect the servers and bring up the network at DR Solutions. JIT had also put together a team with members from the Infrastructure and Application Sections to work closely with the DR Solutions team.

The move went flawlessly and as per schedule. All data was backed to tapes, the servers were shut down, unplugged, packed, and loaded onto the trucks. They arrived at DR Solutions on time and were unloaded .The unpacking and plugging in of the servers was uneventful. Only when the power was turned on, things began running haywire. The network would not come up. Servers could not be pinged from outside DR Solutions. At this point a lot of issues began to arise, the firewall had to be reconfigured, some routers had to be reconfigured... The whole process of bringing up the network took the entire weekend. By Monday night, tempers were rising and the atmosphere was tense. Employees would come in on Tuesday

Case JIT

to dead PC's. John Smith was called. He called the head of DR Solutions. After a lot of debating, DR Solutions flew in a network specialist from Los Angeles. With his help and guidance, the network was finally brought up at 12 p.m. EST on Tuesday. This cost JIT four productive business hours. The loss of revenue for these four hours was around $1M, especially since it was the Tuesday after a long weekend. JIT's management was very upset. John Smith apologized profusely, but this could not bring back lost revenue. The rough uphill start of the Datacenter move took a few months to stabilize. After 60 days of initial growing pains, things began to fall into place and stabilized.

Outsourcing the PC Helpdesk

Manuals were written for different troubleshooting procedures. CMPI employees were trained on the PC Helpdesk operation for three months after which time three JIT employees were let go. For the first two weeks, the CMPI staff shadowed the Infrastructure members when they went about fixing PC's. The level 2 CMPI employee was responsible for managing the two level 1 employees. In the first few weeks, just six calls were escalated to the PC Helpdesk. It was too early to receive any feedback but so far things were moving along rather smoothly.

The Infrastructure Section members now had more time to focus on long-term projects. They all seemed challenged and motivated. The first sign of problems began showing up after six months. John Smith was at the coffee machine getting a cup of coffee when suddenly an angered JIT employee, Bob, walked up to him and started complaining. "Why did you get a bunch of consultants to run our PC Helpdesk? They do not care about us and have no concern whether our problems are fixed long-term." It took John Smith a while to calm him down and get the entire story. Bob's PC used to hang up each time he ran a big Excel macro. He called the PC Helpdesk. They first told him it was a memory problem and recommended he purchase 128MB of additional memory. This did not fix the problem. Next they suggested that they would upgrade Microsoft Office from version 1997 to version 2000 as well as install the latest Microsoft Office service pack. This did not fix the problem. They then asked Bob to send his PC over to the PC Helpdesk for a few hours so they could research the macro. The PC was brought back within three hours. The PC Helpdesk said they had optimized the Excel macro. This time the macro ran quickly but the results seemed off. On further investigation, Bob found that while optimizing his macro, they had accidentally deleted some steps in the macro! Bob's predecessor had created this macro several years ago. It was crucial to running financial consolidation at month-end. "And now I have to re-write the damn macro within two days!", Bob ended in a disgusted and unhappy tone.

Occurrence of problems

Bob's complain slowly became a common occurrence. It had taken six months for the problems to surface. The PC Helpdesk did not seem to have the appropriate troubleshooting skills. They did quick fixes without finding the root cause of the problem. These acted like band-aids and hence took so long to surface. The CMPI employees did not seem to care or empathize with JIT employees. They had no understanding at all of the Japanese protocol of behavior. If a senior Japanese executive called while they were fixing another problem, they put the executive on hold! There was no sense of accountability. It was basically a 'who cares' attitude.

John Smith was very disappointed. He immediately called the senior partner at CMPI and requested that they have an urgent meeting. The partner and John Smith went through the service level agreements. CMPI was not in violation of any agreement clauses. In the spirit of good faith and to foster a long-term relationship, it was agreed that two of the CMPI technicians would be replaced. This time John Smith and Sharad did face-to-face interviews with the prospective on-site technicians. Once they came on board, there was a two-week learning period. Within four weeks the same problems began to appear. Frustrations with the PC Helpdesk were a frequent topic of discussion among JIT employees.

Remedy action

The Datacenter outsourcing could now be deemed a success. But the PC Helpdesk outsourcing was proving to be more difficult than anticipated. Word of the PC Helpdesk performance had spread. Employees were complaining that by saving IT cost, management was hampering productivity.

Case JIT

It was eight months since the signing of the PC Helpdesk contract with CMPI. John Smith had to make a decision soon. Should he sign-up for another year? Should he re-negotiate and amend the contract to incorporate better service level agreements? If so, what kinds of service level should be incorporated? Should he bring the PC Helpdesk back in-house? If so, how would they manage resource allocation for the Infrastructure Section? He needed to present his strategy to the Japanese management.